列夫·达维多维奇·朗道

（*1908—1968*）

Лев Давидович Ландау

最重要的是 —— 学会感受生命的快乐。

列夫 · 朗道

朗道传

Лев Ландау

Роман-биография

Майя Бессараб
迈娅·比萨拉比 著
李雪莹 译

高等教育出版社·北京

中文版序言

列夫·朗道（1908—1968）是苏联最伟大的理论物理学家。

朗道本人和他所培育的学派，对理论物理研究和教育的贡献在历史上空前绝后。

关于朗道的书籍，从多年担任朗道理论物理研究所所长的哈拉特尼科夫主编的《回忆朗道》文集（Pergamon Press, 1989），到卡冈诺夫《我心目中的朗道学派》（Тровант，1998），以及主要介绍其门生的《在朗道的魅力笼罩下》（WSPC, 2013），大都着重于朗道的科学成就和学术风格。唯有这本《朗道传》的着眼点颇为不同。它更多地从私生活角度揭示了朗道管控自己和追求幸福的方式。

本书作者是朗道夫人的甥女迈娅·比萨拉比。她比朗道小17岁，应当叫朗道作“二姨夫”。她从小处在朗道的家庭生活圈里，后来成为传记作家。比萨拉比在1971年写了《朗道的生活篇章》，2003年又出了《朗道这样说》。这两本书都只有俄文版。2007年初版、2009年重印的这本《朗道传》，包括了前两本书的内容。不过，这本书从体裁上来讲并不是严格意义上的传记著作，而是“传记小说”或“报告文学”。书中夹杂了作者自己的情感好恶；涉及物理学的内容，也有不甚确切之处。关心朗道学术成就的读者，需参考其他文献。

中国的理论物理工作者，也有人在朗道学派内受过教育。然而更深广的影响则来自朗道和栗弗席兹合著的十卷本《理论物理学教程》。中国从20世纪50年代到90年代就陆续出版过不同分卷的中译本，很遗憾未能出齐，且俄文原版也出版了新版。从2007年起，高等教育出版社陆续出版了俄文原版最新版的全套中译本。

这本《朗道传》可以帮助了解朗道其人及其学派，大为提升学习“教程”的兴味。希望读者们喜欢李雪莹博士的这个译本。

郝柏林
复旦大学理论生命科学研究中心
2016年12月1日

目　录

绪　言

诺贝尔奖获得者朗道院士为理论物理学做出了巨大的贡献。

他发表了一系列出色的论文，他编写的多卷本《理论物理学教程》在全世界被广泛使用。他开创了颇具影响力的学派，该学派的代表人物如今活跃在这一学科的各个领域。

这位伟大的物理学家还创立了一个“幸福公式”，告诉人们应该如何生活，这一理论同样具有非凡的意义。朗道不仅“教书”，而且“育人”。有些年轻人对自己的命运漠不关心，对周围情况缺少判断力，缺乏追求幸福的渴望，这些都令他感到愤怒。朗道的劝导充满了能量，能够令人振作起来、告别懒惰，能够激发人们对于生活和工作的渴望。朗道之所以能够做到这些，是因为他本人在青春期时曾有过差点自杀的经历。他当时甚至已经考虑，用什么方式更容易结束自己的生命。幸运的是，一件偶然的事挽救了这个孩子的生命。他恰巧得到了一本书，书中讲述了一个少年如何改变自己命运的故事。

只要拥有坚强的意志力，每个人都能成为自己命运的主人。

本书将讲述朗道是如何做到这一点的。

我非常了解朗道，也很爱他，他代替了我父亲的角色。

本书大量引用了朗道的言论，我从小学时起就有记录朗道言谈的习惯。我认识的一些人，他们在困难时刻往往会想起朗道常说的某句话，这能够帮助他们渡过难关。我对此有过切身体验，的确行之有效。也许主要是因为转移了注意力吧，不过还是不妨一试。

如今，越来越常听人说起，朗道关于生活的箴言能够帮助人们改变心情，能够驱散烦恼，让心情变得愉悦。而我很早就发现朗道话语的这一特点了。起初我认为是诗歌的作用，于是重新阅读他所喜爱的那些诗歌，后来我把注意力转向他的那些精辟见解，发现它们才是力量的源泉，是全部奥秘之所在。

换言之，朗道留给我们的遗产，不仅仅是令他荣获诺贝尔奖的那些著作，还有他的幸福理论，这些理论能够切切实实地帮助我们生活。而世间能有更多幸福之人，这正是朗道所希望的……

朗道纪念币

柳博芙·韦尼阿米诺夫娜、达维德·利沃维奇·朗道和儿子列夫·朗道、女儿索菲娅

第一章
书中良师

人不只有血缘上的前辈，在文学作品中也能遇到自己的前辈。很多作品中的人物在个性与气质上与我们更为接近，对我们的影响当然也更为深刻。

——奥斯卡・王尔德《道林・格雷的画像》

世界各地的物理学家们都用“道”这个名字称呼列夫・达维多维奇・朗道[①]。他常说：

“我的生日是1月22日，我与伟大的英国诗人拜伦勋爵同一天出生，不过比他晚了120年。”

1908年，朗道出生于巴库。他的父亲达维德・利沃维奇・朗道是一位事业成功的石油工程师，母亲叫做柳博芙・韦尼阿米诺夫娜。

---

① 俄罗斯人姓名一般由名字、父称、姓氏三部分组成。对平辈和小辈通常只称呼名字或小名；表示客气和尊敬时称呼名字和父称。

（注：文中脚注均为译者所加。）

父母非常重视孩子的教育，他们聘请了一位名叫玛丽的法国家庭女教师，还给孩子们请来了音乐、格律和绘画老师。

朗道四岁的时候，妈妈教会了他读和写。他很早就表现出对数字和算术的喜爱，喜欢演算简单的习题，总是不停地做题。在城市花园里，妈妈常常沿着沙土上的数字找到四岁的儿子。

柳博芙·韦尼阿米诺夫娜很早就发现了儿子不同寻常的天赋和那种近乎执拗的执着。父母给这个倔强的小男孩起了个外号，叫做“逆反男孩”。

有一次，妈妈没有经过朗道的同意就用温度计给他测量体温，这使他难过得差点病倒。

“我不想测量体温！”孩子流着眼泪喊道。

“可是温度计已经拿掉了。”妈妈安慰他。

“我希望压根儿就没有测量过！！！”孩子嚎啕大哭。

有时，他的专注让妈妈感到害怕，因为他不愿了解除了数字之外的任何东西。

有段时间父母寄希望于音乐。但是孩子坚决拒绝弹钢琴，他不能忍受任何束缚，父母的强迫使他憎恨音乐。音乐课只好停止了，朗道取得了人生之中的第一个胜利——捍卫了自己的想法。

中学时，朗道的理科成绩名列第一，但是他和语文老师常常会发生争执，因为语文老师希望他改变字体。这当然是不可能的，他的字体仍旧是那么糟糕，虽然从单个字母来看也不乏可取之处。

不久，巴库建立了苏维埃政权，旧俄时代的中学被关闭了。[①]朗道整

---

① 苏维埃政权建立后，对教育机构开展了彻底的改组和整顿工作，撤销了旧俄时代所设的学区。

*4*岁的列夫·朗道

列夫·朗道在进入巴库大学的前夕，*1922*年

整一年都呆在家里，这让柳博芙·韦尼阿米诺夫娜深感忧虑。朗道以前就不怎么做功课，现在可以彻底懒惰了。

妈妈担心儿子会成为一个游手好闲之人。她常常和朗道谈话，说这样下去不会有什么好结果，无所事事的人都是不劳而获的寄生虫。这些纯粹的说教令朗道难以忍受。“仅仅拥有天赋还不够，如果不奋发图强的话，天赋就会枯竭，就会沦为平庸之人。”她没完没了地重复着。

柳博芙·韦尼阿米诺夫娜是一个聪明的、富有同情心和充满爱心的母亲。但是错误的教育方法误导了她，她希望激发儿子的自尊心，做法却过于极端。在朗道十四岁的时候，他认为自己的一生很失败，于是决定自杀。他已经想好了自杀的方法。

无法想象，如果朗道没有遇到司汤达的小说《红与黑》，结果会怎样。这本书使少年的心灵发生了翻天覆地的变化。过去他认为自己有很多缺陷，这种想法令他极度痛苦，现在他的人生中第一次燃起了救赎的希望。

“在我看来，于连·索雷尔并不是文学作品中的人物，而是现实存在的，他命运坎坷，但他能够改变自己的人生。我的想法极为简单：既然于连能够做到，那我也能。”

朗道首先向自己的偶像学习最重要的一点——塑造顽强的性格。虽然他在各方面都努力效仿于连，不过有些地方还是做了一些调整。例如，朗道曾经尝试记住整页报纸的内容，他为此花了很多时间。但主要问题在于，原本以为是快乐的游戏，结果却成了一件非常枯燥的事。于是，他决定通过背诵诗歌来锻炼记忆力。说起来，他在这件事上非常成功，这在后文还会提及。任何想要记住的东西，他只需读上两三遍，就能永生不忘。不仅仅是诗歌，还包括散文段落、公式。

朗道十二岁时掌握了微分学，十三岁时掌握了积分学。

他只需把几何学课本读一遍，就能顺利通过考试。父母为了使他能够拥有一技之长，决定送他去读商业学校。朗道以优异的成绩考入商业学校，两年后毕业。

他在学校里没有也不可能有朋友，因为他与其他同学的年龄差距实在太大了。虽然他独来独往，但在做测验题的时候，却几乎对全班同学提供帮助。同学们非常感谢他，但和他之间谈不上有什么友谊。

这是一个艰难的时期，他需要独自承受一切，独自面对内心的剧烈挣扎。也许除了于连·索雷尔，那时再没有一个能够与他心灵相通的人了。

这个有着自己人生目标的男孩告别了童年时代。他努力地探求永恒的真理，为此饱受心灵折磨，甚至差点付出了生命的代价。而那时，他只有十四岁。极少有人能够取得朗道那样的成就。如果不是在少年时代便开始自我斗争并最终战胜自我，他未必能够获得日后的成功。古代哲学家认为，战胜自我是最为困难的。

他难以管教，不算是一个听话的孩子。让他出门散步是件难以办到的事，他宁愿整天做题。好不容易迫使他迈出了家门，可他却又一头钻进草棚里，在木板上没完没了地写习题。他是一个有教养的孩子，但是却非常骄傲、独立，有时他说出的话会让人觉得暗中受到了侮辱。就拿那句他所钟爱的于连的格言来说：“生命是短暂的，不应该将它用于逢迎那些卑微的混蛋。”

需要强调的是，朗道的自我斗争——也可以称之为自我修炼，坚持了很多年。一个执着于自我完善的人在任何时侯都无法停止内心的修炼。他一生如此，别无选择……

在列宁格勒大学上学时的列夫·朗道

第二章
“爵士乐队”

人不是机器，倘若剥夺了一个人独立思考、畅所欲言的权利，他便会失去活力。

——阿尔伯特·爱因斯坦

1922年，朗道顺利通过巴库大学的考试，被物理数学系的数学专业和自然专业同时录取。起初他对化学很感兴趣，但是一个学期之后，他意识到自己更喜欢物理和数学，于是放弃了自然专业。

一年级的朗道是大学里年龄最小的学生，他立刻被大学生活吸引住了。那个时候大学生们对待学习的态度非常严肃，懒散的风气并不盛行。由于非无产阶级出身的学生不能领取奖学金，很多人边工作边学习。

朗道非常谦虚，喜欢助人为乐——帮同学解答测验题，考试的时候偷偷告诉同学答案。他无意出风头，但还是在学生中脱颖而出。

朗道刚入学不久发生的一件事，给同学们留下了深刻的印象。朗道在课堂上向鲁金教授提了一个问题。彼得·彼得洛维奇·鲁金是数学专业最闪耀的人物，五年前他曾是总参谋部炮兵学院的教授。他是一位出色的数学家，也是一名优秀的教师。但是有传言说，这位前将军在考试时非常凶。同学们对考试提心吊胆，对鲁金望而生畏。

鲁金久久地思量着，该如何回答朗道的问题。教室里鸦雀无声，大家一动也不敢动地坐着。鲁金请朗道到黑板前来。不一会儿，黑板上就写满了数学符号。

鲁金和朗道争论起来。学生们突然间明白了：朗道是对的！朗道的脸严肃而专注，而鲁金的脸则在焦躁中带有一丝沮丧。朗道写出结论，放下了粉笔。鲁金笑了，低下头大声说：

“祝贺您，年轻人！您找到了一种独特的解决方法。”

朗道很窘迫，尴尬得不知所措。

从这天起，数学专业的“大魔头”彼得·彼得洛维奇·鲁金教授遇到学生列夫·朗道时，总要与他握手问好。朗道很快通过了鲁金教授所有课程的考试，包括一年级、二年级、三年级和四年级课程，从解析几何到理论力学和弹性理论。

数学专业的学生有自己的大学生学术社团——“马特席斯”，这个社团充满了自由的氛围，崇尚才华。正是在这个社团中，朗道开始了最初的演讲。很久之后，朗道才成为一位出色的演讲者，而大学时代他的演讲水平并不算很高，因为他过于缺乏自信。

朗道在“马特席斯”社团聚会中的演讲和在考试中的出色回答，使他成为巴库大学的风云人物，有老师建议柳博芙·韦尼阿米诺夫娜把儿子转到列宁格勒大学。巴库大学的学生中间流传着一种说法：朗道之所以被转到列宁格勒大学，是因为本地大学已经无法胜任对他的进一步培养了。大家都说，朗道曾收到一份公文，上面就是这么写的。列宁格勒在当时是苏联的学术中心，有一批卓越的物理学家在列宁格勒大学任教。

于是，1924年列夫·朗道转入列宁格勒大学。在列宁格勒，朗道比在巴库时学习更为刻苦，有时一天学习15至18个小时。过度用功最终导致了失眠，朗道不得不去医院。医生严禁朗道熬夜，此后他再也不通宵工作了。从性格上来讲，他是属于那种对自身健康极为认真的人。但是这种态度是后来才形成的，当时他还没有开始练习网球、滑雪这些体育项目。不管怎样，在列宁格勒求学时期，他完全把自己的身体搞垮了。

柳博芙·韦尼阿米诺夫娜到列宁格勒出差，当她见到儿子时，不禁大惊失色——他是那么苍白瘦弱。他学习出色，可是用功过度，总是当所有的商店都打烊时才想起吃饭，这让母亲很不高兴。

回到巴库后，柳博芙·韦尼阿米诺夫娜到侄女索菲娅·弗拉基米罗夫娜·扎拉菲扬家做客，谈起了儿子的事。她说，儿子如此没有生活能力，令她感到非常担心。

“柳芭阿姨，他是个天才。”索菲娅回答说。

“我宁愿我生的不是天才，只是儿子。”柳博芙·韦尼阿米诺夫娜反驳说。

朗道又长高了些，瘦得不可思议，开始稍微有些驼背了。

他把额发梳到一边，总是想方设法把浓密的卷发弄平整。他其实既不喜欢自己的卷发，也不喜欢自己又高又瘦的体形——他认为自己“非常不好看”。

他很少注意自己的外表和服装，寒冬腊月还穿着凉鞋和白色的帆布裤。看得出，它们的主人喜欢坐在台阶上、围墙上，或是随随便便地坐在草地上。他是一个极其容易满足的人，不愿因为“大家习惯如此”而去接受那些不舒服的事物。他甚至给那些盲目遵从“大家习惯如此”这一魔咒的人起了个外号——“不舒服主义者”。

一个大学生走在学校的沿岸街上，他个子很高，耸着瘦削的肩膀。他双颊凹陷，由于上嘴唇很短，几乎无法盖住牙齿，嘴巴总是半张着。他看人时总是皱着眉头，但大大的眼睛里流露出的目光却是专注而温暖的。这目光里有好奇，也有令他备受折磨的羞怯。这正是朗道。他极度胆怯、害羞，穿着一件在这个北方首府城市中没有人穿的灰色弗伦奇式制服上衣[①]。而他多么喜欢那些强大的、快乐的人啊，他们无拘无束，谈吐机智。他决定不惜一切代价克服自己的胆怯。然而怎样才能做到呢？一开始可以给自己布置一些小任务并且去完成它们。

瞧，迎面走来一位充满自信的男士，看样子是个耐普曼[②]。朗道鼓励自己：走到他面前去！这很困难，非常困难。但是应当战胜自己的羞怯！

“您能不能回答我一个问题？”他大声问。

耐普曼停下脚步。

“您为什么留大胡子？”年轻人继续彬彬有礼地问道，紧张得脸色发白。

第二天他给自己布置了一个更难的任务：戴上绑着气球的帽子在十月二十五日大街（这是涅瓦大街当时的名称）上散步。

大学时代改变了朗道。集体和老师对他产生了影响，但最大的影响

① 一种外面带有四个衣兜的军上衣，由英国传入俄罗斯，以英国元帅弗伦奇的名字命名。

② 俄文 нэпман 一词的音译。指苏联新经济政策初期出现的资本主义分子——随着新经济政策的实施而产生的小店主、小厂主及投机商。

源于内心激烈的斗争，这样的斗争只有性格顽强的人才能够做到。他不再胆怯和害羞，养成了不因琐事而沮丧、不虚度光阴的好习惯。

他的自我斗争是暗自进行的，至少从未对别人炫耀过。只有亲密的朋友才能够根据他的只言片语猜测出，他为了自我完善付出了怎样的代价。朗道总结出，正确的目标与坚强的性格同样重要。对他来讲，这个目标是：科学、物理。他虽然年轻，但已学会使自己避免外界的干扰——在分配给学习的时间内绝不做其他事情。

这一时期朗道研究量子力学。不久，所有的物理学家都在谈论他的论文。他比以前更喜欢交际，也更健谈了，但仍像以前一样惧怕女孩子。他知道自己并不讨女孩子喜欢，但是对此并不在意。

朗道知道，有一些热恋中的男人对女人俯首称臣，因此他决定制定一套能使自己免遭奴役的行为准则，重要的是永远不要被女人完全掌控。应该说，他一生都遵循了这个原则。

年轻时，朗道对女人进行了分类：女人分为可爱型、美丽型和有趣型。可爱的女人鼻子微微上翘，美丽的女人鼻子是直的，而有趣的女人鼻子“大得可怕”。

朋友们发现，朗道在中年女人的世界中寻找慰藉，以平复年轻女性给他带来的躁动。

有一次，一个朋友看见朗道在涅瓦大街上尾随一个姑娘，他的眼睛只盯着那个陌生的姑娘，对其他人都视而不见。如果路上正好出现一个敞开的下水道口的话，他准得掉到井底才会回过神来。第二天，朋友问他那个姑娘叫什么名字，他很惊讶：

“我怎么会知道她的名字呢？”

“这很简单——过去问问呗。”

“这不可能……”

朗道成为在大学生中享有盛名的“爵士乐队”的成员，这个社团是在他大学毕业前一年半成立的。“爵士乐队”的核心人物是“三剑客”：朗道、德米特里·德米特里耶维奇·伊万年科、乔治·伽莫夫，再加上一个才华横溢、会写诗的姑娘热尼亚·卡涅吉谢尔。

“道”这个名字，正是同班同学德米特里·伊万年科给他取的。他非常喜欢这个简短又好听的名字。后来全世界的物理学家都用这个名字称呼他。

“‘朗’（L′ane）在法语里是‘驴’的意思，所以‘朗道’这个姓的意思就是‘笨驴道’。”朗道经常这么说。

任何事情都能够成为“爵士乐队”成员的诗歌创作题材，这些诗歌围绕当前受关注的话题，具有很强的针对性。比如，伊万年科寻觅了很久，终于找到合适的房间租住，但又被迫放弃了。

三扇明窗，面积适中，
浴室电话，独立前厅。
科学院区，惬意居所，
若问答案，唯有否定：
“热尼亚处，相去甚远，
拜访朗道，无车通行……”

朗道也没能立刻找到合适的住处。开始时，他想在一位著名女演员那里租房，但是遭到了拒绝。这件事也被载入了“爵士乐队”的史册。

大学时代玩闹的照片

大学时代的列夫 · 朗道

列夫·朗道和大学好友

佝着背，眯着眼，
死尸般苍白瘦弱，
然而萨莫伊洛娃·米丘林娜，
需要一位热情似火的房客。

社团成员在伊琳娜·索科尔斯卡娅（后来她成为列宁格勒大学的物理学教授）家或者热尼亚·卡涅吉谢尔家聚会。大家专门为聚会编写一些滑稽短剧和字谜。“爵士乐队”甚至有自己的手抄本刊物《Physikalische Dummheiten》(《物理学痴话》)。

朗道是社团的灵魂人物。他有个习惯，进入房间后，走到每个人跟前，问问有没有什么事情发生。通常是谁也没有遇到什么特别的事。这时朗道就会像往常一样提出一些简短又好笑的分类，比如，他开玩笑将科学分为自然科学、非自然科学和反自然科学。还有一次，他向大家介绍了他对惹人讨厌的人的分类：第一类是“蚊虫”（爱好争吵、打架、言行粗鲁）；第二类是“道德说教者”（总是排放道德垃圾）；第三类是“守斋者”（总是一副不满的、闷闷不乐的表情）；第四类是“怨气连天者”（无时无刻不在生某个人的气）。

后来，朗道在谈起同窗好友热尼亚的命运时，不无惋惜地说：

“她嫁给一个外国人，出国了。一位才华横溢的当代女诗人就这样死去了。”

“她真的死了吗？”

“对诗歌而言她已经死了。真正的诗人只有在自己的祖国，用母语才能够创作出诗歌。”热尼亚·卡涅吉谢尔的诗确实非常出色。她用诗歌反映我们周围发生的一切。比如，上了年纪的教授约飞娶了女儿的朋友为妻，并且带她去蜜月旅行，热尼亚写道：

有时西班牙的城堡，
突然间从天而降，
就像约飞突然发了狂，
或是被魔鬼迷住了心窍。

把阿格涅萨骗进怀抱，
向娇妻问个好，
坐上舒适的特快列车，
与阿霞①全世界乐逍遥。

夕阳红多么美妙，
尽享地位财富，
巴塞罗那欢笑，
忘却了斑白的鬓角。

朗道受不了约飞的那种学院派头（应当听听，他是怎么说“德高望重”这个词的！），因此常常朗读这首诗歌。

热尼亚·卡涅吉谢尔嫁给了很有才华的奥地利物理学家鲁道夫·派尔斯，他们是在一次物理学大会上认识的。1931年，夫妇两人去了德国。

---

① 阿霞是阿格涅萨的小名，指约飞的新婚妻子。

二战时期他们被迫移居英国。

朗道和派尔斯后来甚至合写了一些著作。派尔斯会说一些俄语，在朗道的圈子里是自己人。朗道称他为“帕因卡”。

快乐的“爵士乐队”的成员们喜欢写生、赋诗，他们常常一起去艾尔米塔什博物馆，一起参加诗歌晚会。朗道很迷恋勃洛克[①]和古米廖夫[②]。他还像从前那样一边走路一边背诵诗歌，过去他总是默默背诵，现在则常常大声地朗读。

“爵士乐队”的名气越来越大。有位社团成员叫博布·克拉夫佐夫，他总是不遗余力地组织大家参观游览。在一次聚会上，他带来了柳博芙·克利缅季耶娃·西蒙诺娃。大家对她的到来表示热烈欢迎。她是一位狂热的诗歌爱好者，常常一连几小时朗读阿赫玛托娃[③]和勃洛克的作品。此外，她还在国防及航空化学建设促进会的学校里学习骑术。她性格十分开朗，很快就跟大家成了好朋友。

多年以后，柳博芙·西蒙诺娃回忆说：

“道那时不好看。他很瘦，驼背，龅牙，在‘爵士乐队’中不受姑娘们的青睐，对此他并不在意。不过他谈吐机智、天性快乐，所以大家都很喜欢他。我最欣赏的是他的善良。1929年，我要参加列宁格勒大学生物系的高等数学考试。课程其实并不是很多，但都让我给耽搁了——我

---

① 勃洛克（А. А. Блок, 1880—1921），俄罗斯著名诗人，现代主义流派象征派的代表人物。

② 古米廖夫（Н. С. Гумилев, 1886—1921），俄罗斯著名诗人，现代主义流派阿克梅派的代表人物。

③ 阿赫玛托娃（А. А. Ахматова, 1889—1966），俄罗斯著名诗人，现代主义流派阿克梅派的代表人物，被誉为“俄罗斯诗歌的月亮”。

既不去上课也不去做实验，因此肯定无法通过考试。心地善良的道知道这件事后，几乎每天都找我一起复习功课。考试那天早上，他跑到我那里，又给我讲解了一道微分方程式的例题。试卷中恰巧就有那道题。我那时当然是没有钱请家教的，如果没有道的帮助，我很可能就无法大学毕业了。"

克拉夫季娅·瓦西里耶夫娜·普加乔娃是晚些时候与朗道相识的，她的外号叫做"小水滴"，后来她成为了马雅可夫斯基剧院的演员。她对朗道的回忆与柳博芙·西蒙诺娃的回忆有很多一致之处。

"道并不是一个害羞、忧郁的人。在我的记忆中，他非常机智、快乐。他和照片上不大一样——照片上的他要好看些。虽然他并不好看，但是只要一开口说话，他那闪亮的眸子和微笑就会令人着迷。在朋友中间他喜欢玩闹，活力四射，非常出众。"

多年以后，有人让朗道的一位学生描述一下，朗道是什么样的人。那位学生思索片刻，然后突然说：

"他像一头小鹿，是的，像一头小鹿。尤其是眼睛——和小鹿一模一样。"

让人惊讶却有趣的描述。这正是最为恰当的比喻。他就是一头小鹿，他和斑比一模一样。

他对生活的认识极为幼稚。一次，他偶然得知，自己的两个朋友——他和她——背着大家偷偷约会。朗道认为，这对恋爱中的情侣违背了友谊的基本原则，因此朗道跟他们闹翻了。虽然犯错误的人是"爵士乐队"的创始人之一、"三剑客"中的伊万年科，可是这并没能让朗道的态度有所缓和。

朗道处事有些逞强，这一点在他对待教授们的态度上表现得非常明显。当然，朗道从不对他们无礼，可是他连最委婉的批评都无法接受。一次考试中，老师请他推导一个公式。

朗道回答说：

“我这就推导，但这毫无用处。”

朗道的自我修炼包括一系列原则，他从未违背过这些原则。例如，他从不喝酒，在任何时间、任何场合都滴酒不沾。一开始，大家试图对他好言相劝：还没有人喝一杯就醉的，不要让自己和所有人过不去，如果别人都举杯，而你不举杯是很不礼貌的……大家在酒桌上磨破了嘴皮。可是朗道态度坚决——动摇他的意志是决不可能的。朋友们传出谣言，说朗道极其害怕成为酒鬼——他只要尝上一口，就完蛋了。大家还画了幅漫画：朗道正在躲避一条“绿色的蛇”[①]。然而，如果他们能够预见未来的话，就不会那么高兴了——多年以后，他们中的一位因为酗酒而客死他乡。

滴酒不沾是朗道一生恪守的原则。宴席上大家总是给他倒一杯矿泉水或者柠檬水。他也从不抽烟，无论别人怎么劝，他都不愿意尝上一口。

朗道遵循这些原则，形成了自己的行为方式，而这样的行为方式又帮助他建立人生规划，创造自己生活。一位学生1933年就与朗道相识了，因此他有充分的理由对朗道做出这样的评价：“他用自律把自己变成了一个能够拥有幸福的人。”

朗道的好朋友、物理学家尤里·鲍里索维奇·鲁默尔这样回忆大学时代的朗道：

① 俄语中用绿色的蛇比喻酒精。

“在列宁格勒大学图书馆的阅览室里，一位18岁的少年站在书架前，一缕黑发垂落在他那高高的、漂亮的额头上。他刚拿到最新一期的《Annalen der Physik》(《物理年鉴》)。在这本杂志中，他读到了薛定谔发表的第一篇量子力学论文《量子化就是本征值问题》。少年并未意识到，自己人生之中的重要时刻降临了，这个时刻决定了他的整个未来。

虽然他没能完全理解这篇文章，但还是吃力地读完了。他坦言自己被深深地震撼了，初次接触相对论时，他也曾感受到过这种震撼。

一般来说，未来的科学家都是通过自己的导师——更有经验和资历的科学家来了解本学科知识的。而关于量子力学，朗道却没有人可以请教——并非是因为缺少优秀的老师，而是因为量子力学本身尚不存在。他只能依靠自己的力量。

受这段经历的影响，对于踩着梯子在书架上翻阅藏书的传统学者的形象，他一点都不欣赏。朗道说：‘从那些厚厚的书本中我们无法学到任何新的东西。那些厚厚的著作不过是埋葬往日思想的坟墓。’

在这种独特的学习过程中，朗道形成了受用终生的学习方法。他翻阅大量学术期刊，但只是确定文章中提出的问题，然后看一下文章末尾的结论，直接跳过中间的论证过程。他说：‘我需要知道作者做了什么，至于如何做的，我自己更清楚。’”

1926年，《Zeitschrift für Physik》(《物理学杂志》) 刊登了朗道的第一篇学术论文《论双原子分子光谱理论》。

这篇出自18岁大学生之手的论文发展了海森伯、薛定谔及其他量子物理学创始人的理论。

“当我了解了爱因斯坦的广义相对论时，它的美令我感到震撼。”多年以后，朗道对自己的学生说，“而海森伯和薛定谔的文章则令我惊叹。

在此之前，我从未如此清晰地感受到人类天才的力量。”

1926年，朗道在大学五年级时，去莫斯科参加了俄罗斯物理学家第五届代表大会。大会于12月15日开幕，历时5天。朗道作了题为《论经典力学和波动力学的关系问题》的报告，并与B. E. 拉什卡列夫展开了辩论，指出他在阐释万有引力理论中的错误。

朗道提前很长时间就完成了毕业论文。答辩定于1927年1月20日举行。答辩完成后，教授问这位毕业生准备上哪儿工作。朗道回答说，他还没有最终决定。

“为什么培养这么多物理学家啊？”他埋怨道，“我跟罗日杰斯特文斯基[①]说过的……”

朗道和伊万年科闹翻之后，“爵士乐队”就解散了……

著名的法国俄裔物理学家阿纳托利·亚伯拉罕在他的自传体小说中记录了他和朗道的同窗好友伽莫夫的一段谈话：

“我对伽莫夫讲述了我的俄罗斯之行以及我与朗道的会面。他陷入了沉思，然后说：‘朗道、伊万年科和我三个人曾经形影不离。大家把我们叫做‘三剑客’。而如今呢？朗道是天才，伊万年科大名鼎鼎，而你瞧我在哪里？’

伽莫夫靠在沙发上，用杯子指了指自己。我实在无法拒绝把‘三剑

① 罗日杰斯特文斯基（Д. С. Рождественский）当时任列宁格勒大学物理研究所主任。

客’的名字再次放到一起的诱惑，哪怕只是在书中，希望读者能够理解我的这种心情。”

可这不过是一厢情愿而已，朗道连伊万年科的名字都不愿听到。据学生们讲，他们的老师认为伊万年科早就不是物理学家了，他唯一的工作就是防止苏维埃科学受到西方的毒害。而对于远赴美国的伽莫夫，朗道的态度则要复杂得多。我注意到，朗道在提起他的时候总是神情黯然。

的确，年轻时的“三剑客”都才华横溢，可是后来，只有一个人并未失去年轻时的光彩，只有一个人永远留住了自己的青春。

这个人就是朗道。

第三章

物理学家的朝圣之地

如果我看得比别人更远些，那是因为我站在巨人们的肩膀上。

——艾萨克·牛顿

1927年，朗道成为列宁格勒物理技术研究所的研究生，不久之后，他进入了雅科夫·伊里奇·弗仑克尔主持的理论班。除了朗道以外，B. A. 福克、M. П. 布龙施泰因、伊万年科也进入这个班学习。朗道和马特维·布龙施泰因成为好友。

这时朗道开始撰写一篇新的论文——《波动力学中的阻尼问题》。在分析辐射阻尼机制时，他（独立于冯·诺依曼的理论）将一个极其重要的新概念——密度矩阵引入量子力学。

朗道还像以前一样用功。物理学带给他无与伦比的享受。他渐渐有了名气，学者们常常在自己的研究中引用他的论文。远道而来的国外物理学家们一再邀请他参加自己组织的研讨会。

1928年，第六届物理学家代表大会在莫斯科召开。在列宁格勒物理技术研究所所长A. Ф. 约飞院士的努力下，会议举办得非常成功。这次会议被载入了科学史册。参加会议的有列别捷夫、罗日杰斯特文斯基、罗然斯基、福克，以及许多国外的物理学家：玻尔、狄拉克、德拜、布里渊、弗兰克、乔治·伊拉兹马斯·达尔文、拉登堡、路易斯。

在莫霍瓦亚大街的物理系大教室中，列宁格勒物理技术研究所的研究生朗道和伊万年科作了题为《量子统计学基础》的报告，拉开了大会的序幕。朗道和伊万年科所作的第二个报告是《现代物理学中的因果性原理》。朗道参加此次会议的第三篇论文是由他独立完成的《波动力学中的磁电子》。

辩论是用德语进行的。朗道的德语和法语相当流利，但遗憾的是不会英语。英国物理学家和美国物理学家常常进行争论，他却听不懂。理论物理小组的会议主要讨论量子力学、波动力学、狄拉克电子、正电子以及光学问题。在大会的闭幕会议上，通过了在哈尔科夫和托木斯克建立新的物理科研所的决议。

会议结束当天，车队将参会者送到库尔斯克火车站。第二天早晨，火车载着150名会议代表抵达下诺夫哥罗德市。白天大家在市区游览。G. 路易斯和P. 弗兰克为当地大学生作了报告，路易斯讲述了热力学统计基础，而弗兰克则讲述了量子力学中使用的经典力学定理。

晚上大家登上轮船，沿伏尔加河而下。河水庄严而宁静，周围环境别具一格，严肃的学术报告与孩子般无拘无束的玩乐组合在一起，给人们带来了美妙的好心情。

大家在萨拉托夫上岸，乘坐火车来到梯弗里斯[①]。外国物理学家与苏联物理学家在这里告别。

朗道、伊万年科、鲍里斯·克拉夫佐夫和雅科夫·弗仑克尔抵达捷别尔达市。他们与克萨娜·卡尔祖希娜、柳博芙·西蒙诺娃约好在这里见面。没过多久，大家开始把柳博芙叫做“里基”，因为她像里基－蒂基－塔维[②]一样不怕蛇，而且她为了展现自己的勇敢，往袖子里放了一条游蛇。

大家开始沿苏呼米[③]军用路线游览。卡拉恰耶夫人[④]给游客们做向导。朗道是唯一一个让向导们不放心的人，因此每当需要沿着小桥穿过山间小溪和裂隙时，他们就把朗道背过去。

为了维护自己在朋友们眼中的形象，朗道想出了一套理论——他的重心和其他人不一样，因此难以保持平衡。

苏呼米市银行来了一个年轻人，警察见到他不禁警惕起来。年轻人衣衫褴褛，瘦弱不堪，眼睛中流露出饥饿的目光。他递给出纳员一张十分破旧的五卢布纸币，一开始出纳员甚至拒绝兑换。但是钞票的编码是完好无损的，他只好满足年轻人的要求。

游客们宣布“战时共产主义”，大家把所有的钱都集中到一起。这些钱够大家吃顿午饭，并且给列宁格勒物理技术研究所发一封电报：“我们已身无分文。”

---

① 格鲁吉亚城市第比利斯的旧称。

② 英国作家罗德亚德·吉卜林（Rudyard Kipling, 1865—1936）童话故事中的动物形象。

③ 格鲁吉亚阿布哈兹自治共和国首府。

④ 苏联少数民族。

有人问朗道是否喜欢这次旅行，他用一句著名的谚语来回答这个问题："智者绕山行走，而不会冒险进山"。

第六届物理学家大会之后，朗道作为列宁格勒物理技术研究所的优秀研究生被教育人民委员部派往国外留学。他不得不临时抱佛脚，开始学习英语。在一个半月的时间里，朗道掌握了日常用语，并且学会了借助词典阅读。

十月，朗道抵达柏林。一天，他在柏林大学中遇到了阿尔伯特·爱因斯坦。朗道走到这位赫赫有名的科学家面前，腼腆地请求和他谈一谈。爱因斯坦邀请这位年轻人到自己家里。

就这样，朗道到爱因斯坦家做客了。那时朗道二十一岁，而爱因斯坦五十岁。爱因斯坦温和、善良，但由于个性孤僻而没有自己的学生。这位天命之年的科学家用心倾听着年轻的苏联物理学家的见解。朗道试着向爱因斯坦证明量子力学的基本原理——测不准原理的正确性。然而，这位创立了相对论从而引起科学领域巨变的物理学家，竟然无法理解另一个革命性的理论——量子力学，这使朗道非常困惑。朗道的热情、自信，清晰的论证令爱因斯坦非常欣赏。但是他并没能说服爱因斯坦。此后，他们再也没有机会见面了——欧洲开始流行"褐色瘟疫"[①]，阿尔伯特·爱因斯坦不得不离开残暴的法西斯，逃往海外。

需要说一下，朗道从未向任何人讲过他与爱因斯坦的这次见面。令人惊讶的是，就连和他关系最亲近的学生都不知道这件事。原因很简单——他们没有问，所以他也没有说。

---

① 指法西斯主义。褐色衬衣是纳粹党的规定服装，因此人们用"褐色瘟疫"形容法西斯主义。

直到1961年4月中旬，在一次演讲中，朗道才对莫斯科物理技术学院的学生们提及自己与爱因斯坦相识的往事，那是朗道的最后几次公开演讲之一。4月28日出版的学院院报《为了科学》以《Л. Д. 朗道院士来我院做客》为题，整版刊载了朗道的演讲。

然而，毕竟只是院报，对事情的记载是简短而枯燥的：

"我曾经在柏林与爱因斯坦见过面，他给我留下了深刻的印象。爱因斯坦无法理解量子力学的基本原理。这太让人惊讶了。我尝试向他解释测不准原理，但是显然毫无成效。"

朗道在遭遇车祸之后、逝世前不久，讲述了关于爱因斯坦的一些细节，记录在他对新闻记者雅罗斯拉夫·戈洛瓦诺夫口述的长文《尼尔斯·玻尔小记》中。当时由于朗道的身体状况，记录起来非常困难。在戈洛瓦诺夫到达之前，他勉强止住了呻吟，但一开始口述，又无法遏制了。

文章是为了纪念著名丹麦物理学家尼尔斯·玻尔的80岁诞辰而写。

"我常常在心里将阿尔伯特·爱因斯坦与尼尔斯·玻尔相比较。我认为爱因斯坦是人类历史上最伟大的物理学家。可是，如今很难说存在爱因斯坦学派，而玻尔学派却几乎囊括了当今健在的所有著名的理论物理学家。这是为什么呢？玻尔有一次说：'爱因斯坦不仅仅是天才，而且是个非常好的人，心地善良。但是他习惯所有的事情都亲力亲为，并且完成得非常好……'

凡事习惯亲力亲为——或许这正是他们的根本区别。

我回想起爱因斯坦。他像玻尔一样朴实、善良、平易近人。但是与他交流很困难。他并不喜欢讲话。他是个活在自己世界中的人。很显然，他根本就不需要通过与人交流来产生灵感。而玻尔却在交谈中进行创造……

科学即探索。爱因斯坦与玻尔之间几乎持续了二十年的智力角逐，在很大程度上推动了物理学的进步。爱因斯坦提出问题——玻尔来回答；爱因斯坦提出奇思妙想——玻尔为其找到解释。这样做是很有必要的。'要知道，如果爱因斯坦是正确的，'玻尔说，"那么一切都被颠覆了！'而爱因斯坦则写道：'我知道他言辞犀利，可是只有亲兄弟或者好朋友才会这样真正地争吵。'"

此后，朗道从柏林来到了哥廷根的马克思·玻恩那里。在列宁格勒时，玻恩曾邀请朗道参加他的讨论班。这是很高的荣誉，爱因斯坦、玻尔、海森伯、薛定谔、泡利都曾在玻恩的讨论班上发言，讲述自己的新成果。

生性浪漫的年轻人非常喜欢这所古老的大学。在讨论班上，尤其是一旦开始激烈的争论，这个温文尔雅的年轻人与平时完全判若两人。

朗道在哥廷根废寝忘食地度过了几个星期。他在国外与在列宁格勒时一样勤奋。

朗道告别玻恩，到莱比锡拜访量子力学的创始人之一——维尔纳·海森伯。动作敏捷、有点喜欢嘲讽别人的海森伯与朗道有些相似。两个人都喜欢聊天，一聊就是好几个小时。当时海森伯教授29岁，四年之前他完成了一篇享誉物理学界的论文（1932年他因为这篇论文获得了诺贝尔奖），论文描述了量子力学的第一种表述形式——矩阵力学。

1930年到来了，朗道和他的朋友们在瑞士的一个城市阿罗萨迎接新年。正值冬季旅游旺季，风和日丽，大家白天滑雪橇，晚上表演共同创作的滑稽短剧。剧中角色与著名的物理学家们极为相似。原来朗道极具戏剧天赋，他的表演非常出色。而当他坐在台下当观众时，笑声比谁都响亮，他带着孩子般的纯真去理解每一场演出。

虽然朗道的德语很流利，可是却带有无法摆脱的俄式口音。

愉快的圣诞节假期结束了，朗道前往苏黎世。在那里的联邦理工学院物理研究所中，他与派尔斯共同完成了《位形空间中的量子电动力学》这篇论文。在论文的引言中作者写道：

“海森伯和泡利建立了电磁场及其与物质相互作用的量子理论。他们在研究中运用了量子波方法。我们认为，应当像在普通量子力学中那样，将位形空间也应用于光量子的研究。这时可以发现，根据少量已知的假设就可以确定方程式的形式了。”

1930年4月8日，朗道来到哥本哈根的漂布塘路，所有的理论物理学家都非常熟悉这条街道。理论物理研究所就坐落在漂布塘路15号楼中，尼尔斯·玻尔教授是研究所主任。

“您能来真好！我们能够从您这儿学到很多东西。”玻尔对这位来自列宁格勒的客人说。

朗道惊讶极了，这些话可是从物理学界的传奇人物玻尔口中说出的！几天后他发现，善良的玻尔用这句话欢迎每一位到他这里来的客人。

这时朗道（与Ю. А. 克鲁特科夫、В. А. 福克一起）获得了专门慈善基金会的奖学金。基金委员会成员保罗·埃伦费斯特对苏联青年物理学家们的才华给予了高度的评价，并且最终为他们申请到了洛克菲勒基金会的奖学金，资助他们在欧洲最好的大学中继续深造。

应当说，朗道是很节俭的，他总是尽量少花钱。有一位朋友建议他买双新皮鞋，他惊讶地看了对方一眼，回答说：

“可是我有皮鞋啊！”

他从未想过利用在国外的机会买些时髦玩意儿。有一个他认识的人总是在橱窗前流连，朗道称其为“科学界的二道贩子”。回国后，朗道把剩余的钱都上缴了。

玻尔身边聚集了来自世界各地的有才华的年轻人。年轻的物理学家们和这位著名科学家在一起时感到轻松、自由。玻尔对这些年轻人非常热情。他一下子就喜欢上了朗道。

坊间流传着一些关于尼尔斯·玻尔的传奇故事。玻尔的原子模型完美地展现了他的物理直觉。关于这个模型，阿尔伯特·爱因斯坦写道："从前，脚下仿佛空空如也，哪里都看不到坚实的立足之地。让我一直倍感神奇的是，这种摇摆不定、充满矛盾的基础，竟足以使玻尔这样一个具有天才直觉和敏锐判断力的人发现光谱线和原子的电子壳层的主要规律……直到如今，这对我来讲都像是一个奇迹。这是思想领域中最动听的旋律。"朗道将玻尔视为自己的物理学导师。

漂布塘路有自己的传统。星期天，玻尔邀请这位新来的年轻人到自己位于研究所的家中做客。

朗道把额发梳理服帖，出发了。

"玛格丽特，我给你介绍一下我们的俄国客人列夫·朗道。"尼尔斯对妻子说。

玛格丽特夫人面前出现了一位瘦削而苍白的年轻人，他长着一双漂亮的黑眼睛。他很有教养，举止谦逊，讨人喜欢。玛格丽特夫人问他住得好不好，他给予了肯定的回答。他已经听人说起过，玻尔的夫人是一位善良的天使，现在他亲自感受到了他们的真诚，他们夫妇二人非常相配。

玛格丽特身材高挑苗条，面庞清秀，长着一头蓬松的浅色头发。她要照顾丈夫和五个儿子，此外，作为丹麦最著名的人的妻子，她还要承担一些社会责任。她尽可能地照顾玻尔的学生们，尤其是那些初来乍到、举步维艰的外国学生。朗道在玻尔家里度过了一个美妙的夜晚，告别时，玛格丽特要朗道保证，如若遇到什么困难，一定马上来找她。

多年以后，玻尔夫人回忆起朗道刚到哥本哈根时的情景：

“尼尔斯从第一天起就喜欢上了他。你们知道，他有时令人难以忍受，常常打断尼尔斯的话，讥笑长辈，就像一个头发乱蓬蓬的小孩子。但是他是那么有才华，那么真诚！”

在那个年代，哥本哈根被称为理论物理学家的圣地。大名鼎鼎的玻尔讨论班中的一切——无论是简单的人际关系，还是严肃认真的辩论——都使这个外国学生感到惊讶。然而最让人惊讶的，是这个由世界各地物理学家组成的大家庭的领导者——尼尔斯·玻尔。

他的讨论课精彩非凡，充满了智慧。他对学生是那么认真，那么和蔼可亲！他具有非凡的幽默感，但从不取笑学生，倒是常常自嘲。

“现在大家在研究一些难题，它们会让人感到呼吸困难、晕头转向。当你的头有点发晕了，那就是理解了这些问题的实质。”玻尔对学生们说。

如果学生在讨论课上有什么不明白的地方，可以随时打断玻尔的话。任何问题都难不倒玻尔。他的回答总是巧妙而又出人意料。对于智者而言，往往是问题越复杂，答案就越明确。

“请您讲讲现代物理学的发展道路。”一位同学在讨论课上问。

玻尔正在黑板旁活动筋骨，听到这个问题，他立刻停了下来。

什么是路？没有路。

前进吧，向着那未知的地方。

教室里有人小声说：

“这些话出自歌德的《浮士德》。”

玻尔点了点头，表示赞同。

哥本哈根理论物理研究所的讨论班，*1930*年
第一排从左至右：奥斯卡·克莱因、尼尔斯·玻尔、维尔纳·海森伯、沃尔夫冈·泡利、格奥尔吉·伽莫夫、列夫·朗道、亨德里克·克拉默斯

“问题比答案更重要。答案也许会过时，而问题是永存的。”玻尔常说。

他总是选择温和、礼貌的用语：

“让我们来看看，什么是我们已知的，让我们尝试把它更好地表达出来。”

他避免使用那些绝对化的说法。与“原则”这样的词相比较，他更愿意使用“观点”，或者“论据”“理由”。

玻尔非常谦虚，这种谦虚是发自内心的，他总是这样结束自己的讲话：

“希望这些不会使大家感到过于厌烦。”

玻尔喜欢的哲学家是斯宾诺莎和黑格尔。他号召大家“向自然学习，遵循自然法则”。他基于经验形成的个人哲学是：尽可能为他人的幸福做更多的贡献。由于他的人生舞台是理论物理学，因此科学问题和如何培养青年人占据了他的全部思想。

“玻尔明白，真正的学术中心不仅要拥有设施完善的实验室，还需要对科学真理的忘我探索，需要世界各地科学家们的协作……这是一个工作与休息、思考与放松的地方，许多科学发现正是得益于科学家们的劳逸结合。”尼尔斯·玻尔的传记作者鲁特·穆尔在《尼尔斯·玻尔——普通人与科学家》一书中如此写道。

尼尔斯·玻尔仿佛使未来提前到来了，哥本哈根的玻尔讨论班中，聚集了整整一代物理学家。

“简直无法想象，这一时期的哥本哈根被怎样的氛围所笼罩，有着怎样的生活和积极的精神追求。玻尔就在身边，他在我们眼前工作、谈话，与快乐而朝气蓬勃的青年们一起生活。大家的内心充满了自由的意志、奋斗的精神和无法言述的欢喜，一步步接近物质最深奥的秘密。”后来担任欧洲核子研究组织主任的维克托·魏斯科普夫这样写道，他曾是哥本哈根讨论班中最年轻的学生之一。

后来玻尔说，他认为朗道是他最优秀的学生。他的这位得意门生在课堂上常常过于激动，以至于老师不得不制止他：

“朗道，不要骂人，不要批评别人。现在让我说两句。”

朗道对朋友们说：

“玻尔总是那样，说得比谁都多，你要是想打断他，他就会抱怨，说你连嘴都不让他张。”

朗道热情机智、爱笑、朴实单纯，很快就适应了在玻尔讨论班的新生活。

有人向他推荐了研究所附近一所不贵的膳宿公寓，另外几个讨论班的成员也住在那里。朗道很快就融入了这个年轻人的快乐集体。

“表面上看来，道喜欢嘲笑别人，爱与人争吵，但这些也许只是他自我保护的表现，在内心里，他是个单纯善良的人。我此生从来没有见过比朗道更好的人。”列昂·罗森菲尔德这样形容朗道。

从参加过玻尔讨论班的物理学家们的回忆可以看出，如果朗道无缘无故地不喜欢某个人，他觉得没有必要对此加以掩饰。有些人时常会遭到他的戏弄。总之，他的举止中流露出一些孩子气。

在他看来，严肃是件乏味的事，他从不故作严肃。而那些真正让他严肃对待的事情，他不会大肆张扬。年轻的朗道博士是位真正的爱国主义者，这从他对一些问题的回复中可以看出来。

有一次，一些外国记者问他，如何才能在苏联成为名人。

这个问题对于朗道来说并不难回答：

“Die Frage wie man beruhmt wird ist an sich eine Sinn volle.（如何成为名人——这个问题很有意义。）”他礼貌地回答。

朗道在论证问题时，总是将问题划分为有意义的和无意义的，这对于解释量子力学现象起了非常重要的作用。他接着说：

“您的问题答案非常简单——只需要把工作做好。如果您有朝一日能够做出有价值的工作，那么您也会成为名人。”

“必须区分无意义的和有意义的知识领域。数学、物理、天文学、化学、生物学都属于有意义的知识领域，而神学、哲学，特别是哲学史、社会学等则属于无意义的知识领域。这样一来，情况就简单了。有意义的学科的教学是完全自由的。至于那些无意义的学科，应当承认，它们更偏重于某些思维方式。不过，纠结于哪些废话更好一些（ob man den einen oder anderen Quatsch devorzugt），这压根儿就是毫无意义的。”

可怜的朗道啊！虽然当时他平安无事，但想必已经知道，相对论和量子力学当时在苏联是受到攻击的。几年之后的李森科事件[①]击碎了人们关于“有意义”学科自由生存的所有幻想。把哲学、社会学和大部分人文学科统统称为废话，这对于维护苏维埃政权可是一种挑战。不过，他这种极为自负的观点很快令人信服了。

尼尔斯·玻尔所做的不仅是“教书”，还有“育人”。玻尔是位狂热的爱国主义者，他常常重复他的天才同胞汉斯·克里斯蒂安·安徒生的一句话：

“我在丹麦出生，我的家在这里……我的世界从这里开始。”

玻尔将“从这里”这个词重读，赋予它特别的含义。对于每个人来

---

① 李森科事件是苏联时期政治干涉科学的代表事例。李森科（Т. Д. Лысенко）坚持生物的获得性遗传，否定孟德尔的基于基因的遗传学。他得到斯大林的支持，使用政治迫害的手段打击学术上的反对者，使他的学说成了苏联生物遗传学的主流。

说，家都是国家的起点。一个人属于且只属于某个国家，因为他是这个国家的一分子。意识到自己是国家的一部分，这是每个人力量的源泉。

安徒生的一句话让朗道欣喜不已：

“仅仅活着是不够的。生活中需要阳光、自由和小小的花朵。”他一下子就记住了这句话，并且常常重复。他搜集名言，就像别人搜集画作和古书一样。他说：

“Omnia mea mecum porto.”①

朗道得到了一本关于丹麦的书，很快，他就对这个国家的历史如数家珍。没过多久，他就对其他外国人讲：

“市中心之所以安放阿布萨隆大主教纪念碑，是因为他在1116年建立了哥本哈根。”

他还说：

“哥本哈根的名称起源于丹麦语中的两个单词‘kjøbman havn’，意为‘商人之港’。”

时光飞逝，大家白天紧张地学习，晚上则游览城市，看电影，电影院最常放映的是美国西部牛仔片。科学研究需要全力以赴，工作之余，大家也会开开玩笑，娱乐一下。

朗道和鲁道夫·派尔斯共同完成的论文《位形空间中的量子电动力学》遭到了玻尔的批评。与他们同时代的人可以证明这一点。下面就是奥地利物理学家奥托·弗里希的描述：

“那个情景令我终生难忘。玻尔和朗道争吵起来。朗道仰靠在椅子

---

① 拉丁语，意为“我所有的，都已携带。”指所有的财产都是可以抛弃的，唯有高尚的精神才是真正的财富。

上，拼命地打着手势，玻尔俯身对着他，一边挥舞双手一边说着什么。他们两个谁都没有意识到，用这种方式进行学术讨论不大正常。”

1930年5月的头几天，玻尔要去英国讲授法拉第的课程。这是一个欧内斯特·卢瑟福、保罗·狄拉克和其他一大批优秀物理学家工作过的国家，朗道当然不能不去。况且，他打算进行一项有关电子在金属中抗磁性的新研究。这项研究成果在当年发表，标注的是“卡文迪许实验室，剑桥”。

朗道对英国的历史和文学非常了解，对这个国家有着浓厚的兴趣。他在英国度过了将近半年时光，他爱上了这个地方，背诵了大量英文诗歌，掌握了日常用语，在许多美术馆中流连忘返。

与学术界德高望重的保罗·狄拉克相识，对朗道具有特别重要的意义。朗道参加了他的讨论班，有时提出一些问题，这对他正在进行的研究有很大帮助。对于自己的计划和当时所做的研究，朗道并未宣扬。

他在剑桥租了一个包伙食的小房间。房东是个年轻姑娘，长得很可爱，待人亲切。不久，朗道发现，当他们目光相遇时，姑娘会脸红。他爱上了这个英国姑娘，但是没有勇气向她表白。

有一位朋友邀请朗道乘坐摩托车去英国的一些边远城市游玩，朗道高兴极了！他坐在行李架上，摩托车开了很久，来到了苏格兰。天公作美，四周一片碧绿，他们在古老而美丽的英国饱览了乡村美景。无论那里的风景还是美食都令他们流连忘返。他们的胃口别提有多好了，他们从来没有吃过那么多东西。

在剑桥，朗道认识了自己的同胞彼得·列昂尼多维奇·卡皮查。卡皮查从1921年起就在卡文迪许实验室工作，只在夏天休假的时候回国呆一段时间。1921年，他和约飞一起拜访卢瑟福，约飞请求卢瑟福录用这位有才华的弟子到他的实验室工作。卢瑟福回答说：

“这不可能，人员已经满了。”

“请问，教授，你们工作的准确率是多少？”卡皮查突然问。

“错误率大约百分之十。”卢瑟福回答。

“那么录用我之后，你们还将保持原先的错误率。”

卢瑟福是那个时代最有智慧的人之一，他很欣赏这个年轻人的话。

“我同意，您被录用了。”

没过多久，卡皮查就成为卢瑟福的得意门生。他长期在剑桥工作和生活。卡皮查获得了最高的荣誉——成为伦敦皇家学会即英国科学院的成员。但是卡皮查并没有“英国化”，他仍是苏联国籍，他的儿子们虽然出生在英国，但母语仍是俄语。

这一时期的剑桥在迅速发展的核物理领域占据着最重要的地位。各国政府还没有像后来那样重视这个学科，广泛的学术交流使来自世界各国的研究者们建立了紧密的关系。

朗道每天晚上都学习英语。由于他懂德文和法文，学习英语就变得简单一些。

经常会有一些高端的口语实践机会。没过多久，英国的朋友们认为，朗道的英文已经说得相当不错了。

朗道喜欢去卡皮查位于亨廷登路的家中做客。卡皮查的夫人安娜·阿列克谢耶夫娜给大家泡茶，很多人聚在一起，屋子里充满了欢声笑语。卡皮查很会招待自己的客人。他是出谜题的高手，不过客人们总能解出最难的谜题。可以想象，每当客人们宣布自己获胜的时候，主人是多么高兴啊！

安娜·阿列克谢耶夫娜非常年轻，朗道把她看作自己的同龄人。朗道刚在卡皮查家的聚会中和大家熟悉起来，就开始揶揄主人：

“怎么，难道安娜·阿列克谢耶夫娜和彼得·列昂尼多维奇注定白头到老吗？难道他们真的从来不想离婚？这真是太可悲了，不过……”

安娜·阿列克谢耶夫娜忍无可忍，把朗道赶走了。可是他消失了几天之后，又重新出现了。他喜欢卡皮查夫妇家里的聚会，听到家乡话他很高兴，以至于情不自禁地放肆起来。

似乎有某种无形的力量——也许正是童年时折磨他的那种矛盾的天性——支配了他，突然，他一脸无辜地问道：

“没什么新闻吗？”

“没有，一切都是老样子。”

“你们不打算离婚吗？”

于是，好戏又重新上演了。

朗道与爱德华·泰勒一起时也是如此。他们是在哥本哈根认识的。当时泰勒刚结婚不久，朗道赞同他的选择。

“朗道很享受发表一些抨击资本主义社会的言论。”三十年后，泰勒回忆说，“他问我们，准备将婚姻维持多长时间。我们回答说，我们当然打算天长地久，从未想过离婚的事。朗道对此极不赞同，他开始向我们论证，只有资本主义社会才会强迫自己的成员维持没有尽头的婚姻，从而摧毁这个最美好的事物。”

那时朗道22岁，他坚信自己永远不会结婚。

1930年第64期《Zeitschrift für Physik》(《物理学杂志》)发表了朗道的论文《金属的抗磁性》，这篇论文后来成为经典。很多人开始意识到，朗道是那个时代最有才华的物理学家之一。在此之前，常常会听到这样的声音："朗道？他可是一个让人震惊的批判家！"，似乎是想强调，这个年轻的科学家并没有什么伟大的想法。现在这些说法都销声匿迹了。朗道凭借自己的成就，进入了屈指可数的一流理论物理学家的行列。

朗道旅程的下一站是苏黎世。在那里他和沃尔夫冈·泡利展开了辩论。泡利比朗道大八岁，但是面对这位俄罗斯理论学家的猛烈进攻毫不示弱。争吵的结果是两个人嗓子都哑了。

"反正您应该承认，"朗道说，"我所说的并不都是毫无意义。"

"您所说的东西太令人震撼了，"泡利筋疲力尽地回答，"以至于我根本不知道，这到底有没有意义。"

泡利早在1927年就得出结论：电子在磁场中平移运动的变化可能引起附加磁性。这已经成为公认的原理，没有任何科学家对它提出质疑，但是朗道发现了在论证这个原理时的一个错误。

现代磁学将所有的物体划分为铁磁体、顺磁体和抗磁体。铁磁体在没有外磁场时具有磁性。顺磁体本身的磁性很弱，而抗磁体本身完全没有磁性，但它们在外磁场作用下发生磁化。这时，顺磁体沿着与外磁场一致的方向磁化，因此顺磁体内部的磁场比外加磁场强；而抗磁体则沿着与外磁场相反的方向磁化，如同将一部分外磁场抵消了。

朗道指出，不能用经典力学的方法来分析电子在磁场作用下的运动。实际上，电子在磁场中的能级是离散的（不连续的），要用特殊的公式描述。这些能级的间距与磁场成正比。由于能级的这种离散性，电子气具有与电子平移运动变化相关的抗磁性。在强磁场条件下，磁化率随着磁场的变化而进行周期性变化。这种现象被称为"朗道抗磁性"。

泡利提出了存在与其他物质相互作用极小的中微子的假说。朗道对此很感兴趣。当时科学界已知的只有两种基本粒子：电子和质子，对于泡利提出的存在另外一种具有奇怪特性的粒子的假说，大多数科学家都认为是异想天开。而朗道则立刻意识到：泡利是正确的。

有一次，朗道去听泡利的讲座。讲座结束后，著名的奥地利哲学家N教授和泡利争论起相对论的问题。泡利推翻了那位哲学家的论据，但是哲学家并不服输，结果他把听众们弄糊涂了，很多人不明白他在讲什么。

“泡利教授的说法与N教授的说法有什么区别？”当地报纸的一位年轻记者问朗道。

“区别在于泡利教授明白自己在说什么，而N教授不明白。”朗道回答。

1931年，朗道参加了埃尔温·薛定谔的柏林讨论班。鲁道夫·派尔斯的发言成为大家关注的焦点。他讲述了与朗道合写的新论文《测不准原理向相对论量子理论的拓展》。

1957年，朋友们写了一篇幽默小文《贺鲁道夫·派尔斯五十岁诞辰》，文中对20世纪30年代的派尔斯进行了这样的描述：

“这一时期，他为辐射的量子理论做出了极大的贡献。他和朗道搞出的这套复杂理论让玻尔和罗森菲尔德头疼了好几个月。”

朗道和派尔斯又回到了哥本哈根玻尔的讨论班中。在《量子电动力学》一书中，列昂·罗森菲尔德回忆说：

“1931年2月的最后一天，我来到研究所，在那里停留了一年时间。我见到的第一个人是伽莫夫。我问他有没有什么新闻，他把一幅刚刚完成的惟妙惟肖的铅笔素描拿给我看，生动形象地回答了我的问题。在画中，朗道被堵住嘴巴并牢牢捆在凳子上，而玻尔则站在他的面前，竖起食指说：‘Bitte, bitte, Landau, muss ich nur ein Wort sagen!’（‘等一下，等

一下，朗道，好歹让我说句话！’）

我得知，就在几天前，朗道和派尔斯带着新写的论文来到这里，想让玻尔看一看。‘但是，’伽莫夫补充说，‘玻尔好像并不赞同，于是他们不停地争论。’派尔斯在我到达的前一天离开了，伽莫夫形容他走时‘筋疲力尽’。朗道又停留了几个星期，这使我得以确认，伽莫夫画中描述的情景只不过是在艺术构思允许的范围内稍加渲染而已。”

在为期一年半的国外游学过程中，朗道总共到玻尔那里去过三次。1931年3月19日，朗道离开了丹麦首都。

朗道结识了当时最优秀的物理学家，和其中很多人成为好朋友。鲁道夫·派尔斯这样形容那个时期的朗道：“讲一件我喜欢回忆的往事。辩论中突然出现了一个朗道不曾听说过的物理学家的名字，他立刻问：‘这是谁啊？哪里人？多大了？’有人告诉他：‘啊呀，他只有二十八岁……’于是朗道惊呼：‘怎么，这么年轻已经这么默默无闻了！’”

众所周知，天才从不吝啬对他人的赞赏。有才华的人总是最先对同行的成功作出回应。

朗道发表了关于金属抗磁性的文章之后，派尔斯说了一句后来成为经典的话：

“应当面对现实了：现在大家只能用朗道掉在桌子上的面包屑充饥了。”

海森伯、玻尔、玻恩、狄拉克、泡利都对朗道出色的才华给予了高度评价。朗道是苏联最优秀的物理学家之一，任何一所大学都会以邀请到这位年轻科学家到自己那里工作为荣。朗道多次获得这样的邀请。但是谈话刚一开始，他就打断对方：

“这可不行！我要回到我们的工人阶级国家，我们将建立世界上最先进的科学。”

“那您岂不是再也无法享受到这样优越的生活啦？”

“我对此毫无兴趣。”

当他得知一个熟人决定留学结束后不回国时，感到大为震惊。

“他为美元出卖了自己，”朗道说，“他是个好逸恶劳之人，从来不喜欢工作。只能说他这是自我毁灭、自甘沉沦。”

1931年，朗道第一次国外游学归来。

“朗道之所以回到祖国，是因为他的心属于那里，是因为在内心深处他是一位革命者。”A. 多罗任斯基在《永生的人》一书中这样写道。

当朗道回到列宁格勒物理技术研究所的时候，所有人都在谈论约飞院士的发现。“绝缘体厚度越小，其介电强度就越接近通过计算得出的晶体破裂所需电力的强度极限。”阿布拉姆·费多罗维奇·约飞在1930年出版的一本广受欢迎的读物中这样写道。精力充沛的约飞在苏联和德国做实验，在广播和报纸上宣布自己的发现。

这一发现能够使年轻的苏维埃国家节省大量资金，刚从国外游学归来的研究生朗道对此自然很感兴趣。然而，朗道的计算结果证明，约飞的论证前提是缺乏理论依据的。这使得约飞非常恼怒。

所有认识约飞的人都异口同声地说，他是一个非常好的人——心地善良、精明强干、充满活力。他那热情的笑容征服了所有人。约飞的气质中有一种上流社会的风度，他非常注重自己的仪表，穿着讲究，戴着浆得笔挺的假领子，还喷着法国香水——这一点最让朗道无法忍受，他恶狠狠地盯着约飞，竭力地展示着自己对他的不满。

“朗道喜欢做一些令人难堪的事。比如，他不服气约飞，到处称他为“弱飞”。他瞧不上才华出众的理论学家、世界物理学大师雅科夫·伊里奇·弗仑克尔，在任何场合都对此不加掩饰。”朗道的一位好友在回忆录中这样写道。

卡连·阿韦托维奇·捷尔–马尔季罗相进入列宁格勒物理技术研究所时，朗道已经离开那里了。他听同事们讲，后来成为院士的彼得·伊凡诺维奇·卢金斯基由于受不了朗道的言行，甚至打算把他痛打一顿。捷尔–马尔季罗相至今仍对此记忆犹新。

最后，约飞当着其他同事的面宣布，他认为朗道最近一篇论文是毫无意义的。

“理论物理学是一门复杂的科学，并不是每个人都能理解的。”当时还是研究生的朗道如此回应。

这句话很快传遍了整个研究所。朗道不得不离开列宁格勒物理技术研究所。多年以后，他说起：“我在约飞那里不太舒服。”

伊万·瓦西里耶维奇·奥布列伊莫夫教授邀请朗道去哈尔科夫工作（当时哈尔科夫是乌克兰的首府）。就在朗道与约飞交恶前不久，哈尔科夫成立了乌克兰物理技术研究所。

朗道欣然答应了。

第四章

哈尔科夫的物理学中心

他在科学中开创了一个完美而又绝望的时代。

——鲁特·穆尔

《尼尔斯·玻尔——普通人与科学家》

1932年8月15日，朗道被任命为乌克兰物理技术研究所理论部主任。同时他还担任哈尔科夫机械制造学院理论物理教研室的负责人。

从欧洲的学术中心归来之后，朗道打算利用在欧洲国家接触到的最优秀的成果，建立自己的理论物理学派。他开始着手实施自己的计划。朗道发自内心地热爱自己的祖国，他不喜欢说空话，因此，这种爱不是体现在语言上，而是体现在行动中。

朗道做任何事一向认真严谨，因此他从制定计划开始。计划很快就制定出来了，共包括五项：

一、从有才华的研究生中培养高水平的理论物理学家。

二、引导年轻人走上科学道路。在哈尔科夫大学讲授普通物理学课程。

三、撰写理论物理学各个分支的教材，即《理论物理学教程》。

四、创办理论物理学杂志。

五、在苏联召开国际会议。

朗道确信，这个计划一定会实现的。他的自信源于对现实情况的了解。

有一次，一位学生回忆朗道在哈尔科夫开展的活动，他赞叹说："道有彼得大帝般的气魄！他同样开辟了面向欧洲的窗户！"

关于朗道在哈尔科夫时期的外貌，尼古拉·叶夫根耶维奇·阿列克谢耶夫斯基是这样回忆的：

"1935年，我到哈尔科夫毕业实习，有幸结识了列夫·达维多维奇·朗道。第一次见面时，他的与众不同令我感到十分惊讶：他又高又瘦，一头乌黑浓密的卷发，长长的胳膊在谈话时生动地打着手势，黑色的眼睛炯炯有神，穿着有点古怪（当时我这样觉得）。他刚从国外回来不久，因此穿着雅致的蓝色西服上衣，金属纽扣闪闪发光，但这与他的亚麻布裤子，以及光脚穿着的凉鞋不大协调。那时他从不打领带，总是敞着领口。

他知识渊博、反应敏捷，在交谈中能够迅速吸引大家的注意。那时他已经被公认为是哈尔科夫理论物理学派的领袖了。他在乌克兰物理技术研究所推行理论物理最低标准考试，考试不仅针对理论研究者，也针对实验员。他认为，很多实验员的物理学知识太差，所以实验常常出错。关于这一点，他总是说：'上帝啊，饶恕他们吧，因为他们不知道自己在搞什么。'那时，乌克兰物理技术研究所的青年科学工作者们一见到他就吓得直哆嗦，因为他的考试极为严格。在研究所工作的同时，他还在哈尔科夫大学授课，一次考试中，他给超过一半的学生都打了两分。

朗道常常去实验室，虽然他对实验的细节不感兴趣，但是他很喜欢与大家讨论一些具体的学术问题。这里顺便提一件小事。朗道喜欢鲜艳的色彩，有一次，当他在实验室里看到一个鲜红色的电流计——当时很常见的一种测量仪器时，不禁欣喜若狂。

朗道领导的理论物理部位于乌克兰物理技术研究所主楼三层。屋子里几乎没有什么家具，只有几把椅子、一个黑板和一张黑色的漆布沙发，朗道通常躺在沙发上工作。他在研究所的住处同样既没有写字台，也没有书柜，只有一张沙发床、几把相当精致的矮木凳和一张类似茶几的矮桌子。陈设风格是由他的原则决定的，他那时认为，家里根本就不应该有书和书柜，书只应在图书馆里借阅。他在家也是在沙发上工作的。"

朗道在哈尔科夫工作和生活的那段时间，一直在主持讨论班。在准备讨论课时，他会抽出时间浏览全世界出版的所有物理学杂志（这在30年代还是以一人之力可以办到的，因为当时出版的这类杂志一共不到10种）。用朗道的话来讲，国内外期刊发表的文章中，有一半以上都是毫无价值的，但是也会遇到极其重要的论文。他把那些有价值的观点分别抄在纸上，发给同事们作为报告的材料，而报告要按照严格的方式撰写。这样一来，朗道的理论物理部对物理学界发生的一切都了如指掌了。

乌克兰物理技术研究所有很多优秀的实验员，在他们当中，朗道与列夫·瓦西里耶维奇·舒布尼科夫和奥莉加·尼古拉耶夫娜·特拉佩兹尼科娃夫妇的关系特别要好。

"每一位实验员都可以随时去找朗道，"奥莉加·尼古拉耶夫娜回忆说，"你可以和他讨论任何问题，他什么都懂，能够给你最好的建议。可以向他咨询所有问题，询问任何可能得到的实验结果及其原因。我们不停地找他。像他这样的理论学家我再也没有见到过。”

朗道并未在哈尔科夫工作很久，只有五年时间。但是这几年时间，他把乌克兰当时的首府变成了学术中心。

“在朗道来到哈尔科夫之后，乌克兰物理技术研究所成为世界上顶尖的物理学中心之一。”亚历山大·伊里奇·阿希耶泽尔在自己的回忆录中写道。

朗道似乎生怕那些有名望的人会自命不凡，不然如何解释他总是热衷于拿名人们开玩笑呢？有关保罗·狄拉克的一件事，令朗道的研究生们很难忘。应当说，朗道对于这位英国物理学家是充满敬意的，朗道喜欢他乐观开朗的性格，对他的论文给予了极高的评价。

朗道不止一次地说过，狄拉克的三个贡献都使他有资格进入最高等级的物理学家行列——包括开创量子力学，以及在相对论性电子理论、量子电动力学领域所做的贡献。

1932年，保罗·狄拉克到哈尔科夫参加朗道在乌克兰物理技术研究所组织的会议。他在讨论班作了讲座。朗道坐在黑板旁边，研究生们坐在桌子旁，狄拉克时而在黑板上书写公式，时而一边讲解一边在黑板和窗户之间来回走动。朗道不赞同狄拉克的某些观点，因此每当狄拉克背对他时，他都会小声念叨：

“狄拉克，大傻瓜，狄拉克，大傻瓜。”

狄拉克一转过身，朗道就闭上嘴显出一副无辜的表情。他以为狄拉克不会猜到这无聊的顺口溜是出自他之口，但实际上眼中狡黠的光芒早已出卖了他。

最后，狄拉克结束了演讲，把粉笔放到桌子上。突然，他转过身对着朗道说（谁曾想到，他已经把俄语学得这么好了！）：

"你才是傻瓜，你才是傻瓜。"

研究生们笑得喘不过气来。

在哈尔科夫时，朗道开始教课。他为实验员们讲授理论物理学的专门课程（后面将要讲到的大名鼎鼎的"理论物理最低标准"就是从这时开始的）。

此外，他开始给大学生们授课——先是在机械制造学院，后来在哈尔科夫大学。在机械制造学院，他是理论物理教研室的教授，而在哈尔科夫大学，他则在普通物理教研室任教（在他之前，该教研室由讲课墨守成规、枯燥乏味的安德烈·弗拉基米罗维奇·热利亚霍夫斯基教授主持）。

这位24岁的老师征服了大学生们。他热爱科学，醉心于自己讲述的知识，因此能够轻而易举地吸引听众。他讲课清晰明了，总是尽量让大家更容易理解。很多其他系、其他学院的学生都慕名前来听课。

想象一下，一位年纪轻轻的老师在第一堂课上这样对学生们说：

"我叫'道'，我讨厌别人叫我列夫·达维多维奇。"

这并不妨碍他成为一名深受尊敬的老师。下课后，学生们围绕在他身边，他回答大家提出的各种问题，久久地和他们交谈着。这样的交流是朗道的生命之本。

正因如此，后来朗道在总结幸福公式的时候，将交际列为幸福生活的三大要素之一。根据他的计算，每个人应该将三分之一的时间用于与他人交流。

尤利娅·维克托罗夫娜·特鲁坚曾在哈尔科夫大学听过朗道的课，她回忆说，每当下课铃声响起，朗道总会被一群学生包围在中间。他边往外走，边和围在身边的学生们交谈。

在哈尔科夫，从来没有哪个老师的课能够如此成功。很多女学生爱上了这位年轻的教授。“当他开始讲课的时候，他的脸庞，特别是眼睛非常迷人。”朗道的一位女学生回忆说。

朗道最早教过的一位学生苦笑着说：“是的，知识女性们喜欢他，而他却喜欢女招待。”

在考试季没有到来时，他对学生非常和蔼可亲，总是为学生们讲解所有的问题。他就住在二楼，大家很容易找到他。他的房间从不上锁，他甚至连钥匙都没有，学生们可以随便到他那儿去。他乐意与学生们交谈，非常喜欢给他们提供建议，尤其是有关学术问题或者专业选择方面的建议。然而考试季一开始，学生们就高兴不起来了。朗道要求学生们理解所学的课程。如果学生能够体会到理论物理学的美妙之处，朗道可以给他打五分。但是如果学生解答不出中等难度的题目，这位老师就开始检查他的代数知识了，考试往往是以这种方式结束的。

“您不只是大学课程，就连中学课程都没弄明白。”朗道在考试中对一位学生说。

“列夫 · 达维多维奇，可是我已经仔细研读了两卷赫沃尔松的著作了！”那名懒散的学生央求说。

“如果您真的读过了，您脸上不会是这副表情的！”

朗道只允许一半的三年级学生升入四年级，其余的学生全都没通过考试。这可真是史无前例！为此学校紧急成立了学术委员会。校方暗示朗道，学生对知识的掌握取决于教学质量。

“那就是说，中学老师没把他们的代数教好。”朗道反驳说。

“什么代数？您给他们考的可是物理啊！”

“可是一个人如果不会代数，他这一辈子连一个公式都推导不出来，怎么可能当工程师？”

学院领导惊慌失措。很显然，这位年轻的教师不准备妥协。学院指派了另外一位实验员，吓破胆的学生们这次顺利通过了考试，升入四年级。

学生们认为，通过朗道的考试非常困难，死记硬背是无济于事的。他总是让学生们解答其他老师从未涉及过的题目。通过考试，朗道得出结论：物理学专业的数学教学很失败，老师们总是强迫学生死记硬背一些定理的证明，却不教他们运算。朗道本人的数学非常好，他被称为计算高手。

朗道对物理系的数学教学进行了猛烈的抨击。朗道写给莫斯科一所高校校长的信件被保存至今，信中详细陈述了他对于物理学专业数学教学的看法。

“数学对于物理学专业的学生是非常重要的，然而众所周知，物理学专业的学生需要的是计算数学和分析数学，我完全不能理解，为什么数学家们把逻辑方程式作为搭配品强塞给我们。现行教学大纲的开篇就将逻辑方程式作为重点加以强调。我觉得，早就应当根据物理学专业学生自身的需求进行教学，而不是背离他们自身的愿望去改造他们的灵魂。有些人认为，人们通过学习对自己无用的东西可以培养出逻辑思维能力，我不想同这种中世纪经院哲学式的观点进行辩论。

我坚决认为，应当将一切存在性定理、过于严格的证明等从物理系学生所学习的数学中彻底剔除。因此，对于你们这个大纲的诸多条目，我不准备逐一评论，它和我的观点是完全背道而驰的。我只提几点补充意见：

序言中关于数学史的内容令人感到奇怪。介绍一些有趣的历史事实能够增加课程的趣味性，这是毋庸置疑的，然而让人难以理解的是，为什么将其列入大纲。我希望，至少考试的时候不需要考察这些内容。向量分析被编排在重积分中。我并不是反对这样的组合，只是希望不要影响学生们从形式上掌握向量分析公式，这对他们而言是极为重要的。

大纲中关于级数的部分充斥了太多无用的东西，而那些为数不多、必须掌握的有关级数和傅里叶积分的有用信息被湮没在其中。我认为应当把所谓的数学物理学设为选修课，不能要求物理实验员掌握这些东西。还需要指出，这个大纲规定的内容太多了。必须掌握概率论这条就非常值得商榷。物理学专业的学生即便不懂概率论，也能够在量子力学和统计物理学课程中阐述自己的观点。不管怎样，现行大纲中无用的东西太多了。因此，我认为数学教学需要进行重大改革。”

按照自己的理念，朗道对学生不仅“授业”，而且“传道”。他很关注学生们的文化素养。有一天，他没有讲课，而是做起了答题游戏。

“小说《战争与和平》是谁写的？”老师问。

“列夫·托尔斯泰。”一个学生回答。

“世界上曾经有几大奇迹？”

“七大奇迹。”

“请把它们列举出来。”

“很遗憾，我只知道埃及的金字塔和塞米拉米达的空中花园，其余的不记得了。”

“还有以弗所的阿耳忒弥斯神庙、菲狄亚斯雕刻的宙斯神像、卡里亚王国统治者摩索拉斯的陵墓、罗德港入口处的太阳神铜像，以及法洛斯岛120米高[1]的大理石灯塔。”

朗道语气非常轻松，学生们不会因为某个问题回答不上来而感到尴尬。

“一共有几种罪孽？”朗道问。

“不知道。”

“七种：妒忌、吝啬、色欲、暴食、骄傲、悲叹、暴怒……尼古拉·基巴利契奇是谁？乔治·华盛顿是谁？约翰·布朗是谁？马丁·路德是谁？薇拉·查苏利奇是谁？……是谁杀害了巴库委员？他们一共多少人？”

每次得到满意的回答后，朗道就会提出更难的问题：

“你们知道‘De nihilo nihil’[2]——‘无中不能生有’这句话吗？”

没有一个同学能回答上来。

“这句话是卢克莱修在《物性论》中所说的。你们知道‘стушеваться’[3]这个词吗？是谁发明了这个词？”

大家都沉默不语。朗道环顾了一下教室。

“这个词是陀思妥耶夫斯基发明的，它永远成为了我们语言的一部分。‘一条红线贯穿’[4]这个短语是怎么来的？”

“是起源于革命时期吗？”

“不，它出现得更早。18世纪末，英国皇家舰队开始用红线编织不会滑落的绳索。根据绳索就可以判断出英国的船只。歌德在自己的一部

---

① 此处原文有误，已改正。

② 此为拉丁语。

③ 俄语单词，有“溜走”“隐匿”等意义。

④ 转义为“贯穿着某种观点，基本精神是……”。

长篇小说中使用了这个短语的转义，从此它就流传开来了。顺便问一下，你们知道歌德的名言‘每个人都拥有足够的能力来实现自己所坚信的事。’吗？这句话说得非常好。”

学生们很喜欢这个智力测验，可是只有朗道从中获得了真正的快乐。

这次不同寻常的谈话快结束时，他号召大家认真对待母语，阅读莱蒙托夫、果戈理、涅克拉索夫、勃洛克的作品，从中汲取俄语的精华。很遗憾，那时很多人开始轻视俄语了。他将重音放在“汲取”这个词上。

“或许，如今我们已经不需要追求语言的美了？”一位学生问。

“为什么？”朗道很惊讶。

“我觉得……我们这个时代有更重要的东西……”

“不，如果您的语言贫乏单调，那么您永远都无法触动任何一个人的心灵。当您毁掉了心灵中那些火热的词语时，您也就扼杀了自己的心灵。听您讲话的人满面沮丧，这会让您忘记什么是生活的快乐。要知道生活的艺术是最高的艺术。”

“但是，要知道并不是每个人都会运用美的语言，”一位同学反驳说，“这是需要天赋的。”

“不，您应当知道，德摩斯梯尼从年轻时就口齿不清，但是他通过长期的练习克服了自己的弱点，成为希腊最著名的雄辩家。”

“就是那个大白天打着灯笼行走的人吗？”

“那是第欧根尼，他打着灯笼在人山人海的广场上寻找‘人’。”

“短语‘用火与剑’[①]是出自这个典故吗？”学生不依不饶。

---

① “用火与剑”在俄语中比喻用战火无情地摧毁。

“出自这个典故的成语是‘白天打灯笼’。而您所说的短语源自中世纪的医疗方法：无法用火——即无法用烧灼法治好的伤口，可以借助刀、剑这样的铁器进行手术治疗。”

“那么，每个人都能够学会正确、优美地运用语言吗？”

“能够，也应当这么做。”

“那怎样才能做到呢？”

“多读书。你们不应该抱怨，因为世界上只有俄罗斯拥有如此多的文学天才。用心阅读，渐渐您就能完全掌握俄语了。罗蒙诺索夫早就说过，俄语具有西班牙语的华丽，法语的生动，德语的铿锵和意大利语的温柔，不仅如此，它还具有希腊语和拉丁语的丰富简练！”

朗道的一席话令同学们情绪高昂。

“告诉你们一个秘密，”朗道对大家说，“如果我没有成为物理学家的话，那我一定去研究语言学。”

这次交谈使学生们明白，朗道清晰而生动的语言并不是凭空得来的。

这首先得益于他对文学、特别是俄罗斯文学的了解。

几天之后，在走廊里，一个小伙子走到朗道身边，提出了一个令他十分高兴的问题：

“列夫·达维多维奇，吉拉尔东曾说过：‘语言的力量是无穷的。一句恰当的话常常足以止住部队溃逃的脚步，使战争转败为胜，从而挽救国家的命运。’您知道这段话吗？”

“我不知道。说得极好。”

毫无疑问，朗道的人格影响了周围的人，提升了他们的思想境界。正因如此，朗道的学生中出现了很多优秀人物，他们中有老师、科学工作者、著名科学家。

朗道研究或者了解一位新的物理学家时，首先将他归类。朗道喜欢分类，尤其是给理论物理学家们分类，这种分类会随时间而有所变化。在最初的方案中，他将那些创立重要理论的科学家——牛顿、菲涅耳、亥姆霍兹、麦克斯韦、洛伦兹、爱因斯坦、玻尔兹曼、吉布斯、普朗克、海森伯、狄拉克、薛定谔等划分为特等。

开创了物理学理论某一分支的物理学家被划分为一等，如：力学专业的拉格朗日、哈密顿和雅可比。研究了某一课题的物理学家属于第二等，发现或者阐释了某一物理现象的物理学家属于第三等，而只研究了个别问题的物理学家则属于第四等。

朗道曾在哈尔科夫大学讲过一堂关于物理学史的课。那堂课非常精彩，朗道谈到新兴的、进步的流派与过时的、保守的流派之间的冲突，指出新事物总是在斗争中取得胜利，谈到科学的开创者和殉难者们。

1932年，朗道提出存在密度极大的恒星的假设。众所周知，恒星之所以发光，是因为其内部发生着热核反应。大约几千万度的超高温以及高压引起恒星内部的核聚变，反应产生的辐射（X射线、光辐射和无线电波辐射）从星体中心释放到表面，再发射到宇宙空间。辐射产生的压力可以防止恒星表面向中心坍缩。但是，随着氢渐渐耗尽，星体内部的温度越来越低，辐射压力越来越小，星体就渐渐衰老、走向死亡。

如今大家都知道，恒星最终的命运取决于它的质量。比如，如果恒星的质量小于太阳质量的1.2倍，那么它会以“白矮星”的方式走向终点（星体冷却后坍缩，原子被压碎后变成原子核和电子的混合体。这样的星体非常小，它们被称为“白矮星”），其密度超过太阳密度的10万倍。它们发出白色的光，随着进一步坍缩而辐射出能量。

如果恒星的质量介于太阳的1.2倍到2.5倍之间，那么它将以“中子星”的方式走向终点（当星体熄灭时，不仅原子，而且原子核也被压碎，原子核中的质子变为中子，整个星体中心成为一团密集的中子，周围游离着少量残余的质子和电子）。中子星的密度比白矮星的密度大得多，如果我们的地球被压缩为那样的密度，那么它的直径只有100米。

如果恒星的质量大于太阳质量的2.5倍，那么当星体收缩时会发生更为可怕的灾难，在万有引力的作用下，恒星坍缩为体积极小的天体，简言之，就是成为一个点。这种现象被称为“引力坍缩”，以这种方式形成的天体叫做“黑洞”。

朗道开拓性的论文为绘制这幅严谨的恒星死亡图景做出了贡献。虽然《关于恒星的理论》并不属于朗道最出色的论文，但是在这篇论文中，他从理论上预言了中子星的存在，35年以后，这一概念才被科学界正式接受。现在绝大多数天文学家和物理学家都承认中子星是实际存在的。

这是一个辉煌的时期——遥远的30年代，在位于柴可夫斯基大街的研究所中，朗道狂热地工作着，有失败、沮丧，也有成功。

哈尔科夫开始发行俄语和德语两个版本的《苏联物理学杂志》。一开始，工作举步维艰，排字工人不懂德文，每天都要校对到夜里十二点。为了吸引国外订户，整整一年都向各个国家免费寄送杂志。而铅字是从列宁格勒订购的。

1933年夏天，朗道和伽莫夫去北方的希比内山旅行。那时成立了科学家促进委员会，委员会的基地在摩尔曼斯克附近，科学家们可以在那里工作和休息。两个年轻人来到基地，原来只是一个荒废的小木屋而已。他们自由自在，基地没有任何其他居民。天气非常好，他们白天在周围散步，晚上休息，在星空下畅谈。

从他们的谈话中，还能听出哥本哈根辩论的余音。他们都有着丰富的想象力，新的想法层出不穷。自然而然地，二人决定合作撰写一篇论文。论文的主要观点是推测原子核内部的某些进程与恒星内部的某些进程是相同的。他们进行了计算，但是两个人都不太喜欢写，所以论文的成稿非常短，只有一页半的篇幅。论文的题目为《恒星的内部温度》。

二人将论文投寄给英国《自然》杂志，论文于1933年发表在杂志第132卷第567页。论文的完成地点为Ksoochia Baza（科学家促进委员会基地）。在科学出版社出版的两卷本朗道论文集中，《恒星的内部温度》一文的创作地点标注为希比内山。

1933年，尼尔斯·玻尔邀请自己的这位爱徒参加理论物理学大会，于是，朗道再次来到哥本哈根。玻尔的生活发生了一些变化。1932年，丹麦政府提出让玻尔搬到“荣誉之家”宫殿住。这座宫殿是由著名的啤酒酿造厂的老板雅可布森建造的，专门让全国最受尊敬的公民居住。当然，玻尔的学生们能够随便出入宫殿，就像玻尔在学校住时那样。

朗道在宫殿旁边的公园里找到玻尔。玻尔喜欢花草树木，他可以一连几小时沿着小路散步，特别是当他思考那些让人头疼的问题时。久别重逢，两人都十分高兴。玻尔满面笑容地注视着这位客人，他那善良的蓝眼睛中流露出慈爱的目光。朗道能感觉到这一切，他的心里同样充满了喜悦。

玻尔一大家子都聚在一起吃午饭。大儿子赫里斯季安已经年满18岁，完全是一个大人了。汉斯、埃里克、奥格和埃内斯特也在朗道离开这两年里长大了许多。玛格丽特夫人还是像以前一样善良、和蔼可亲。朗道又和这些可爱、热情的人见面了，他甚至忘记了自己置身于华丽的宫殿，忘记了这里是主人招待各国国王和元首的地方。其他来这里吃午饭的学生显然也没考虑这些。

饭毕，喝完咖啡，大家立刻坐到地板上，围坐在玻尔身边谈心。谈话的内容无所不包，因此无法将它们一一转述出来。大家从侦探小说、玻尔喜欢的西部牛仔电影，一直谈到政治，尤其是1933年2月27日的德国的国会纵火案。

无论朗道身在何处，他都毫不懈怠地工作。这次也是如此。这里想给大家讲述一次早已被遗忘的辩论。爱德华·泰勒在为P. 恩格尔曼的《分子和晶体中的姜–泰勒效应》一书所写的序言中提到了这次辩论。序言的题目为《历史注解》，写于1971年7月，泰勒在文中极力主张把姜–泰勒效应更名为朗道效应。

历史注解

1934年，我和朗道来到尼尔斯·玻尔在哥本哈根的研究所。我们花了很长时间争论学术问题。我向朗道介绍了我的学生P. 伦纳关于线性分子中的简并态的研究。我解释说，在这种情况下，电子态的分裂与原子核的振动之间出现了复杂的联系，这种联系使玻恩–奥本海默近似对于电子态的适用性发生了改变。

朗道持反对意见。他建议我对待这个问题应当十分谨慎。在简并电子态中，作为这个简并的基础的对称性（在这种情况下是处于平衡状态的三个原子的线性分布）一般来说被破坏了。我最终说服了朗道，证明他的怀疑缺乏根据。这大概是我唯一一次在与朗道的交锋中获胜。

一年后，我在伦敦问自己，在朗道提出的观点中是否还存在其他例外。电子简并能够破坏作为简并基础的对称性，这是很显然的。然而这种必然的简并是否经常发生？问题并不简单。我开始和姜（H. A. Jahn）讨论这个问题。姜和我一样是从德国逃难过来的。我们研究了所有可能出现的对称，最终得出结论，线性分子是唯一的例外。在其他所有情况下，朗道的怀疑都得到了证实。

有一个问题仍然没有解决：所谓的姜－泰勒效应是通过考察所有对称情况这种粗略的方法来证明的。据我所知，至今对其仍没有普遍的证明。

这是我认为应该以朗道来命名这个效应的原因。他预见到了这个效应，而且除他之外，谁都没有能够得到令数学家满意的证明。姜和我只不过做了一些体力劳动而已。

1934年，朗道在哈尔科夫接待了玻尔。朗道和乌克兰物理技术研究所同事们的研究成果引起了苏联及国外物理学家们的关注。哈尔科夫成为颇具影响力的物理学中心，欧洲最杰出的物理学家们常常到这里参加理论物理学会议。在1934年召开的哈尔科夫大会上，讨论了很多当代物理学最为迫切的问题——从原子核直到固体。

“会议明天开始……玻尔是完全拥护苏维埃政权的，很遗憾，他此前从未到过我们这里。”雅科夫·伊里奇·弗仑克尔在1934年5月18日写道。

朗道自豪地向玻尔介绍着哈尔科夫：从欧洲最大的广场——捷尔任斯基广场和广场上宏伟的国家工业大楼，直到乌克兰物理技术研究所的楼房和他自己简朴的住所。所有这些都令玻尔异常高兴，他喜欢这里的一切。

尼尔斯·玻尔和玛格丽特夫人参观了郊区的集体农庄，探访了孤儿院。“玻尔对苏联赞叹不已，我们感受到了他朋友式的热情。”弗仑克尔在会议期间做了这样的记录。

不过，让这位丹麦著名科学家印象最为深刻的是朗道在哈尔科夫建立的理论物理学中心。虽然朗道指导学生的方法与玻尔完全不同，但他借鉴了很多玻尔的做法，玻尔注意到了这一点。

会议结束后，朗道为玻尔夫妇送行。这位丹麦物理学家喜欢苏联，赞许朗道所做的工作，这真是太好了。每次与自己敬爱的导师相聚之后，朗道都感到轻松愉快。

同年，朗道再次前往哥本哈根。

1934年，朗道被授予物理数学科学博士学位，免予答辩。1935年，他获得了教授职称。

一开始，朗道讨论班的学生不多，学生们的年龄几乎都只比朗道稍微小一点。朗道制定了“理论物理最低标准”，其难度大大超过了大学物理教学大纲。

参加理论物理最低标准考试的学生需要通过九门考试，包括两门数学考试、七门理论物理学考试。按照朗道的想法，理论物理最低标准应包括独立开展理论物理学研究必备的所有知识。

哈尔科夫理论物理学会议，*1934*年*5*月
前排左二起：列昂·罗森菲尔德、尼尔斯·玻尔、列夫·朗道、雅科夫·弗仑克尔、*R.*威廉斯、弗拉基米尔·福克

什么是理论物理最低标准？参加理论物理最低标准考试的人需要掌握什么？对于这些问题，朗道给出了非常明确的回答。

“我所关心的是学生会不会解积分方程，”朗道对自己的学生们说，“数学抒情诗是毫无意义的。”

这个考试对于学生们并不是必须的，但朗道却把它视为己任，他认为自己有义务将那些有才华的年轻人引入科学的殿堂。考试有三次机会。朗道总会抽出时间和学生们面谈，他在这件事上毫不吝惜自己的时间。不过，如果学生第三次仍未能通过考试，朗道就决不允许他进行第四次尝试了。

这个时候，朗道完全表现出了性格中强硬的一面，这种强硬被大家视为不近人情。他直截了当地对三次考试都失败的学生说：

“您是无法从事物理学研究的。恕我直言不讳，如果我把您引入了歧途，那会更糟糕的。”

不过，那些有才华的学生给他带来了无比的快乐。他见到了一位头脑清晰的年轻人，高兴了好久。不管是午饭时，还是晚上，他都会突然想起那位早晨的客人，笑着说：“今天来了一位非常有才华的小伙子。”

有一次，三年级的亚历山大·科姆帕涅耶茨在学生社团的会议上作了报告。他刚一讲完，朗道就站起身来，指出报告中的观点完全经不起推敲，随后便离开了会场。科姆帕涅耶茨也跟着出去了。然而他不知道该怎么走，要去哪儿。有人叫住了他，为他披上大衣。是朗道看到了他，邀请他去家里做客。

朗道的住所让科姆帕涅耶茨惊奇不已。桌椅、柜子都涂着欢快的色彩：粉色、红色，还有天蓝色，让人仿佛置身于幼儿园！角落里有一张沙发床，上面摆放着色彩艳丽的大枕头，一个五彩缤纷的自制灯罩从天花板垂下来。在此后半小时里，他了解了朗道对科学家们的分类、对论文的分类，以及朗道给女人划分的五种基本类型。但是令他印象最为深刻的是“对数标尺”。

朗道的学生维塔利·拉扎列维奇·金兹堡院士在为朗道六十周年诞辰所写的文章中提及此事：

“他喜欢归纳分类，喜欢条理清晰，”金兹堡写道，“多年前，他实际上是开玩笑地将物理学家按照‘对数标尺’进行了分类。比如，二等物理学家所做的（一定是‘所做的’，这里只讨论研究成果）只有一等物理学家的十分之一。根据这个标准，爱因斯坦被定为半等，而玻尔、薛定谔、海森伯、狄拉克、费米和其他一些物理学家则被划为一等。朗道把自己定为二等半，直到大约十年前，他对自己的某篇论文感到很满意（我记得那次谈话，但是想不起具体是哪篇论文了），于是宣布自己荣升为二等。”

科姆帕涅耶茨第一个通过朗道的理论物理最低标准考试。之后伊萨克·波梅兰丘克、叶夫根尼·栗弗席兹、亚历山大·阿希耶泽尔等人也通过了考试（在二十五年间，只有四十三人通过了理论物理最低标准考试）。

朗道的朋友和合作者尤里·鲁默尔写了很多关于朗道的文章。在一篇文章中，他似乎是总结说：

“为什么朗道如此受学生、同事乃至整个学术界的爱戴与尊敬？因为朗道有着令人惊讶的学术诚信。他从不会对别人的问题或者论文做出一副很在行的样子，不会居高临下地敷衍了事。据关系亲密的同事们透露，有时朗道会说：‘这个问题我不感兴趣。’他以这种方式拒绝对方的问题。然而，很快就会发现，他并没有忘记那些问题。如果问题是有价值的，他过一段时间会给出答案。他不会被时代淘汰，因为他的才华随着物理学知识的扩充而不断地增加和完善。”

教学工作并没有影响朗道的学术研究。1933年，他发表了论文《对磁化率在低温下的场依赖性的一种可能解释》，“反铁磁性”这一术语由此开始进入物理学界。

在这篇论文的推动下，国内外开始对反铁磁性现象进行理论和实验研究。

“对于这一时期朗道在学术上的活跃性，仅从1936年这一年他所完成的论文就可见一斑：二级相变理论、超导体中间态理论、库仑相互作用下的动理学方程、单分子反应理论、极低温度下的金属性质、声频散和声吸收理论、半导体中的光电现象理论。”叶夫根尼·米哈伊洛维奇·栗弗席兹后来这样写道。

一天，朗道参加了学校的毕业晚会。

“请把最漂亮的姑娘介绍给我认识。”他请求一位参加晚会的人。

化学系毕业生科拉·德罗班采娃是哈尔科夫大学公认的校花。如果让朗道在心目中勾画出理想中的美女形象，那么她与科拉非常相似：浅色的头发、微微上翘的鼻子、大大的蓝灰色眼睛。朗道欣喜不已。他送这位新认识的女生回家。在此之前他刚受尼尔斯·玻尔之邀去过丹麦，于是一路上给科拉讲述丹麦的趣事。

原来，科拉马上要去糖果点心厂的巧克力车间工作，她将成为一名工艺工程师。

“请允许我称您为‘巧克力女孩。’朗道请求说。他沉默了一下，又说道："知道吗，我很喜欢巧克力。"

"而丹麦没有好吃的巧克力吗？"科拉问。

"不知道，我没有尝过。"

"为什么呢？"

"我是拿着国家资助的钱进修的，不能用它们买巧克力。不过我在英国吃了很多，那时我获得了洛克菲勒奖学金。"

朗道请求科拉允许他前去拜访。两天后，他去了科拉家。他按响门铃，门开了，科拉出现在门口，只是她的脸变得消瘦了，目光严肃。而且她根本没有认出他来！

"又倒霉了！我的眼睛长哪儿去了！"朗道心想。

"您大概是找科拉吧？请进吧。"

笑意盈盈的科拉出现在朗道面前。

"认识一下吧，这是我的妹妹娜佳。"

"我把您当成科拉了。"朗道很不好意思。

"大家经常把我们弄混。"娜佳回答。

她们一共姊妹三人：薇拉、科拉和娜佳，她们长得很像，都是金发美女，都有着明亮的蓝灰色眼睛。薇拉比科拉大一岁半，娜佳比科拉小五岁。家里还有我和我的外婆塔季扬娜·伊万诺夫娜·德罗班采娃，外婆是整个家庭的支柱。她和许多农村妇女一样充满着强大的生命力。她是一个勇敢、坚强、刚毅的人。

外婆生性幽默，通情达理。她自信、自尊，我不记得有谁冲她叫嚷过，有谁惹过她不高兴，她从不与人争吵，从来不生任何人的气。我觉得，根本就不可能惹她生气，因为她不是那种斤斤计较的人。

在大家的印象里，她是一个幸福的女人，然而她的人生却并不轻松。

她从小就开始从事繁重的农活，后来她心爱的丈夫又去世了，给她留下了三个女儿，一个比一个小……

岁月如梭，女儿们长大了。大女儿薇拉刚从格奥尔吉耶夫斯克市的九年制学校毕业一个月，一个衣服上别着两枚菱形章的25岁红军指挥官便来到外婆面前，自我介绍说，他是第六骑兵旅的雅科夫·伊万诺维奇·比萨拉比，请求外婆允许他和薇拉结婚。

当外婆回答说，薇拉还不到18岁，应当继续上学时，他说：

“我向您保证，她一定会继续学习的。我在农村公社的资助下，在卡缅卡–斯特鲁米洛瓦城念完了中学，这算得上是一个奇迹。我想从事法律工作，于是考入基辅大学，但是在三年级时辍学从军了。”

不久后，外婆卖掉了格奥尔吉耶夫斯克市的房子，到哈尔科夫投奔女婿了。

在那里，她没有了心爱的花园。但是无论做什么，外婆总是能够发挥创造精神。例如，她坚信，只有用心才能做出真正的红菜汤。当她身体不舒服的时候，是不碰像做红菜汤这么严肃的事情的。不过这种情况很罕见，我觉得她从来没有生过病。总之，所有的事情她都做得很出色，不晓得这其中有什么秘诀。她像对待艺术一样对待任何事情。

她天性乐观，不会被日常的家务琐事束缚住，但是也不会把它们推给别人。她去集市买菜，烹制世上最美味的午餐，然后就什么也不碰了。女儿们回来以后，会动作麻利地把一切收拾得干干净净。

午饭之后，大家就不让外婆操劳了。她和女儿们换了一下角色：她负责做午饭，而女儿们则负责准备晚茶。晚茶时外婆要换上漂亮的衣服，大家通常把晚茶搞成了小型的节日晚会。

朗道和外婆很快就开始彼此欣赏。德罗班采娃家的气氛令朗道深深迷恋。只要在这个家中待上几次，便可以确定，女儿们热爱母亲，她们认为母亲是最聪明、最出色、最快乐的人，而母亲则丝毫不会滥用女儿们的爱。她尽自己所能照顾孩子们，但与此同时，她不会迷失在对孩子的爱中，而是保持独立的人格。

外婆活到82岁。临终前她告诉我，当她得知父亲出事后，很为我和母亲感到担心。父亲做事极为严谨、一丝不苟，他每六天①给我写一封信，然而突然有一天，他变得杳无音讯了。

亲朋好友们谁都不知道，父亲于1937年9月23日在哈尔科夫被枪决了，同样也没有人知道，他于1958年4月25日获得了平反。直到三十年之后，一切才真相大白。父亲去世时，年仅37岁……

而在那时，1934年，我定期给父亲写信，悲剧的1937年正在慢慢地向我们靠近。朗道认识科拉之后常常到我们家里来，那时他在哈尔科夫还曾遇到过我的父亲。他们只是相识，尚未来得及建立友谊。

多年以后，妈妈对我讲述，当哈尔科夫开始大规模逮捕的时候，父亲的好友、乌克兰人民委员会副主席尼古拉·斯克雷普尼克召集乌克兰政府成员，陈述了自己对当时所发生的所有事件的看法，然后开枪自杀了。时任乌克兰人民委员会办公厅副主任的父亲想必明白自己的绝望处境——他出生在当时属于波兰的东加利西亚，几乎被视为外国人。1934年3月，他被开除党籍。他前往北高加索，希望在那里暂避风头，等待乌克兰局势恢复正常。为了使我和妈妈免遭牵连，1935年3月13日，父母办理了离婚手续。

---

① 20世纪30年代，苏联有些地方采用六日周，即工作五天，休息一天。

有一种说法叫做“爸爸的女儿”，指的就是那些像我一样极度喜爱父亲的孩子。我和父亲息息相通。他的业余时间很少，但几乎都用来陪我。正是他使我养成了记日记的习惯，正是在他的影响下，我读了很多书，了解了许多乌克兰和俄罗斯的诗歌。我喜欢听他唱的那些歌儿。

可是突然之间，父亲走了。是的，他每周都给我写信。大家告诉我，他需要在皮亚季戈尔斯克的疗养院一直住到完全康复。然而，当时已经十岁的我不可能不觉察到，周围发生了一些令人感到不安的事情。外婆、妈妈和姨妈们想尽办法使我不想念父亲。在我的记忆中，哈尔科夫是与当时笼罩着这座城市的恐怖联系在一起的。

外婆丝毫没有改变家里的生活方式。她不大在意生活中的种种不足，就仿佛它们并不存在一样。记得有一次，我和她一起去裁缝那里，想让裁缝用外婆的旧大衣为我改造一件“体面”的衣服。

“我母亲告诉过我，”裁缝哭丧着脸抱怨说，“不要和那些穷人打交道，要给有钱人做衣服。可是我却没法拒绝你们。”

“穷人——这是说我们吗？”我惊讶地问。

“不是。我们拥有一切所需要的东西。”外婆平静地回答，“我很珍惜自己的东西，因此请您尽量做得漂亮些。女孩子渐渐长大了，需要让她穿得好看些。”

裁缝没说话，脸上一副懊恼的表情。而大衣确实做得不错。

外婆喜欢花。我们在达尔文大街十六号楼三层的阳台成了当地的一个景观。她在园艺方面的确很有天赋。她选种的花从五月一直开到秋天，她满怀爱心地照料着它们。我在别处再也没有见到过这样的情景。每当暮色降临，她坐在阳台上休息，享受着满园的芬芳。很多年以后，我才懂得，外婆一旦制定了某种规则，就会永远严格遵守，她正是以这种精神支撑着整个家庭。家里发生了一件不可思议的事——大女儿和丈夫离婚后试图自杀。而外婆必须表现得就像什么事情都没有发生一样，她一如既往地煮红菜汤，换上漂亮的衣服享用晚茶，为娜佳夏天穿的白色连衣裙绣上复杂精美的图案。不仅如此，她从不哭泣，从不抱怨命运。她和从前一样生活，不放过任何从命运手中夺回的微不足道的乐趣。生活渐渐回到原先的轨道，一切都像以前一样运转起来。妈妈担负起了养家的重任。科拉刚刚大学毕业，娜佳正在读大学二年级，而我则上小学二年级。

外婆对我的爱是无私的。虽然我很瘦，身材不好看，一点都不像她那些有着浅色眼睛和头发的女儿们，但是对她来讲，我却是宇宙的中心。只要待在她的身边，一切都是那么美好。

她向往幸福，处处都能够发现幸福。对她而言，幸福在娜佳优异的考试成绩中，在科拉的毕业证书中，在她阅读的书籍中。她读了不少书，当没有好书可以读的时候，她就去听音乐（每天晚上，管乐队都在城市花园里演奏），或者自己一边弹着吉他，一边轻声哼唱古老的情歌。

当朗道和外婆认识的时候，她正在学习音乐。这些音乐课的由来让朗道深受感动。外婆意外地获得了丈夫的保险赔偿金。她给女儿们买了最时髦的衣服，给自己买了一架钢琴。其实，她非常想让小女儿娜佳学会弹钢琴。她买了很好的乐器，然而不幸的是，老师要求预付半年的学费，而娜佳上完第一次课以后就坚决拒绝继续学琴。

于是，外婆决定亲自上音乐课。原因很简单，因为这件事是由她而起的。家人对充斥整个房子的噪音并不在意（就像谁也不在意妈妈抽“白海”牌香烟时缭绕的烟雾一样）。而且大家觉得，半年时间并不长，这一切很快就结束了。但是，未曾料到的是，老师主动提出免除接下来半年课程的学费。

最后，他向外婆求婚了。外婆还是很有魅力的——她个子高挑，身材苗条，脸色白皙，长着一双大大的眼睛（年轻时大家给她起外号叫“圆圆”，因为她的眼睛太大了），鼻子小巧而笔挺——这是乌克兰女人典型的长相。但是她已经48岁了，女儿们认为她已经老了，老师的求婚让她们陷入无法形容的恐惧。特别是小女儿娜佳哭哭啼啼，茶饭不思，这对事情的结局起到了决定性的作用，最终，美丽的寡妇拒绝了老师的求婚。也许除了那位失败的未婚夫以外，只有朗道为这段没能修成正果的爱情感到惋惜了。

是不是有点奇怪呢，朗道和外婆完全能够相互理解。朗道喜欢和她聊天，喜欢听她讲话。女儿们相信，她们的母亲是一位被埋没的表演天才，当她有兴致的时候，会把女儿们逗得笑弯了腰。有一次朗道正好碰上了这样的场景，起初他一头雾水，当明白了缘由之后，也不禁笑出了眼泪。

随着时间的流逝，朗道和外婆之间真挚的友谊愈发深厚，尤其是当朗道成为她的女婿，他们开始共同生活之后。可是有一次，当外婆半开玩笑地向朗道抱怨科拉，满以为能得到他的支持时，却意外地得到了这样的回答：

“很遗憾，我帮不了您。她是您教育出来的。”

朗道对待自己的家庭生活非常严肃，并且也要求别人这样做。他坚信，家庭生活是不应该拿出来讨论的。

家务事他从不插手，交由妻子和岳母决定。他分得了一栋别墅，外婆想开辟花园，但这需要砍去几棵云杉，于是征求他的同意。

“为什么要开辟花园？”他很惊讶，“云杉要好看得多。”

但是，他不想令岳母伤心，所以表示了赞成。朗道对朋友们说：

“我有一个难得的好岳母！”

科拉·德罗班采娃

科拉·德罗班采娃和列夫·朗道，*1940*年

“请向塔季扬娜·伊万诺夫娜转达我特别的问候。我认为她属于为数不多的尽力不打扰孩子生活的母亲。总之她太美好了。”朗道在给我的一封信中写道。

朗道开始频繁地到她们家去。很快科拉就发现，他可能只穿着一只橡胶套鞋[①]来约会，而且在来的路上顺便在某个台阶上坐了一会儿。他找个最舒服的姿势坐下，掏出在货摊上买的一小根萝卜，用手帕擦一擦，把它吃掉。然后，他买好戏票，捧着一大束玫瑰出现在科拉家的门口。

“多漂亮的玫瑰花啊！道，亲爱的，谢谢你！”

“我们今天去剧院。”朗道宣布。

可是，科拉已经发现他的水手裤又脏又皱，因此用手扶着太阳穴说：

“不行，我头疼得厉害。”

还有一次，朗道浑身湿漉漉地来了。科拉把门打开。

“下雨了？”她看了看他的大衣问。

“没有，天气很好。”朗道回答说。

然而，一秒钟之后，他摘下礼帽，水顺着帽檐倾泻而下。

“是的，好像真的下雨了。”朗道惊讶地说。

对于朗道在穿着上的不修边幅，科拉很久都无法习惯。多年以后，当他们在首都生活时，科拉在最好的裁缝那里为他定制西服，他也习惯了昂贵的、雅致的东西，而在哈尔科夫时，他对着装毫不在意。但他的脸庞是很有吸引力的。“瞧，这个小伙子的眼睛炯炯有神。”一次，科拉在街上听到这样的评论。

---

① 过去俄罗斯人将套鞋穿在鞋子外，用于防潮防寒，保护鞋子不被泥污弄脏。

朗道来到科拉的房间，坐到舒适的、铺着一大块天蓝色毯子的沙发上，朗诵起自己最喜欢的诗歌：

每当桌上简朴的相框中
闪耀着你的面庞，
我便忘记了苦难的大地上，
还有英勇、功勋与荣光。①

他爱上了她，对她温柔体贴、关怀备至。他那闪亮的、骄傲的双眸充满爱意地望着她，一下就能看出，他的整个身心都被澎湃的激情笼罩着，这种感情是如此美妙，爱情让他感到如此幸福。他完全陷入对她的爱恋之中，无论在此之前，还是在此之后，他都不曾拥有过这样的爱情。

一开始，科拉对这位教授的幼稚感到惊讶。一天，他神情严肃地宣布，他有一双隐藏的灰色眼睛，他的意思是，他父亲的眼睛是灰色的。还有一次，在观看一场乏味的演出时，他学了一声猫叫。他和十七岁时一样，不认可婚姻。

“婚姻是合作社，它扼杀爱情，而那些想让男人迎娶自己的女人们，往往使用合作社的讹诈手段。”

他从单身的立场，是如此看待婚姻的：为了爱情而结婚是愚蠢的，而没有爱情去结婚简直是不道德的。婚姻不会促进事业上的成功，总之

① 出自俄罗斯白银时代著名诗人勃洛克（А. А. Блок）的诗。

婚姻不是个好东西。

为了更有说服力，朗道朗诵起著名的诗句：

黄金能买来成群的娇妻，

银海金山却难抵剽悍的坐骑。[1]

他又补充道：

“而我连马都不需要，更不用说妻子了。我是不会结婚的，我在大学时就决定单身了。”

自由高于一切！

他反复强调神圣的自由，但与此同时，他已经与心爱的姑娘难舍难分了。他们经常见面。科拉很快就明白了：他非常固执，与他争论完全是徒劳无益的。她不提结婚的事，但是她和所有女人一样渴望拥有丈夫、孩子、家庭。她不能满足于永远做他的情人。

她对“情人”一词的恐惧让朗道感到非常气愤：

“可是，要知道‘情人’这个词来源于‘爱情’！而‘婚姻’[2]这个词，你当然认为它非常好喽……”

然后，他们自然而然地住在了一起，大家都认为他们是夫妻，最重要的是朗道本人也这么认为。但是直到孩子出生的前十天，这个顽固不化的人才终于被弄进婚姻登记处。他认为，形式上的关系并不是必须的。

他没能成功地改造妻子，没能完全消除她的嫉妒心理。很显然，这

---

① 出自俄国著名诗人莱蒙托夫（М. Ю. Лермонтов）的长篇小说《当代英雄》。

② 在俄语中，“婚姻”与“废品”是同音异义词。

种改造原本就是不可能的。

科拉是个真正的美人。记得在哈尔科夫时，有一次我走在放学回家的路上，突然发现所有的人都回头张望，原来是科拉走过来了。

科拉觉得谁都不爱她，因为父亲非常宠爱大女儿薇拉，而妈妈则喜欢小女儿娜佳。也许父母应该把对某个子女的偏爱隐藏起来，因为这种可恶的不公平会造成孩子的不幸。科拉长大后，具有情感缺陷，朗道很快就发现了这一点，按照他的说法，他娶了一位苦命的妻子。

“我整天这样拼命地干活，自己也很不开心。我富有，却像乞丐一般生活。而你什么都没有，却生活得像公主一样。”有一次，她痛苦地向我袒露心声。

“美元汇率跌了。”一天，科拉边看报纸边苦恼地说。

“‘美元’的重音念错了，你的发音不对。”我指出。

“可是我有美元呀。”

我很爱外婆，可是我想弄清楚这一切究竟是怎么回事，于是把科拉的抱怨讲给她听。外婆反驳说：

“难道她不记得了吗，当格奥尔吉耶夫斯克市开始流行芭蕾舞鞋时，我只给她一个人买了。是的，她三天不吃不喝，非买不可，当时这对我来说非常困难，这些钱够全家花半个月的了。”

有一次，科拉向姐姐坦白说：

“我知道，很多人责怪我，说当丈夫有了情人以后，我还不离开他。但是他们不知道，我们的婚姻很特别。道在遇到我之前就决定永远不结婚。而他一生中从来不会违背自己的决定。我求他，一连两个星期不见他，而他无动于衷。我无计可施了。后来我发誓说，绝不会妨碍他的自由，他还可以把自己当作单身，我不会因为任何女人而吃醋，而且即便他有了其他姑娘，我也不会表现出不高兴看见她的样子。当我作出了所有这些保证之后，他才同意让我搬到他那里。我高估了自己的能力。十年过去了，这些年里一切都变了。当我第一次因为吃醋跟他大闹一场之后，我永远也忘不了他脸上的表情。‘你原来是这种人。’他说完便扬长而去。第二天早上，当我流着泪祈求他的原谅时，他摇了摇头说：‘你背叛了我，而且狠狠地捅了我一刀。我再也不会相信你了。你用欺骗的手段把我拉进了这个卑鄙的合作社。’

他就是这样形容婚姻的，他还会补充说，婚姻如果是个好东西就不会被称为‘废品’了。我们不应该指责道。我感觉我仿佛欺骗了一个孩子。我总是向自己保证再也不大吵大闹了，可是一个星期之后，我又失去了控制。有时我觉得某一天他会突然离我而去的。”

“如果你不停止继续胡闹的话，他会那么做的。没有一个男人能够忍受这样的事。你把一切都看得很透彻，就是改不了自己的做法。”

“我办不到，薇拉。但是我知道，一切都是我的错。一开始他相信我完全没有嫉妒心。他说他为此付出了残酷的代价。很快他就会开始恨我了，而以前他曾那么爱我……”

在内心深处，朗道是明白的，自己在某些方面做得不对。从下面这件事可以看出，这种矛盾的思想在他内心有多么严重，这些困惑带给他怎样的折磨。多年以后，朗道遭遇了极其严重的车祸，昏迷了一个半月。醒过来后，他问妻子：

“科拉，我来得及跟你结婚了吗？”

这句令人痛心的话已经说明了一切。

20世纪30年代初，朗道的父母搬到列宁格勒住了。朗道经常去他们那里小住一两个星期。他很想念母亲，所以刚回家那几天他足不出户，整天待在家里。

一天，他挑选了一个合适的时机与母亲聊天，在这样推心置腹的交谈中，是可以提出任何问题，也能够得到所有答案的。

朗道坐在母亲的房间里。一开始两个人都沉默了很久，然后他问：

“妈妈，你和父亲在一起幸福吗？”

“怎么对你讲呢……我们的生活宁静、和睦。”

“不，我不是问这个，这个我知道。你们之间有那种能够跨越一切障碍的爱情吗？”

柳博芙·韦尼阿米诺夫娜认真地看了看儿子，说：

“你想说什么？”

“算了，没什么……”

“不，说吧，既然已经开始了。”

“我在想，也许我是私生子。不过我对你的感情绝不会因此而改变的。”

柳博芙·韦尼阿米诺夫娜哈哈大笑起来：

“没有的事！你是你父亲的儿子。总之，应当跟你说，丈夫、孩子、工作——这就是我全部的生活，相信我。”

“而激情呢？那种令人既痛苦又无比快乐的激情呢？”

“没有，列夫，我没有过那样的激情。”

“一生当中一次都没有过？”

“一生当中一次都没有过。”

“为什么呢？”

“唉，怎么跟你说呢，可能没有机会吧。”

“那么你应该寻找机会的。”

朗道对科拉的依恋与日俱增。他所有的时间都想和她呆在一起。但是形势所迫，朗道不得不离开哈尔科夫。

一天，校长请朗道到他的办公室去，用不满的语气说：

“教授，您的教学方法很奇怪。您向物理系学生提问语文系大纲中的东西——谁写了《叶甫盖尼·奥涅金》等等。这是不符合教育科学的。”

“这是我此生当中听过的最愚蠢的话了。”朗道回答。

校长很生气：

“如果您不把自己的话收回，我就把您从学校开除。”

“您没有这个权力。”

“咱们等着瞧！”

朗道被辞退了，虽然校长不经教育人民委员部的批准是无权解聘教授的，但是朗道认为，浪费时间和精力去证明校长的错误是愚蠢之举。于是他去了莫斯科。

朗道明白，莫斯科拥有最好的科研条件，首都能够为科学家们开辟更广阔的前景。但是如若没有和校长吵架这个导火索，在去首都这件事上他大概还要犹豫很久。

离开哈尔科夫之后，朗道仍和那里保持着联系。每次到这座乌克兰的第二首府[①]开学术会议时，他都会兴高采烈。他一向热爱自己居住过的城市，他天性如此，从不会忘记那些和自己有过关联的人。他带走的只

① 在1919年至1934期间，哈尔科夫是乌克兰首府，1934年之后，乌克兰首府迁往基辅。

有快乐的回忆，不愉快的事情仿佛随风而散了。

离开哈尔科夫三个星期后，他告诉哈尔科夫的朋友们和学生们，自己将去卡皮查的物理问题研究所工作。“而你们已经达到三等半的水平，可以独立工作了。”朗道写道。

物理问题研究所理论室成员合影，*1956*年

前排自左至右为*Л. А.* 普洛佐罗娃——此照片中唯一的实验家，*А. А.* 阿布里科索夫，*И. М.* 哈拉特尼科夫，*Л. Д.* 朗道，*Е. М.* 栗弗席兹；后排自左至右为*С. С.* 格尔斯坦，*Л. П.* 皮塔耶夫斯基，*Л. А.* 瓦因斯坦，*Р. Г.* 阿希波夫，*И. Е.* 加洛辛斯基

第五章

卡皮查研究所

世界上只有为数不多的人能够理解科学家们所付出的巨大努力，尤其是科学家们的自我献身精神，而没有这种献身精神，科学发展中就不可能出现开拓性的研究成果。只有那些为数不多的人能够理解，是什么样的感情力量激励着科学家们从事远离现实生活的工作。

——阿尔伯特·爱因斯坦

物理问题研究所自成立之日起就与卡皮查院士的名字联系在一起。

“1934年秋天，我与往常一样回苏联探望母亲和朋友们，没想到再也无法返回剑桥。此后，我再也没有见到过卢瑟福，他的音容笑貌就这样从我的世界中消失了。”在1966年刊登于《新世界》杂志的一篇回忆文章中，卡皮查这样写道。

遵照斯大林的命令，卡皮查留在莫斯科筹建新的物理研究所。

研究所的选址颇为成功——在沃罗比约夫公路的起点、莫斯科河岸的高地上，有一座古老的公园，研究所就位于那里。

一批风格庄严的建筑拔地而起：主楼、实验室、车间、所长府邸，还有一栋为研究人员所盖的很长的二层楼房，从那里可以俯瞰卡卢加公路。现代化的柯西金大街的另一侧是一片空地。空地后面是按照乡村风格沿公路一字排开的农舍，更远处是菜园。清晨，卖牛奶的女人提着热气腾腾的牛奶匆匆忙忙穿过街道。

卡皮查很有组织能力。他为自己的研究所寻觅最优秀的专家，为他们创造一切工作条件。他的要求十分严格。

英国的蒙德实验室给物理问题研究所运来了一流的设备，蒙德实验室是1933年卢瑟福实验室专门为卡皮查建造的。

苏联政府花三万英镑购买了这批设备。

卢瑟福的同事们大惑不解——他怎么能把这些最珍贵的仪器运往莫斯科呢？以前这些设备无论多少钱他都不会出手的。对于欧内斯特·卢瑟福男爵这位真正的科学家来说，这些设备在哪里——在英国还是在苏联，并不重要，重要的是为了科学的利益，必须将卡皮查已经开始的实验继续进行下去。既然卡皮查不能回到卢瑟福实验室了，那么就让卢瑟福实验室去卡皮查那里吧。

研究所里的生活充满了激情，在这里工作很有趣。朗道能够来到“卡皮查研究所”（这是同事们对研究所的爱称）是很幸运的。

“离开了实验，理论工作者便会失去活力。”他常说。

朗道很快就适应了新的环境。他分得一套研究所内的住房。这里的一切都是按照英伦风格布置的：住宅是复式的，橡木楼梯通往二楼的房间，客厅里安装着壁炉。一张桌子、几把椅子、一张沙发床、一个矮茶几，还有几件有趣的小玩意儿——这就是全部陈设了。科里亚·阿列克谢耶夫斯基和朗道住在一起，他是一位实验物理学家，在哈尔科夫就与朗道相识了。

朗道勤奋地工作着，他很喜欢研究所，但是也很想念哈尔科夫的朋友们，很想念科拉。虽然他不喜欢写信，但是却常常写给科拉。

1937年，朗道发表了两篇关于相变理论的论文：《关于相变理论Ⅰ》和《关于相变理论Ⅱ》。相变问题曾经让人迷惑不解，甚至连液态能否连续转变为晶态都不明朗。朗道首次指出，固体中的相变概念与固体的变化密切相关，所以相变不可能是连续的，必然存在着某个对称性发生突变的相变点。

除了建立二级相变理论，朗道还获得了一系列其他有关相变及物体对称性的重要结果。

他研究了各种相变曲线交叉的问题，分析了液晶的特性，指出不可能存在一维和二维晶体。

1937年，朗道还撰写了论文《关于原子核统计理论》，在这篇论文中，朗道得到了描述重核特征的一系列重要比值。

朗道在原子核统计理论方面的研究被魏斯科普夫等众多物理学家继承，所有核物理学的专著中都有对朗道研究的阐述。

1938年，朗道与鲁默尔共同建立了宇宙射线中的电子簇射理论。

物理问题研究所的工作深深地吸引着朗道。这里充满了实干的氛围，在这种氛围的激励下，朗道完成了关于液氦超流性问题的研究，这是他最卓越的成果之一。

卡皮查在1937年发现了氦的一种奇特性质：液氦在冷却到接近绝对零度时不仅不会转变为固态，反而会转变为没有黏性的超流态。

绝对零度是原子的混乱运动停止的温度。因此，所有物质在绝对零度下都应当处于固态。液氦是唯一一种在绝对零度下不凝固的物质。

在朗道着手解释超流现象之前，建立超流理论的尝试均以失败告终。朗道证明，即使没有热量的吸收或释放，物质的状态也能发生变化。

列夫·朗道（左一）、彼得·卡皮查（左五）在
列夫·舒布尼科夫（右三）的实验室里

1945年7月9日发生日全食，当天莫斯科的物理学家们在伊万诺沃市合影
中间：彼得·卡皮查和列夫·朗道

在常压下，剧烈沸腾的氦Ⅰ在接近绝对零度时会转变为一种新的相态——平静的超流态氦Ⅱ。朗道将量子理论应用于氦Ⅱ，解释了所有的超流现象。

朗道本人在一次公开讲座中是这样阐述超流现象的本质的（讲座记录有所删节）：

“液氦最奇妙的性质是由苏联物理学家彼得·列昂尼多维奇·卡皮查发现的。卡皮查指出，液氦完全没有任何黏性。黏性是什么呢？这是流体对运动的阻碍能力。你们可以清楚地想象，在蜂蜜中游泳要比在水中困难得多。所以人们说，蜂蜜这种流体的黏性远大于水的黏性。

不同流体的黏性千差万别，从黏性很小的水、酒精，到黏性很大的甘油、蜂蜜、甚至玻璃（玻璃也是黏性极大的流体）等等。与其他流体相比，液氦Ⅰ的黏性很小，但这种黏性仍然是完全正常的、并且可以观测的，它是水的黏性的五百分之一。

卡皮查完成了一项非常简单却异常重要的实验。他观察了液氦通过微小缝隙时的流动。这些缝隙非常小，像水这样通常被认为无黏性的流体也要经过很多天才能流过去。但结果显示，液氦Ⅱ只用几秒钟就能流过缝隙。

卡皮查成功地证实，液氦的黏性与水的黏性至少相差十亿倍。这只是与实验精度相关的最高界限，是卡皮查所观察到的黏性极限。液氦Ⅱ的黏性实在太小了，小到根本无法测量。可以断言，液氦Ⅱ其实没有任何黏性。这种现象称为超流性，所以液氦Ⅱ称为超流体。

卡皮查对超流性的发现立刻解释了液氦可以从一个容器流入另一个容器这种近乎神秘的现象。所有浸润容器壁的流体都以液膜的形式覆盖在容器壁上，这层液膜极薄，用肉眼难以察觉，通常根本看不出来。超流性使液氦能够穿过厚度只有十万分之一毫米的液膜，从容器中迅速流出。

于是，一种近乎神秘的现象得到了解释，但同时又发现了许多其他更加不可思议的现象。首先，当液氦沿缝隙流动时，会发生奇怪的热现象。如果液氦通过微小的缝隙从一个容器流入另一个容器，则在液氦流入的容器中，液氦变冷，而在液氦流出的容器中，液氦变热。这个现象称为热机械效应，其本身是极为神奇的。

液氦的另一种性质更加神奇。卡皮查指出液氦具有超流性，即液氦可以瞬间流过任何缝隙。流过缝隙并非测量黏性的唯一方法，根据物体在流体中运动所受的阻力，物理学中还有一些其他的测量方法。如果你们想测量水的黏性，可以采用两种方法：可以让水流过缝隙，也可以让一个物体在水中运动并根据作用在物体上的力来确定黏性。

我们把这两种方法都应用于液氦。当这两种方法应用于所有普通流体时，会得出定性上和定量上完全一致的结果，而当它们应用于液氦时——假如可以这样表述的话——结果却是相反的。液氦Ⅱ在流过缝隙时处于超流态，完全不表现出任何黏性，但它对物体的运动却有阻碍。也就是说，所有普通流体具有一种普通的黏性，而液氦却具有两种在本质上完全不同的黏性：一种是无穷小的黏性，相当于没有黏性；另一种是完全定性的、可观测的黏性。

卡皮查还成功地进行了一些似乎更为神奇的实验。

实验是这样进行的：将一个盛满液氦的球形容器浸入盛有液氦的大容器中，球形容器中有一个开口的细管。将球形容器中的液氦稍稍加热。假如用任意一种液体代替液氦，将会发生什么现象呢？液体将变热，热量将散失到周围的液体中，并且可以发现，液体的不同位置将有不同的温度。

卡皮查把一个很轻的叶片安装在正对细管出口的位置上，并通过叶片的晃动证明了液氦会以射流的形式从管口喷出。这从任何角度来说都太神奇了！神奇之处不仅在于受热液氦无故喷出这一现象本身，更为神奇的是，球形容器这时不会变空。如果液体射流不断从一个容器中喷出，那么容器应该很快就会变得空空如也。现在却没有发生任何变化，球形容器仍然像最初那样充满液氦。

如同圣经中燃烧却烧不毁的荆棘一样[①]：射流从球形容器中喷出，而容器却不会变空，总是像最初那样是满的。

关于液氦的奇特特性，存在着大量实例，这便是其中之一，还有一些实例我在前面已经提到过了。这些性质乍一看似乎是完全荒谬的，就像那个关于长颈鹿的著名笑话中所说的——"这是绝不可能的"。液氦的性质大概就让人产生这样的感觉。这种感觉就是——这是绝不可能的。

当然，正如在物理学的其他领域一样，这里不可能存在任何逻辑上的矛盾。这仅仅说明，在这些性质背后存在着极不寻常的、不为我们所知的原因。事实上，后来我成功建立了一个理论，这个理论解释了液氦的一些最重要的性质。

不过，即便是概括地向你们解释一下这个理论的本质，也是不可能的。该理论的基础是量子力学，而量子力学是20世纪最伟大的物理学成就之一。量子力学是理论物理学中的一个无限复杂的领域，这种复杂性不仅体现在方法论上，而且也体现在其中的物理概念上。量子力学的特点是，它所使用的许多概念是我们难以理解的。

---

① 见《旧约全书 · 出埃及记》。

……

结果表明，根据量子力学，对于液氦这样处于接近绝对零度低温的液体，纯粹从理论上来讲它应该具有以下特性。为了解释这种特性，我要提到一种在物理学中存在过的非常古老的理论。当时，在物理学中存在着热质的概念，这当然是一种从来都不存在的流体。人们曾经以为，除了普通的流体，还存在一种热流体，并且如果一个物体是热的，这就意味着其中含有更多的热质。如果物体中的热质变少，那么它就相应地变冷一些。热质是为了解释这些现象而专门想象出来的一种流体。

实验已经证实，任何热质都不存在，而热是流体分子的运动。结果表明，在液氦中保留了热质的某些特点。当然，这是从非常特别的意义上来说的。在普通流体中，热与全部流体有直接关系，更准确地说，热与流体的全部质量有直接关系。

液氦中的情况就不同了。结果表明，在液氦中，热并非与全部流体都有关，而是只与一部分流体有关，并且这部分流体只占一小部分。也就是说，假如说到热流体，则在普通流体中，热流体就是全部流体，而在液氦中，热流体则是一部分流体。这部分流体越少，温度就越低。

这部分流体被称为液氦中的正常部分。……在2.19K温度下，发生氦Ⅱ向氦Ⅰ的转变。高于该温度时，全部氦都是正常的。低于该温度时，一部分氦与热无关，并且温度越低，与热有关的部分就越少。在绝对零度下，全部液氦都与热无关。

液氦由两部分组成，一为正常部分，二为超流部分。由此可知，液氦能够同时进行两种运动。乍一看，这是另外一个同样奇怪的结论。相同区域、相同位置的液氦却分为两部分，能够在流体中的某一个点上同时进行两种截然不同的运动。普通流体在一个点只有一个确定的速度，而液氦在一个点却有两个完全不同的速度，其中一个速度称为正常速度，另一个速度称为超流速度。

理论表明，这两种运动应当在本质上具有不同的性质。

与热有关的正常流动从各方面来讲都是正常的，它具有一切正常流动的所有性质，包括与黏性有关的性质。相反，超流流动既与热无关，也与黏性无关。

初看起来，这样的观点近乎荒谬。这仿佛是一种毫无意义的讨论，这种讨论即便能够解释某种现象，也纯粹是纸上谈兵，不会带来任何实际结果。然而，事实并非如此。理论不仅解释了我说过的那些现象，还预言出后来通过实验发现的一系列现象。并且，我跟你们所讲的这两种让人感到非常奇怪的运动，也能够在实验中直接观察到。

可以这样做：请想象一下，一个盛有液氦的圆柱形容器开始转动，并且转动得很慢，使液氦被容器壁带动起来一起运动。因为液氦能够同时进行两种运动，而其质量由两部分组成，所以被带动的液氦只是其中的一部分，即正常部分。超流流动与任何黏性都无关，所以与容器壁没有任何相互作用，从而不会被带动起来。液氦转动时，只有一部分液氦会转动起来，而任何其他流体转动时，全部流体都将转动起来。

这些绝妙的结果是由博士生埃列夫特·安德罗尼卡什维利发现的。我并不是说他直接完成了这个实验，他的实验与此类似，只是在一些细节上与上述实验有所不同。这个实验的结果是，当温度高于2.19K时，全部液氦都被带动起来，而当低于这个温度时，温度越低，被带动的液氦就越少。用这种方法，安德罗尼卡什维利能够直接测量液氦质量的正常部分和超流部分各占多少。

超流流动不是理论上的东西，而是完全能够在实验中切实观察到的现象。所得到的定量结果也与理论完全符合。因此，安德罗尼卡什维利的实验直观地表明，液氦理论的基础虽然怪异，却是符合实际情况的。而且，很容易看出，利用这些理论概念，确实可以解释那些在液氦中观察到的似乎相互矛盾的现象。

让我们来看一下卡皮查关于液氦射流的这个神奇实验吧。从超流理论的观点来看，事情就一目了然了。液氦的受热过程是按照特殊方式进行的。按照通常的方式，热由分子向分子传递，不会出现任何整体运动。在液氦中，在加热的作用下同时出现两种运动：热在左侧积累，然后与正常流动一起从左向右输运；相反，超流流动是反方向的。因此，球形容器中的液氦总量自然保持不变。

在液氦中，如果有热的输运，就会出现正常流动和超流流动这两种方向相反的流动。超流流动没有黏性，对浸没其中的物体没有阻力。正常流动有黏性，对物体有阻力。因此，浸没在液氦中的叶片对喷出的液氦有反应，从而发生振动，但完全不受流入球形容器的液氦的影响。

这种情况也解释了为什么液氦具有极大的热容——液氦具有输运大量热的能力。在普通的流体中，热的输送是通过分子运动进行的，热由分子向分子传递，因此输送速度很慢。在液氦中，热直接从左向右流动。这样一来，就能够输运大量的热。

液氦中存在两种运动，这也可以解释我说过的另一种奇特现象，即根据不同的测量方法，液氦同时具有两种黏性。当液氦从缝隙流出时，发生的自然是与黏性无关的超流流动，所以我们观测不到任何黏性。

相反，当一个物体在液氦中运动时，这个物体自然不仅与超流部分发生相互作用，也与正常部分发生相互作用，从而可以观测到黏性。这也可以解释另一种情形，即著名的热机械效应。当液氦通过缝隙从一个容器流入另一个容器时，在有液氦流入的容器中，液氦变冷，而在有液氦流出的容器中，液氦变热。以超流流动的形式流出的液氦不具有任何热，所以在有液氦流入的容器中，热的总量保持不变，而液氦变多。于是，这个容器中的液氦变冷。相反，在有液氦流出的容器中，液氦变少，而热的总量保持不变，液氦自然就会变热。自然，在液氦中观察到的所有基本现象都得到了理论上的解释。

除了这些现象，理论还预测出另一个后来也在实验中被发现的现象：与普通流体不同，在液氦中能够传播两种不同的声音。声音是流体密度的振动。在黏性流体中，能够发生具有固定传播速度的振动。在氦Ⅰ中，这种振动的传播速度为250m/s，声音也能够以同样的速度在氦Ⅱ中传播。

理论表明，除了这种声音，还有一种特殊的声音能够在液氦中传播，因为在液氦中能够同时存在两种运动。液氦中还可能存在一种声音，在其传播时物质不发生整体移动，而正常部分和超流部分会发生相对振动，即含有热的部分相对于其余部分发生振动。

这种声音被称为第二声，是由佩什科夫在氦Ⅱ中发现的。第二声的传播很容易与普通声音的传播区别开来，因为它们的传播速度完全不同。第二声的传播速度不是250m/s，而是20m/s。佩什科夫发现，这种特殊的声音确实可以在液氦中传播。它是由热振动引起的。

如果在普通流体中制造温度振动，这种振动会迅速衰减，从而不会出现第二声。如果在液氦中制造温度振动，这种振动就会像声音那样以20m/s的固定速度传播。

于是，这一从理论上预测出的现象也在实验中得到了观察。在液氦中自然还存在着许多其他程度不一的神奇现象。当然了，不要以为液氦中所有的现象都已经被研究透彻并且得到了清晰的理论阐释。实际上，虽然液氦的基本特性已经在实验上和理论上得到了清晰的解释，但其中仍有许多未解之谜。不过，我不想再深入地谈论这些细节了，所以请允许我在这里结束我的讲座。”

朗道和栗弗席兹

罚。但是鉴于他卓越的才华，我恳请您作出批示，要求有关部门极为慎重地对待他的案件。此外，我认为应当考虑到朗道的性格因素，坦白地讲，他的性格令人讨厌。他喜欢挑衅、与人争吵，喜欢挑别人的毛病。当他发现别人的错误时，尤其是发现像科学院院士那样的老科学家出错时，总是出言不逊。因此他树敌众多。

在我们研究所里，他也是个不好相处的人，但是经过劝说，他的脾气已经好了很多。由于他才华出众，我常常容忍他那些出格行为。不过，虽然朗道在性格上有着种种缺陷，我仍然很难相信他会做出不忠之事。

朗道很年轻，他在科学界还大有可为。其他科学家都不了解这些情况，因此由我给您写了这封信。

П. 卡皮查

1938年4月28日

信写得非常好，却无济于事。于是卡皮查决定将朗道面临的危险告诉国外的物理学家们。下面是玻尔致斯大林的一封信：

苏共中央总书记И. 斯大林：

多年以来，我有幸与苏联科学家们进行了积极而富有成效的合作，对此我深表感谢。我曾多次访问苏联，贵国科学家在政府的鼓励下，满腔热忱地开展科研工作，取得了非凡的成就，这给我留下了深刻的印象。正是这些促使我请求您关注一位当今极其优秀的青年物理学家的案件，这位物理学家就是苏联科学院物理问题研究所的Л. Д. 朗道教授。

朗道教授之所以获得学术界的认可，实际上不仅仅因为他在原子物理学领域的一系列卓越贡献，还因为他成功地影响了很多年轻科学家，从根本上推动了苏联理论物理学派的建立。这个学派培养出一批无可替代的科学工作者，如今在苏联各地新建的装备精良的实验室中，他们正在进行着大规模的科学实验研究。

高兴的是，多年以来我与朗道教授一直保持着亲密的关系，我们经常通信，探讨共同感兴趣的学术问题。可是，最近几次我给他写信均未收到回复。其他很多物理学家也对他的研究极为关注，据我所知，他们也都没有收到朗道教授的消息。这让我非常难过。很荣幸，我是苏联科学院的成员，于是我通过科学院进行查询，尝试与朗道教授建立联系，然而在科学院主席给我的回复中，仍未能提供任何关于朗道所在地点或者关于其命运的消息。

这令我感到十分痛心，尤其是不久前，我听到了关于朗道教授被捕的传言。我仍然寄希望于这些流言不是真实的，如果朗道教授真的被捕了，我坚信这其中必有令人难过的误会，因为我无法想象，像朗道这样献身于科研工作、怀有一颗令人敬重的真诚之心的人，能够犯下什么让他被捕的罪行。

由于这件事情无论对于苏联科学、还是国际学术合作都意义重大，因此我恳请您下令调查朗道教授的命运，万一这里真的存在误会，希望这位才华卓群、成就斐然的科学家还能有机会继续参加对人类进步极为重要的科研工作。

哥本哈根大学理论物理研究所H. 玻尔教授

1938年9月23日

有人匿名给朗道在列宁格勒的父母打了电话，告诉他们朗道被捕的事。朗道的姐姐索菲娅来到莫斯科，但是她显然什么忙也帮不上。认识的人都躲着她。只有卡皮查不害怕，把一切都告诉了她。索菲娅来到卡皮查夫妇家里，他们尽力安慰她。

索菲娅去了一趟出版社。当时朗道的第一部著作就要出版了，这本书还是他在哈尔科夫时与列昂尼德·皮亚季戈尔斯基合写的。

出版社给她看了《力学》一书新的扉页，上面只有皮亚季戈尔斯基一个作者，没有朗道的名字。朗道作为“人民的敌人”，名字被拿掉了。

索菲娅回家之前再次拜访了卡皮查夫妇，卡皮查向她保证，一定会尽一切努力营救他的弟弟。他没有食言。

朗道的母亲定期给他寄一些钱。朗道自己的钱已经所剩无几了，他有时会在监狱的小卖部买些冰糖。直到出狱以后他才发现，自己根本没有收到家里的汇款，于是开始查询。不久，内务人民委员部的一位工作人员将柳博芙·韦尼阿米诺夫娜的汇款悉数寄还。显然，他是希望朗道永远不会从监狱中出来。

朗道所在的囚室中大约关押了六十名犯人。常常有犯人被提审后神志不清地回到牢房。朗道向来怕疼，那些人遭受毒打后的样子令他感到恐惧。

多年以后，我问朗道，他在监狱里经受了什么。

“审问，”他回答，“彻夜审问。”

“没有挨打吗？”

“没有，一次也没有。我不和侦讯人员争论。他们试图给我扣上莫须有的罪名，说我起草了一份愚蠢的传单。要知道，我是讨厌写任何东西的。可是，我跟他们说，我参与起草了传单。想想就觉得可怕。”

当然，我无法将这些情况写进我的第一本朗道传记中。他被迫向侦讯人员承认自己参与起草了某份传单；狱友们警告他，唯一可能避免挨打的方法就是不和侦讯人员争论，并且承认他们所捏造的所有罪行——这些情况都不能写，在当时的出版审查制度下，甚至连提到监狱都是完全不可能的。在刚刚提到的那本书（《朗道的人生篇章》[①]）中，没有《狱中的一年》这一章。

按理说，一年的审讯记录应该积攒了好几个文件袋。可是，当我向克格勃领导申请翻阅朗道的卷宗后，我首先注意到的是卷宗内容很少——只有一个文件袋，总共86页，每一页都用棕色的粗铅笔标注了页码。这很奇怪，因为在1939年4月，当卡皮查同内务人民委员部高层领导谈论朗道的案件时，对方提供了整整一大摞厚厚的文件夹供其查

---

① 《朗道的人生篇章》（《Страницы жизни Ландау》）一书1971年由莫斯科工人出版社出版。

阅，并称那些都是犯人朗道的卷宗。当时调查已经结束了，先后总共换了四个侦讯人员审理案件。1991年9月20日，以色列《时代报》第27期附刊中刊载了米哈伊尔·海费茨所写的文章——《朗道案之谜》，这一标题极具轰动效应。文章中有明察秋毫的细节，有言之凿凿的结论，然而文章作者确信，在此案中陷害朗道的是年仅二十岁、才华出众的诗人帕维尔·科甘，这一观点不仅具有争议性，而且完全缺乏证据。米哈伊尔·海费茨的功劳在于，他根据朗道被捕期间的审讯材料，出色地判断出存在着某个不为人知的第三者，即诬陷者。这个人是谁？可惜的是，无论卷宗材料，还是米哈伊尔·海费茨的文章都没能为我们提供这个问题的答案。的确，海费茨断定诬陷者是帕维尔·科甘。科甘半个多世纪之前已经离开人世了，海费茨之所以指控他犯下如此严重的罪过，其根据是朗道的朋友莫伊谢伊·科列茨的小女儿娜塔莎的声明："父亲从未向任何人透露过科甘的名字。首先，他怀疑科甘在战场上的牺牲是一种自杀方式。更重要的是，当时科甘的母亲尚且在世。而现在她去世了，因此我有权根据父亲的遗愿说出这个名字。"

不过，即便科列茨没有向任何人透露过科甘的名字，但他应该会对一个人说出自己对这件事的看法，这个人就是朗道。正如文章中所说，科列茨对朗道奉若神明。然而，他却从未向朗道提及过这件事，关于这一点，我的说法是完全负责任的，因为我曾当面向朗道核实过。

逮捕证是由米哈伊尔·弗里诺夫斯基签署的。

对于历史学家来讲，这个签名意味着朗道的案件事关重大，因为弗里诺夫斯基过去曾负责指挥内务人民委员部的边防部队和围剿部队，镇压过反对集体化的起义。朗道被捕后落到了秘密政工局手中，秘密政工局是肃反委员会的核心机构，是秘密行动的主要中心。将朗道移交给秘密政工局，这说明当局对此次“物理学家案件”极为重视。

朗道并没有马上招供。案件审讯从8月3日开始，起初他否认自己的罪行。后来侦讯人员提醒他传单已经被发现，他才开始配合地提供所需证词。证词按照当时的标准格式记录，并加盖公章。事实上，朗道并未向侦讯人员提供任何新的情况，他所提到的所有人都早已被主管机关逮捕了。朗道只是证实了侦讯人员已经知道的事实而已。

海费茨在自己的文章中这样解释侦讯人员的做法：“用被告‘自供状’的形式进行笔录，侦讯人员可以不必将所谓的‘业务资料’——即密报、窃听数据等放入准备移交给检察官的卷宗。侦讯人员说服受审者在这份文件上签字：‘您并没有给安全部门提供任何新的情报，这些情况我们早就掌握了，但是对于您来讲，这在法庭上可以作为减刑的依据，因为您自愿协助破案。’用当时的话来说，就是‘缴械投降’。”与比同时，侦讯人员当然也有自己的手段，他们像打牌时那样虚张声势，将猜测说成罪证。正是这种手段使朗道相信，即便他不招供，侦讯人员也已经查明了物理学家的小团伙。侦讯员叶菲缅科还强迫朗道供出理论上可能加入这个团伙的人，他们是后来同样遭受政治迫害的П. 卡皮查教授和Н. 谢苗诺夫院士。事实上，朗道很快对这一错误进行了补救，他立即声明，自己并未将“有组织犯罪团伙”的秘密告诉卡皮查、谢苗诺夫以及其他未被捕的物理学家。

由于朗道从侦讯人员那里得知，传单的事已经完全暴露了于是他非常详细地陈述了1938年4月23日在自己家里发生的事情：

“……科列茨向我提出，想改用散发反苏传单的形式鼓动群众。起初我对这个想法表示反对……”

“……但是科列茨说服了我。不过，我向他提出条件：除了传单内容

列夫·朗道

照片摄于位于卢比扬卡广场的苏联内务人民委员部监狱，*1938*年

（调查卷宗№*18*–*848*，第*1*页）

之外，其他事情我一概不参与，不要让我知道参与散发传单的人的任何资料（他告诉我有这些人），总之，不要告诉我有关这个行动的其他任何情况。”

换句话说，朗道那时已经想要避免加入这个危险的死亡游戏了。

按照米哈伊尔·海费茨的说法，有一个人想要陷害朗道。海费茨的逻辑很有说服力。他是这样推理的：当侦讯人员询问，由谁负责这次行动的技术实施——制作和散发传单时，朗道回答，出于保密考虑，科列茨没有告诉他这些人的名字。

“于是，侦讯人员就不再继续追问了。而侦讯人员理应告诉受审者，他们是从谁那里找到传单手稿的，并且核实这位年轻教授的话是否属实——他是否真的不清楚有第三者参与行动。但是他们并未询问这些！这是极为不正常的，除非作出这样的假设：正是这位‘第三者’根据有关部门的指示提议撰写并散发传单。”

但是，其实侦讯人员的做法恰恰符合海费茨的逻辑。侦讯人员向被审问者出示了传单。在笔录中白纸黑字写着：

“回答：我认为继续否认自己参与起草了这份反革命文件是毫无意义的。我试图否认自己的罪行，以为调查人员对这份文件并不知情。这份反苏传单确实是由我和反革命组织成员 M. A. 科列茨起草的，我也是该组织的成员。我们计划印刷传单，并于五月一日在莫斯科的庆祝活动中向民主人士散发。”

为何海费茨没能发现如此重要的对话，并且还指责侦讯人员没有向受审者出示这份传单，是令人费解的。接下来的事更加令人匪夷所思：基于侦讯人员并未向朗道出示传单这一事实，海费茨作出了存在叛徒的假设。海费茨在文章中援引了他与娜塔莎·科列茨的对话：“这些文件给人一种感觉，您父亲和朗道的案件是内务人民委员部的离间，印制传单的主意正是陷害他们的人出的。”科列茨的女儿回答说：“传单的事只有三个人知道：朗道、父亲和那个第三者。唯一的一份传单，也就是侦讯人员出示的那份，在他——帕维尔·科甘手上。”

也就是说，科列茨把传单给了科甘？可是为什么呢？

1968年1月，当我为朗道传记搜集素材时，曾和科列茨见过几面。第一次见面是在朗道家里进行的。那时科列茨错误地认为，朗道是因为合著者的告密而被捕的，朗道也持同样错误的想法。我再重复一遍，这种情况使人相信，这显然是内务人民委员部的离间。朗道将告密的事告诉了最亲密的朋友们、自己的妻子，以及卡连·捷尔-马尔季罗相、阿列克谢·阿布里科索夫这些关系亲近的学生们，关于这一点均得到了他们的口头或者书面证实。朗道认为合著者是罪魁祸首，按他的话说，合著者将他“踢出局”。可悲的是，他的判断是错误的。

阿布拉姆·康斯坦丁诺维奇·基科因教授在给我的来信中所陈述的观点值得注意。基科因说，他无法想象皮亚季戈尔斯基是诽谤告密之人，他写道：“那时内务人民委员部的名声可不是白璧无瑕的，这令我怀疑，这个恐怖机构中的人员采取了离间和欺骗的手段。上级命令释放关押了整整一年的朗道，这对他们来讲，可能是意想不到的，也可能是难以理解的，根据命令，释放朗道的人需要就被捕原因向朗道作出某种解释，于是他们出示了一份伪造文件。从对朗道的指控中，可以明显看出内务人民委员部的行事风格——他们指控犹太人朗道是德国间谍！而且是在30年代！！对于内务人民委员部的人来讲，这种指控在当时是标准的、再正常不过的惯用伎俩。”

他的这种观点是很有说服力的，但是不应该忘记，这一切只是我们的猜测。而猜测永远是猜测。关于这一点应该补充一下，假如基科因教授的看法是正确的，那么伪造告密事件的那些人将告密者设定为朗道的合著者，也就是这件事的潜在受益人，真是狡猾之极。一旦朗道被判刑——而这是确定无疑的——合著者就将成为这部有影响力的学术著作的唯一作者。从这个方面来讲，内务人民委员部的做法是明智的。朗道天生容易相信别人，他当然不会怀疑自己的朋友或者学生会出卖他。然而这件事是由他亲自验证的。因此，他至死都无法忘记，也无法原谅。在生前最后的日子里，朗道列出了在二十五年中通过理论物理最低标准考试的学生名单，虽然皮亚季戈尔斯基第五个通过了这些难度极大的考试，可是朗道并未把他列入名单。

应当再次指出，如果没有卡皮查坚持不懈的努力，朗道不可能获得释放。朗道的获救首先应该归功于他。卡皮查有着惊人的执着。他给统治者最亲密的战友之一莫洛托夫写信说："在研究接近绝对零度的液氦时，我成功发现一系列新的现象，这些现象或许能够帮助我们了解清楚现代物理学中最神秘的领域之一。我计划在最近几个月将这些论文中的一部分发表出来，但是我需要理论学家的帮助。在苏联，朗道精通我所需要的理论领域，但不幸的是，他已经被监禁一年了。"

莫洛托夫邀请卡皮查谈话，答应释放这位理论物理学家，但是让卡皮查同内务人民委员部的领导商谈。假释朗道的想法可能就是在那里提出的。下面是卡皮查向贝利亚写的担保信：

我以个人名义担保，请您释放物理学教授列夫·达维多维奇·朗道。

我向内务人民委员部保证，朗道在我的研究所内不会从事反对苏维埃政权的反革命活动，我也会尽一切可能确保他在研究所外不从事任何反革命活动。一旦发现朗道有危害苏维埃政权的言论，我会立即报告内务人民委员部。

Π. 卡皮查

1939年4月26日

或许随着时间流逝，能够发现有关这宗离奇案件的一些新的情况。目前还有一些令人迷惑不解之处。其中最大的悬案是传单，其次是帕维尔·科甘。刊载米哈伊尔·海费茨文章的那家以色列报纸发表了一封伊戈尔·古别尔曼致海费茨的公开信，为这位战死沙场的中尉诗人进行辩护：

“显然，你渴望引起轰动。但是，米沙，就算你掌握了详尽的、无可辩驳的证据（而不是第三手的谣言），你将所知道的情况发表出来也是不对的。”他在这封信里写道。

这个事件的当事人朗道未必能够经受得住集中营和流放的折磨。在监狱里的最后几周，他走路已经相当困难了。

可以看出，朋友们愿意追随朗道，但是却遭受了牵连。科列茨被判处十年监禁，在集中营时又被加刑十年，一直到1958年他才回到首都。显而易见，他是没有嫌疑的。

古别尔曼说得对，不能只凭猜测指控任何一个人。朗道是被某个不为我们所知的人出卖了。

1939年4月底，苏联内务人民委员部侦查部门的负责人、大名鼎鼎的科布洛夫在侦讯人员准备好的证明上签了字。他就是那个十五年后由于虐待囚犯而被枪决的科布洛夫。从这份证明中可以看出，早在当年4

月8日他就提审过朗道，朗道“否认了自己的全部证词，指出那些都是杜撰的，不过他声称在审讯过程中并未受到刑讯逼供。对于我提出的问题——‘为什么他在整整一年期间都承认自己的供词，而现在却对它们加以否认’，朗道未能给出任何明确的回答。”

这并不奇怪，他当然不能回答说是为了免遭拷打。不过，侦讯人员说没有对审讯对象实施体罚手段，即没有刑讯逼供，仿佛朗道受到了某种优待，这完全是一种漂亮的说辞。这也是那个时代的特征。

1939年4月28日，朗道被捕入狱已经整整一年了。这一天，科布洛夫签署了决定朗道命运的法庭决议。决议首先再次对朗道进行了一番污蔑，指出他从事了所谓的破坏活动，并且称其本人对此供认不讳。然后指出，他被揭露犯有所述的全部罪行。接下来的内容很有意思：

> 但是，考虑到下列情况：
>
> 一、Л. Д. 朗道是理论物理学领域最有影响的专家，可能以后会对苏联科学有用；
>
> 二、П. Л. 卡皮查院士同意保释Л. Д. 朗道；
>
> 三、苏联内务人民委员部和一级国家安全委员Л. П. 贝利亚同志作出指示，由卡皮查院士担保释放朗道。
>
> 故决议如下：
>
> 释放Л. Д. 朗道，终止对他的调查，卷宗存档。

下面这段文字摘自我的日记：

今天，1970年1月22日，科拉为纪念朗道诞辰举办了聚会。她还邀请了基里尔·西蒙尼扬和达宁，但他们没有来。在场的只有卡皮查夫妇、戈洛瓦诺夫、瓦列里·亨德－罗特和我。应当说，这次聚会还是很有收获的。我问卡皮查，他是向哪位国家领导人请求释放朗道的。他对我讲：

“我给斯大林写过信，跟莫洛托夫谈过。我向他们解释说，我发现了超流现象，只有朗道能够从理论上论证这种现象。莫洛托夫说：‘好吧，我们释放朗道。但是您必须亲自去内务人民委员部同他们谈。’我说：‘好。’几天之后，有个穿大衣的男士来找我。我问：‘您为什么还穿着大衣？’他将大衣脱去，露出内务人民委员部的制服。‘怎么，您对自己的制服感到不好意思吗？’‘请您到内务人民委员部去一趟。夜里会有人来接您。’第一次，我们是夜里12点到那里的。他们一句话也不说，带领我穿过长长的走廊。第二次，还是12点。仍然是走廊，一道又一道门，卫兵。我和科布洛夫以及梅尔库洛夫进行了交谈。科布洛夫说：‘我们很难办。这是他的卷宗，您了解一下吧。’我说：‘了解卷宗对我来说毫无意义。只请您给我解释一点：犯罪动机是什么？’他们哑口无言。我和他们谈了两个小时。”

他沉默了。科拉打破寂静，问：

“安娜·阿列克谢耶夫娜，当您丈夫在内务人民委员部的时候，您在做什么呢？”

“我一直站在窗户边……”

我想再一次赞扬卡皮查的勇敢——无与伦比的勇敢。朗道的朋友亚历山大·约瑟福维奇·沙利尼科夫说，卡皮查之所以那么执着地要求释放朗道，是因为他根本不明白在和谁打交道，根本没有搞清楚状况。

当然，尼尔斯·玻尔诚恳的求情，朗道本人的谦虚表现也起了很大的作用。事情能够圆满解决，在某种程度上也得益于内务人民委员部领导的更替，朗道是在叶若夫当权时被捕的，而获释时贝利亚已经上台了。贝利亚领导内务人民委员部时，对一些案件进行了重新审理，加速了它们的解决。此外，他了解到，朗道是原子物理学家。

应当指出，朗道和卡皮查的关系并不好。表面上彬彬有礼，但仅限于此。维塔利·拉扎列维奇·金兹堡院士跟他们二人都很熟，一次，他在接受外国记者采访时坦率地说：

“卡皮查救出了朗道，将他保释出来，为物理学立下很大功劳。但是说实话，卡皮查对待朗道态度很粗暴。这是我亲眼所见，我甚至问朗道，他怎么能够忍受，而他回答：卡皮查把我从困境中拯救出来，我无力反对他……”

朗道极少谈起监狱的事。应当说，对所有这些问题他都有自己明确的看法。“对于我们国家来讲，1937年有些像中世纪流行的可怕的瘟疫。这是自然灾害。我也被卷入其中，但我幸运地活了下来。”

1990年7月23日，在朗道去世将近四分之一个世纪以后，相关部门签署了列夫·达维多维奇·朗道案件的最终文件：

“一、撤销1939年4月28日苏联内务人民委员部关于停止调查朗道一案并准许其保释的决议。

二、根据俄罗斯联邦刑事诉讼法第5章第2条，终止朗道的刑事案件，理由是犯罪事实不存在。”

科拉整整一年没有任何朗道的消息。她等待着……直到1939年4月末的一天深夜，位于达尔文大街16号的第15号住宅里响起了电话铃声。

接电话的是外婆塔季扬娜·伊万诺夫娜。她在半睡半醒中，用乌克兰语问：

“是您吗，达瓦？”

过了片刻，又哭又笑、沉浸在幸福中的科拉听到了爱人的声音：

“科拉，你过来吧！”

五一节期间，她向糖果点心厂请了假，飞到莫斯科。朗道消瘦了，面色苍白，但是心情很好。

多年以后，科拉讲述：

“他非但没有抱怨命运，还宣布，灰心是最大的罪过，他是不会灰心的。”

他想得最多的是那些尚未完成的工作，一叠写得密密麻麻的草稿纸让科拉惊讶不已，她没想到，朗道在假期之前就已经重新开始自己的研究了。

幸福的日子转瞬即逝，科拉回到哈尔科夫。

很显然，他们不应该再两地分居了。有时他抽时间到哈尔科夫，然后再返回莫斯科的单身公寓。他越来越频繁地给她写信，在信中倾诉自己的忧伤和寂寞。这些信既充满了柔情蜜意，又流露出惶恐不安。

对于科拉来讲，离开自己的糖果厂并不容易，但是1940年秋天，她还是离开哈尔科夫，搬到莫斯科了。朗道和叶夫根尼·米哈伊洛维奇·栗弗席兹住在同一套公寓，那时栗弗席兹也调入物理问题研究所工作了。

第七章

命运之神

我用古老的圣经占卜，
热切地盼望，
命运之神赐予我
生命、苦难和预言中的死亡。

——尼古拉·奥格辽夫于狱中

朗道不喜欢抱怨命运，他认为灰心丧气是令人无法容忍和耻辱的。然而，一年的牢狱之灾还是对他的健康产生了影响。在监狱中，他隔一天吃一次早餐，原因是那里的早餐一天是碎麦米粥，一天是黄米粥。小时候他曾经被母亲强迫喝碎麦米粥，不喝完不许离开餐桌。他自然一辈子都痛恨碎麦米粥，碰都不愿碰。监狱中的口粮本来就少得可怜，他又如此任性，身体自然非常虚弱——随时都有跌倒的可能，头晕目眩，视力也不大好。

多年以后，有一次科拉对他说，如果他不好好吃饭，就煮碎麦米粥给他喝。朗道一向具有幽默感，但这次却意外地当真了：

“你不怕我从你这儿跑掉？”

“怕啊。我开个玩笑。”

“这个玩笑很不成功。即使在监狱里，我都不喝碎麦米粥。”

“你可以把它当成难吃的药服用。”

“科拉，我怎么没有想到这一点！”

在我十三岁那年，我们搬到了莫斯科。此前不久，我和深爱的父亲分别了。整整一年我们都住在莫斯科饭店，我很不喜欢那里，因为大人们哪儿都不让我去。我没有朋友，没有认识的人，我觉得自己非常不幸，整天哭哭啼啼，妈妈很担心我。

不过，后来给我们分配了一套丹尼洛夫市场附近的房子，于是一切都改变了。我进入了一所好学校——545学校，在一个很棒的班级学习，最主要的是，那里距离位于沃罗比约夫公路的我二姨家不远。

每天放学后，我匆匆吃完饭，把书包往家里一扔，就去朗道那里了。我和朗道之间的友谊就这样开始了，这种友谊一直持续到他去世。很显然，当时他之所以对我那么关心，是因为知道了我们家遭遇的不幸——我的父亲被枪决了。然而，这一切都瞒着我。

朗道很关心我。首先，他仔细询问我都上了些什么课，他问话的方式不同于那些不了解情况的大人们。

然后，他很快了解到，我最喜欢的课程是历史和文学，于是常常告诉我很多趣事。

“怎么，关于尼古拉一世自杀这件事学校至今还瞒着孩子们？”有一天，他问我，然后带着难以掩饰的幸灾乐祸补充道：

“恶有恶报。”

朗道开始详细讲述，当沙皇收到俄国军队在叶夫帕托里亚溃败的消息之后，他知道，战争失败了。他因为无法忍受战败的耻辱而自杀了。这件事在革命前被隐瞒了，因为对于接受过东正教登基涂油仪式的君主来讲，自杀是一种严重的罪孽。因此教科书中还沿用过去的说法，写着“死亡”。赫尔岑是那个时代最富有智慧的人，他有充分的理由宣布，沙皇死于“肺部的叶夫帕托里亚”。[①]

朗道喜欢讲述美丽的神话和古希腊、古罗马的历史故事，喜欢重复一些拉丁语的句子，并当场把它们翻译成俄语。他经常向我提一些问题，有时我回答得很不恰当。有关“屠格涅夫笔下的千金小姐”的一次谈话，给我留下了特别深刻的印象。朗道不欣赏她们，而我呢，说实话完全无法理解这是为什么。

“你想成为什么样的人？”朗道问。

“贤德的人。”我回答。

“什么样的？”朗道又问了一遍，“贤德？这可太糟糕了！”

“她只是不理解这个词的含义罢了。”科拉猜测说。

我沉默着，不知所措。

朗道常常说一大堆自己喜欢的名言给我听。有一些我立刻记录了下来：

“除了那些满脑子生活琐事的凡夫俗子，其余的人我都喜欢。——约翰·里德；我永远敬重美，并且认为它是一种天赋和力量。——赫尔岑；爱是诗，是生命的太阳。——别林斯基。”

最后，他朗诵了一首诗歌，作为结束。

我把诗歌也记录了下来：

---

① 当时官方的说法是，尼古拉一世因患急性肺炎而去世。

无论我生活在何地，啊，我都要从容面对一切不测，

像树木和动物那样，去面对黑夜、风暴、饥饿、耻笑、打击和挫折。①

——沃尔特·惠特曼

每当他讲起自己敬爱的英雄们的英勇事迹时，我便会被一种激动人心的神圣感所笼罩。那些没有得到公正对待、被人们遗忘的名字，是最令他痛心的。如果人们忘记了真正的开拓者，会让他感到非常愤怒。

朗道尤其经常提到尼古拉·基巴利契奇：

“如果我是作家，一定会写一本关于基巴利契奇的书。他勇敢而又富有才华，为宇宙空间的开发作出了巨大贡献——第一枚宇宙火箭正是由他设计的。设计方案是他在监狱中完成的，当时他因为参与谋杀亚历山大二世正在等待死刑。”

有一次，朗道和好友尤里·鲁默尔在博尔谢沃村。他们在翻阅新杂志的时候，发现了一首纪念马泰·扎尔卡②的诗。马泰·扎尔卡在西班牙人民解放战争中英勇就义。朗道没有听说过作者的名字，但是他很喜欢这首诗。他立刻把诗背了下来，并且常常朗诵：

---

① 出自惠特曼（Walt Whitman）诗集《草叶集》中的第五首诗《我沉着》（《Me Imperturbe》）。

② 马泰·扎尔卡（Zalka Máté, 1896—1937），匈牙利小说家、革命家，曾任第十二国际纵队司令，1937年在西班牙内战中牺牲。

从此他驰骋沙场：
他在汉堡接受战火的洗礼，
他的事迹在闸北流传，
他的声名在雅拉玛[①]远扬。

朗道见到熟人便问：

“您读过西蒙诺夫的诗《将军》吗？赶紧读读吧。非常精彩的诗。”

他高兴地来回搓着手，满面笑容：

“是的，鲁姆，西蒙诺夫是个真正的诗人。”

朗道一直痛心地关注着西班牙的悲剧，因此这首诗对他来说意义非凡。骄傲而热爱自由的西班牙人民的命运牵动着全世界人们的心，朗道对革命充满激情，他认为西蒙诺夫的诗体现了他的理想。

朗道常带回来一些古书，有《俄罗斯文献资料》杂志，还有《链环》、《俄罗斯文集》，以及其他一些珍本。我看到朗道对古书感兴趣，便给他带去一本米赫尔松的《名言锦句》。从翻开这本书的第一页起，我便对它爱不释手。书是父亲送给我的，19世纪末的精装本，我非常喜欢。朗道立刻聚精会神地读了起来。

米赫尔松的书在朗道那里放了很久，我给他带去一册《达里词典》，希望用这种方式提醒他想起上次那本书。果然，朗道从房间里拿出了《名言锦句》，并且开始背诵一些他特别喜欢的段落：

“法国国王亨利四世的神甫责备他常常闹出风流韵事。国王从厨师那

---

① 1937年西班牙内战时期，国际纵队为保卫自由的西班牙，曾在雅拉玛（Jarama）山谷与弗朗哥叛军血战。

里打听到神甫喜欢吃松鸡，就吩咐每天给他做这道菜。一开始神甫大喜过望，可是有一天，他终于向国王抱怨说，怎么每天只让他吃松鸡！国王借机反驳神甫说，自己是想通过这件事向他直观地证明，生活是需要丰富多彩的。”

这成为朗道最爱讲的历史笑话之一，他知道很多这样的趣事。

我习惯于把一切都记录下来，为此朗道经常嘲笑我。不过，他常向我口授一些长长的引文，还有尼古拉·古米廖夫的诗（他觉得很奇怪，为什么他已经读了两遍，我还是记不住：“要知道，好诗是能够让人一下子记住的。”）

那些年我不加选择地读了很多书。他看到我拿着波莱斯拉夫·普鲁斯的《玩偶》，大叫起来：

“天啊，她在读什么！”

他立刻给我罗列了一个书单，里面的书是首先需要读的：司汤达的《红与黑》、萨克雷的《名利场》、菲尔丁的《汤姆·琼斯》、斯威夫特的《格列佛游记》，接下来是一长串俄罗斯经典作品。

他把那本《达里词典》还给我，说：

“达里[①]有句话说得很好：‘一个人用哪种语言思考，他就属于哪个民族。我是用俄语思考的。’达里从父亲那里继承了丹麦血统，从母亲那里继承了一半德国血统和一半法国血统。”

---

① 达里（В. И. Даль, 1801—1872），俄罗斯作家、民族学家、词典学家。他编著的《大俄罗斯语详解词典》（《达里词典》）是俄罗斯最早、最权威的详解词典之一。

1941年，战争开始了。物理问题研究所撤离到喀山。朗道和同事们一起执行特别任务。

“朗道帮助苏联物理学发展到了前所未有的高度。俄罗斯在制造氢弹方面迅速超过其他国家，震惊了美国，朗道在很大程度上应为此负责。”对于这些国外报刊的报道，朗道拒绝发表评论。

一次，一个军人给科学家们讲述了15岁男孩维尔·奇克马科夫的故事。男孩的命运与彼佳·罗斯托夫①很像。当时德军正向塞瓦斯托波尔挺进，共青团游击队不同意接收维尔，说他年纪太小。他缠着共青团市委书记不放，终于加入了游击队。在拜达尔山口的第一场战役中，维尔刚从远处看到德军，就立即从战壕中跳了出来，冲向敌人。他还没来得及开一枪，就当场牺牲了。大家都跟着他冲了出来，打退了敌人的进攻。德军撤退了。

“太可惜了，”一个在场的人说，“他还没有真正体验过生活。这是毫无意义的牺牲。”

“不，不是毫无意义的。”朗道反驳说，“只有这样才会取得那场战争的胜利。”

战争快结束时，朗道已经从喀山回到莫斯科，他得到一本康斯坦丁·西蒙诺夫的诗集，书不大，封皮是鲜艳的蓝色。不久，他就几乎把书中所有的诗都背会了。每过一两天，他便会背诵一首诗。

---

① 彼佳·罗斯托夫是托尔斯泰的长篇小说《战争与和平》中的人物。他是家族中最小的儿子，在1812年拿破仑进攻俄国时，他说服父母同意其参军，后在一次行动中牺牲。

阿廖沙，你记得吗，斯莫连希纳的路，

暴雨总是下个不停……

他一字不落地背诵着，拖着单调的长音，从头至尾保持着不变的节奏。他背诵了很久，只有诗人们在朗诵诗歌的时候才会如此陶醉。他对莱蒙托夫的热爱没有改变，也没有忘记勃洛克的《关于英勇、功勋与荣光……》。不过，在战争期间他读得最多的是西蒙诺夫的诗，因为西蒙诺夫的诗在那个年代最能让他产生共鸣。

朗道不喜欢附庸风雅。他的一位朋友说过：

"他是个简单的人，他喜欢质朴而真诚的诗歌。"

虽然那些故作高雅之人根本瞧不上西蒙诺夫，可是朗道不会羞于承认自己对西蒙诺夫诗歌的喜爱。我记得很清楚，我曾经借给朗道一本西蒙诺夫的诗集。后来，科拉说：

"你应该把书送给朗道，他对这本书爱不释手。瞧，他送给你了那么多书。"

我欣然把诗集赠予朗道。他把诗集背了下来。

1943年至1947年期间，朗道在莫斯科大学低温物理教研室授课；1947年至1950年期间，他在莫斯科物理技术学院普通物理教研室授课。

1946年对于朗道来讲是幸运的一年。1946年11月30日，他当选为苏联科学院院士。科学院主席谢尔盖·伊万诺维奇·瓦维洛夫是一位出色的实验物理学家，他支持朗道的候选人资格。由于对超流中相变理论的研究，朗道被授予国家奖金。

在朗道当选科学院院士之前三个月，他的儿子出生了。他高兴得坐立不安，在研究所跑来跑去，逢人便说：

科拉·德罗班采娃，20世纪50年代

列夫·朗道和儿子伊戈尔

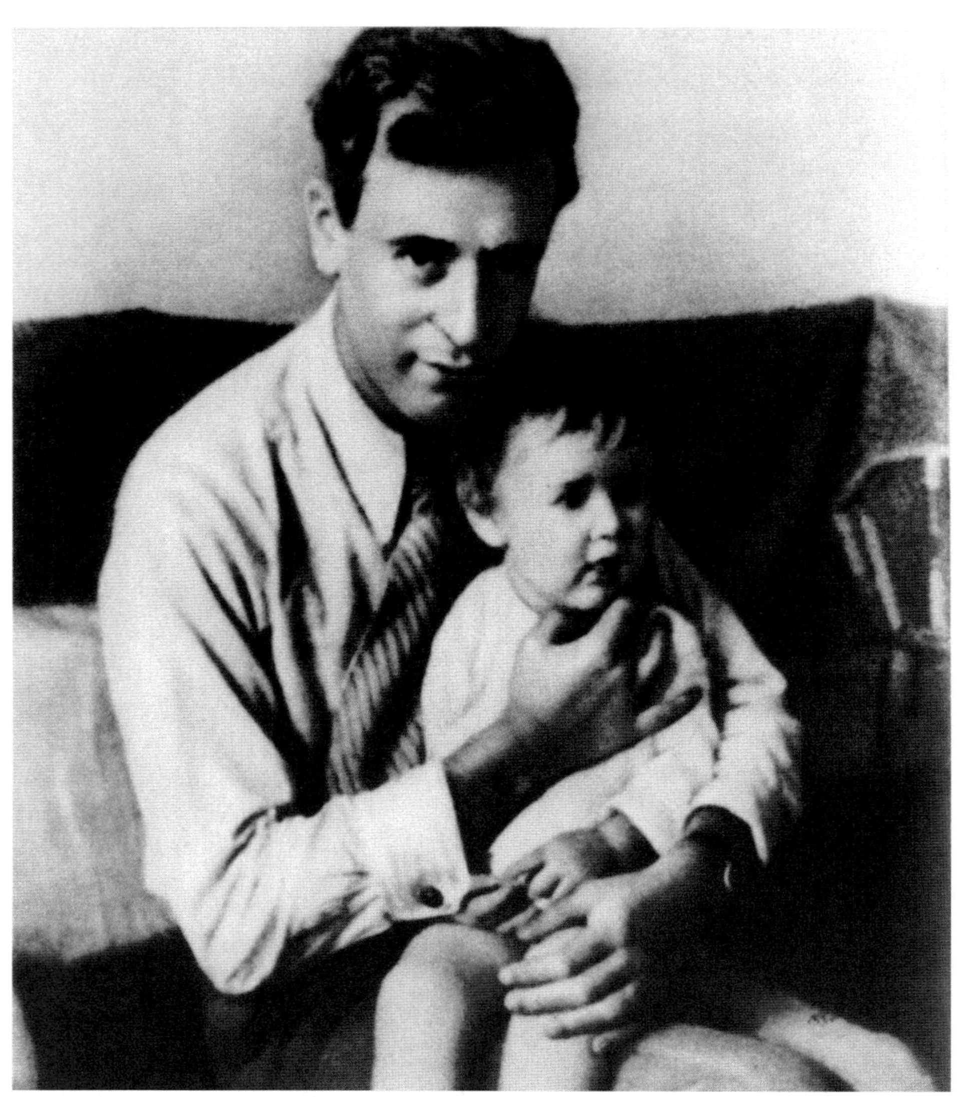

列夫·朗道和儿子伊戈尔，*1947*年

“我有儿子啦！”

沙利尼科夫建议给孩子取名为伊万，但是朗道给儿子取了一个“世上最好的名字”——伊戈尔。又一个曾经在他看来不容置疑的“理论”倒塌了——以前他说过不能要孩子，因为孩子会妨碍父母工作。

真应该看看，朗道是怎么跟孩子玩的！

孩子长得胖乎乎、粉嘟嘟，有着父亲的黑色眼睛和母亲的亚麻色卷发。他刚一学会走路，就每天一大早来到父亲的办公室，那里立刻便开始了不可思议的喧闹。

上面我们已经提到，1946年朗道第一次获得国家奖金。在对待奖金的问题上，他恪守自己的原则：至少应当把一半奖金分给别人——首先是那些当时需要物质帮助的人。

名望并没有改变朗道的性格。任何人都可以与他交谈、向他请教问题。他丝毫没有架子。

每天，朗道起床后，迅速地完成早晨所有的事情。他把胡子刮得干干净净，坐到桌前，左手拿着报纸，右手拿着刀或者叉。他仔细地浏览几份晨报，不漏掉任何一篇有趣的报道。

瞧，他走出了家门。沙利尼科夫的妻子奥莉加·格里戈里耶夫娜站在相邻的台阶上。朗道向她点头致意，然后问，沙利尼科夫是不是睡过头了。奥莉加·格里戈里耶夫娜还没来得及回答，沙利尼科夫就从家里跑了出来，两个好朋友一起往研究所走去。

朗道很喜欢沙利尼科夫，谈到他时，常回忆起他们的大学同学热尼亚·卡涅吉谢尔所作的四行诗：

他没有魁梧的身材，却有不凡的谈吐，

他的内心温柔，他的灵魂纯朴，

诋毁他实在罪不可恕，

他就是舒拉·沙利尼科夫。

朗道往物理学家们的办公室里望了一眼，停在门口。他看到卡皮查的桌子上放着一台新仪器：

“多漂亮的仪器啊！”

仪器是他所喜欢的红色。

两个年轻的女研究生正在写着什么，神情极为严肃。朗道走到她们跟前，查看她们在做什么，然后高兴地嘿嘿笑了起来。

“列夫·达维多维奇，有什么不对吗？”姑娘们满脸通红。

“我不是那种大男子主义的男人。可是如果我像女人一样有那么多事情需要操心，我永远也成不了物理学家。”

“但是女人拥有无穷的忍耐力，这是男人所不具备的。”

“这毫无疑问。我觉得如果让男人来生孩子的话，人类就要绝种了。”朗道回答完便立即消失了，正如突然出现在她们面前一样。

女研究生们哈哈大笑起来。

那时，在物理问题研究所的院子里，正对着住宅楼的地方，建了几个网球场。朗道喜欢打网球，有时竟然能够打赢中等水平的对手。不过，以职业运动员的眼光来看，他的打法很怪，甚至连握拍的姿势都不正确。

最常和朗道一起打球的是沙利尼科夫。

“道，为什么你把球拍贴到肩膀上？”沙利尼科夫大声问。

“我这样更舒服。”朗道从容不迫地回答。

矮个儿的沙利尼科夫和高个儿的朗道在一起，简直是一道风景。他们不停地相互取笑。这成了一个独特的游戏。令人称奇的是，他们随时准备好打退对方的下一次言语攻击。他们没完没了地开玩笑，但谁也不会生气，因为他们真正地喜欢对方。

“你真是一个不傲慢[①]的人啊！”沙利尼科夫一脸严肃地说，“我一生当中从未见过像你这么不傲慢的人。”

拜沙利尼科夫所赐，物理问题研究所所长卡皮查有一个深入人心的绰号：“半人马”[②]，这个绰号最终也未能获得卡皮查本人的认可。不过卡皮查也是少有的思维敏捷之人，想必他不会不记得，自己曾经给敬爱的上司欧内斯特·卢瑟福起了“鳄鱼”这个绰号。

对于恶作剧和开玩笑，沙利尼科夫有着无穷无尽的想象力。例如，某一天，他以物理问题研究所卡皮查的讨论班为原型，创作了一个滑稽模仿剧。

你不是来这里开会——吃完就走

这里是讨论班

卡皮查的办公室。已故名人们的肖像寂寞地挂在墙上。未来名人的原型们愁眉苦脸地坐在圈椅中。这些名人的候选人们压低了声音窃窃私语着。

---

① 俄语中важный一词既有“傲慢”的意思，又有“重要”的意思，所以这里是双关语。

② 来自希腊神话里的半人半马怪，象征善骑嗜杀之人。

时钟指向7点零3分，钟表发出刺耳的滴答声，仿佛穿着木屐的女人在走动。楼梯上传来铿锵有力的脚步声，彼得·列昂尼多维奇·卡皮查走进办公室。他并没有注意屋里的人，只顾着看天文钟，所以在地毯边上绊了一下。

“这个表快了。”他说，“我的表差一分半7点。”

玩世不恭的朗道用他那一贯的调侃语气说道：

“这个表基本上是准的。”

当朗道跟陌生女人交谈，或者在物理数学部作学术通报时，都是用这种语气。他看了下自己的手表，更加肆无忌惮地补充说：

“表不准。它慢了一分半。”

卡皮查利用自己主席的权力，中止了关于钟表的话题。

“好，我们今天讨论什么？”他问彼得·格奥尔吉耶维奇·斯特列尔科夫。斯特列尔科夫紧张地整理着衣袖，用一本正经的语气宣布：

“今天由尼古拉·叶夫根耶维奇作报告。彼得·列昂尼多维奇，尼古拉·叶夫根耶维奇准备对最近有关超导性的论文作一个综述……”

卡皮查说：

“好，如果没有谁……呃，可以开始了。尼古拉·叶夫根耶维奇，请开始吧。”

尼古拉·叶夫根耶维奇·阿列克谢耶夫斯基走

到黑板前。他抱着一摞杂志，不知为何忧心忡忡的。过了一会儿，大家才渐渐明白原因。他工作勤奋，滴酒不沾，可是现在这副样子让人不由得争论，他已经四天还是五天没有睡觉了，或者是不是昨天喝完酒还没有清醒过来。大家尽量让自己坐得舒服些，以便应付接下来的两个小时……卡皮查心不在焉地望着窗外。朗道转过身去，背对作报告的人。

阿列克谢耶夫斯基紧张地在黑板前走来走去，手里翻阅着杂志。从脸上的表情可以看出，他的大脑正在飞速运转。他的嘴巴张开又合上好几次，可是连一个字也没有说出来。有先见之明的休恩伯格占据了一张柔软的沙发，进入了甜蜜的梦乡。栗弗席兹肆意而又充满期待地望着门口……

突然从黑板方向传来了什么声音。原来，阿列克谢耶夫斯基的综述已经开始了好几分钟。不过，一开始他还有些拘谨，完全在用低音波讲话。渐渐地他放松下来，提高了讲话的声调。但是，目前可以确定的事实还只有办公室不明声音的来源——钟表和阿列克谢耶夫斯基。大家什么也没听明白，只能对报告人足以媲美夏里亚宾[①]的出色低音区给予高度评价。

① 夏里亚宾（Ф. И. Шаляпин, 1873—1938），俄罗斯著名男低音歌唱家。

“呃——呃——”阿列克谢耶夫斯基说。然后，音符合成了词汇。其中有好几个词竟然能分辨出来。比如：伦敦、迈斯纳、钽……

他把脸转向斯特列尔科夫，道出了令自己忧虑的原因：

“呃……彼得·格奥尔吉耶维奇，呃……我的材料只够讲不到五分钟。论文非常短。”

“论文很长，您大概只是没来得及把它读完吧。”沙利尼科夫说，他因为没烟抽，从小羊羔变成了一头咆哮的狮子。他用恶狠狠的声音问阿列克谢耶夫斯基，轴线上标的是什么。

“压力……”阿列克谢耶夫斯基小声嘟囔着，“不，温度。也就是说，是的，压力……”

“那另一条轴线上呢？”

阿列克谢耶夫斯基心里想的是：“另一条轴线上什么都没有。它纯粹是为了把那些提无聊问题的人送上西天而准备的。”但是嘴里说出来的却是：

“呃……导热性……”

虽然剧本已经过我们大幅缩减，但是从中仍可以看出作者敏锐的才思。而说到沙利尼科夫，首先应该强调的是，他是一位很有才华的实验物理学家，对于刚开始从事科研工作的人来讲，他是一位出色的导师，此外，他是个心地极其善良的人。

朗道善于以一种不同寻常的、有时有些怪诞的方式和别人开玩笑，轻松机智地和别人交谈，可是在一些人看来，这是一种刻意的表演。这种看法是否有道理呢？当然，所有从事公众工作的人，无论他是演讲者、教师，还是医生，都应该端庄稳重，绝不能任性放纵、自由散漫，这是显而易见的道理，无需多言。不过，朗道在这方面是无可指摘的。而且他在任何情况下都不会妄自尊大，不会令人难以接近。或许某些人将朗道与生俱来的表演天赋视为矫揉造作，仿佛其中总是暗藏着虚伪。这种看法是错误的，因为在朗道的世界中，根本没有“虚伪”二字。

我何其幸运，在长达四分之一世纪多的时间里，能够常常与朗道见面。面对客人，他举止优雅、风度翩翩，他的机智幽默总是让四周充满了欢声笑语。当家里没有客人和学生时，朗道更让人喜爱。他身上散发着一种难以形容的舒适与安静的气质。即便他沉默不语，你只要待在他的身边，心情也能变得轻松愉悦……

朗道是命运的宠儿。繁重的创造性劳动、永不停歇的工作，构成了他生活的主要内容。和所有人一样，在工作中他有时也会出错，有时也会遭遇失败。但是，他所犯的错误比其他人少。首先，他从不害怕承认自己的错误，不会固执己见、一意孤行；其次，主要原因在于——感觉会告诉他，应该走那条路。

这就是命运之神赐予天才的直觉……

列夫·朗道，20世纪40年代

第八章

自由之岛

在列夫·朗道的努力下，物理学成为50年代苏联的一座自由之岛。

——BBC广播电台节目

朗道对同时代的人有着巨大的影响。这种影响不只局限于物理学方面。那时，朗道的讨论班、朗道的住所成为莫斯科的文化中心。

的确，物理学家在那个时代是被光环笼罩的。

“朗道创造了一种生活哲学，一种全新的科学家类型。物理学变成了迷人的探险，变成了一个浪漫的王国。这个王国里生活着伟人，生活着一个特殊的族群——自由人。而这种氛围实际上是由朗道创造的。有这样一个地方，人们可以自由地发表意见，思想不会受到禁锢——这种感觉在当时多么激动人心！这一切都是朗道的功劳。”沃罗涅尔教授在BBC的节目中说。

对于朗道来讲，最重要的是进行科学研究，尽量吸引更多的年轻人从事这项严肃的事业。有时年轻的科学工作者们不理解，为何朗道在他们身上花费大量的精力，为何朗道如此热衷于培养和塑造人才。年轻人们感到困惑，然而事情却很简单：朗道是一位天生的老师。无论在哈尔科夫，还是在莫斯科都是如此。他每次去上课，都像去过节一样，对他而言那的确是节日。

朗道的存在，使周围的环境变得更加美好。这绝非夸张之词。包括波梅兰丘克在内的很多人都提到了这一点。朗道喜欢与人交往，如果不能经常与学生和朋友们来往，他简直无法生活下去。这是一种慷慨的交往。他对学生和朋友们付出了大量时间，这是旁人无法做到的。

在朗道和年轻人的各种交往中，最富有成效的要数讨论班了。朗道所建立的讨论班，与他年轻时参加过的大名鼎鼎的尼尔斯·玻尔的讨论班很相似。不过应当说，在和学生们的关系方面还是有所不同的。但是这并不重要，朗道喜爱这些孩子，对他们全心全意，他对讨论班付出的不只是知识，还有真诚之心。建立讨论班——这是他的重要目标和至高无上的理想。

可以给讨论班的工作下一个枯燥的定义：培养青年科学工作者。不要忽略了，朗道本来就是老师。帮助学生们完善思想和语言，这对他来讲是多么快乐的事啊！与才华横溢的年轻人交往给他带来了巨大的享受。“他们都非常有才华。”他这样评论自己的学生们。他爱他们。

有时，学生在陈述研究内容时，会颠三倒四，磕磕巴巴：“如果……”这时，朗道通常会插上一句：

“如果我的奶奶长了胡子的话，那她就不是奶奶而是爷爷了。”

下面是他在讨论班中的经典语录：

“化学中的全部科学问题都属于物理学，而剩下的问题则属于烹饪。”

“我们知道，20世纪的数学就是理论物理学。”

“不要怀疑物理学的巨大可能性。物理学能够解释生活中遇到的任何现象。”

“愚蠢之物很多，而合理的东西却太少了。”

“正如所有的好姑娘早已被抢光并且嫁为人妇了一样，所有的好问题都已经被解决了。”

“如今，教育对于所有的职业都是必需的。没有受过教育的人永远只能屈居人下。”

“不努力就不可能取得成功。如果说不热爱自己的专业仍可以成为专家的话，那么这在科学和艺术领域是不可能的。对于科学和艺术而言，不付出真心就只能沦为平庸之辈。”

“不要让那些胡说八道占据你的头脑。你头脑中充斥的学术垃圾越多，给正确认识留下的空间就越少。”

一些学生认为，朗道不应当在他们身上浪费太多时间，这样他就能有更多的时间进行科学研究了。对于这个问题，仁者见仁，智者见智。朗道不能失去和学生们交往的乐趣。如果说朗道成功地解决了所有生活上的问题，这有点夸大其词了，但是所有学术上的问题，他都解决得非常出色。

讨论班一开始分析理论文章。这种情况在50年代发生了改变，报告的题目全都变成了实验论文，大家对这些论文进行理论解释。讨论课上每个人都要发言，因此学生们必须进行大量准备工作。报告人首先应该讲述自己的研究结果，简要介绍基本结论，然后再对题目进行详细阐述。大家不停地打断报告人，随时展开辩论，当每个人都对别人的话充耳不闻、每个人都想要发言的时候，朗道才进行干预。

讨论班的成员们不放过任何一篇发表在世界各地的有价值的论文。对于朗道来讲，这样做一举两得：他的学生们——年轻的科研人员养成了分析学术论文的习惯，而他本人则通过了解这些论文的概要，节省了大量时间。

讨论之后，老师还要和学生们共同撰写论文。没有比这更难的事情了。朗道并未对这些刚刚起步、缺乏经验的学生们降低要求。一遍遍重写序言，精简中间的计算步骤，重写结论，但是最终的成稿十分完美。朗道说：

“有人说，老师剽窃学生，也有人说，学生剽窃老师。我认为他们说得都对。能够参与这种相互剽窃，这非常好。”

在朗道的论文中，常常可以看到这样的话：“最后，感谢 И. М. 哈拉特尼科夫和 A. A. 阿布里科索夫，他们与我进行了有益的讨论。”

“我想向 Л. 奥昆、B. 约飞、A. 鲁德尼科致以深深的谢意，本文的创意正是在与他们的讨论过程中产生的。”

与朗道并肩工作了四分之一多个世纪的栗弗席兹这样写道：

“与众多的学生和同事不断进行学术交流，也是朗道获得知识的一个来源。

从不计其数的辩论中，从学生们在他主持的讨论班上所作的报告中，他都能有所收获。

三十年来，他的讨论班一直定期举办，每周一次。而最近这些年，讨论班变成了全莫斯科理论物理学家的会议。

对于朗道来讲，听学生作报告从来不是形式主义，他一定要完全弄清楚论文的实质，将其中所有‘语文学’的痕迹——也就是那些缺乏证据、想当然的推断和假设找出来。在经历了这样的讨论和评判之后，很

И. М. 哈拉特尼科夫、列夫·朗道、*Е. М.* 栗弗席兹在物理问题研究所院中，*1959* 年

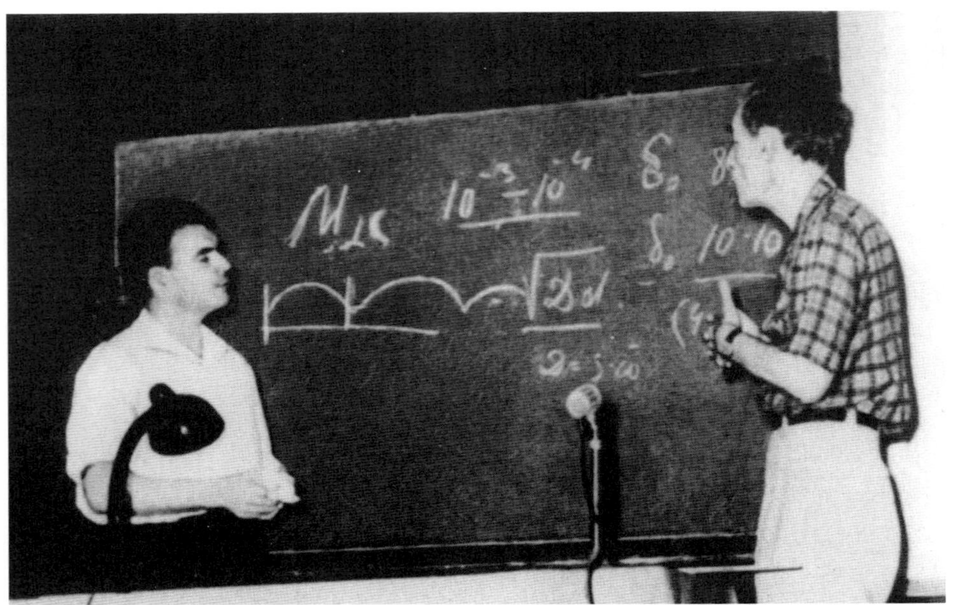

在讨论班中

在物理问题研究所的晚会上

在讨论班中

多论文显现出‘病态’，朗道对它们再无兴趣。

然而，有一些论文确实具有新的思想或者结论，它们被列入‘黄金储备’，朗道会永远记得它们。

实际上，他只需知道论文的基本思想，就能再现论文的全部结论。对他而言，用自己的方法得出结论通常比一步步查看原作者详细的推导过程更为轻松。他以这种方式重新推导并且深入思考了理论物理学所有领域的大多数主要成果。或许，正是这种方法使他获得了非同寻常的能力——对于别人提出的任何物理学问题，他几乎都能给出答案。

很遗憾，学术界流行着将简单问题复杂化的倾向（人们往往认为这种方式具有普遍性和严格性，然而事实通常并非如此）。而朗道的学术风格正好相反。他总是竭力将复杂的东西简单化，用最清楚的方式揭示出现象背后正确而简单的自然规律。正如他自己所言，能够让问题变得通俗易懂，是他感到特别骄傲的事。”

朗道总是准时开始讨论课，从不提前一分钟。多年以来，讨论课一直都是在周四的上午11点开始。有人说，还有一分钟就11点了，可以开始上课了，朗道回答说，米格达尔可能会在最后一分钟过来。于是这最后一分钟就被称为“米格达尔的一分钟”。

“守时——这是国王们的礼貌。”朗道常常对迟到的学生重复这句路易十八的名言，并且补充说：“不过，你们未必能成为国王。”

一位讨论班的成员给朗道写了一首诗，他非常喜欢。

朗道在讨论课上

“米格达尔”的一分钟刚过，

学术讨论班便开始上课，
可报告人为何
迟迟不肯拿出自己的洋货。

道如同魔鬼附身一般，
立即向他开火：
“您最好讲一讲，
论文中都写了什么，作用是什么？”

来不及回答，
又一阵狂风大作：
“自开天辟地以来
如此拙劣的表演还未曾有过！”

道不再像蟒蛇般死盯着
黑板旁已无法呼吸的家伙：
“作者的文章的确愚蠢，
不过，或许也并非全错。”

报告人感天谢地，
擦去悄然滑落的泪滴。
院士却又说：
“作者其实是个狡猾的蠢货！”

突然他挥舞着双手，
目光中充满了阴沉的怒火：
“天啊，他这个科学大盗，
混账东西，那些是剽窃我的成果！”

朗道讨论班的学生们懂得幽默，喜欢开玩笑，这已经成为了他们的习惯。

有一天，11点差两分，朗道刚进教室，门口出现了一位消防员。消防员很不客气地对屋子里的人说：

“小伙子们，请你们出去！消防队员要在这里工作。”

“真是岂有此理！”大家七嘴八舌地说着。

理论物理学家们义愤填膺。一大群人去找卡皮查告状。就在这时，消防员摘下了胡子和消防帽，大家这才认出来，原来是阿尔卡季·别涅季克多维奇·米格达尔。

还有一次，大家听说，泡利准备给苏联物理学家们写信。

物理问题研究所收到了一封邮件。在讨论课开始前几分钟，大家得知，这正是盼望已久的来信。朗道讨论班的成员们聚精会神地听着信的内容。信中写道，经过实验验证的海森伯的最新理论，未能得到计算机运算结果的证实。

“我早就说，那完全是胡说八道！”波梅兰丘克喊道。

信传到后排，外省的物理学家们开始抄写，准备回到自己的研究所后读给同事们听。课间休息时，奥昆想出了一个巧妙的方法，在不运用海森伯理论的情况下对实验作出解释。

大家辩论起来。

“我想请在座各位注意一个奇怪的现象，”米格达尔说，“各段的首字母组成了一个词：傻瓜。这很显然是在说我们。”

教室里炸开了锅。朗道让大家把信给他，他读完之后哈哈大笑起来。大家都把目光投向米格达尔。教室里爆发出一阵掌声。米格达尔谦虚地表示，他只能接受一半的掌声，因为信是他和布鲁诺·蓬捷科尔沃一起写的。当泡利的亲笔信终于寄来的时候，所有人都表示怀疑：这封信是真的吗？直到看见信纸上的水印之后，大家才打消了疑虑。

谁都不会在讨论课上生气。即便是讨论班的领导发表见解，也可能有人冲他大喊：“胡扯！”每一点疑惑都会立即当场解决掉。对于任何问题的争论都会让朗道感到极度兴奋。一旦出现任何不准确或者错误之处，他都会以闪电般的速度作出反应。对他而言，讨论班首先是一所学校，而他就是学校里的老师。这所学校培养新的研究方法。朗道是这样阐述这种教学理念的意义的：

“方法比发现更为重要，因为正确的研究方法能够带来更有价值的新发现。无论什么时候，我们都应当心无旁骛地工作，不能为了获得伟大的发现或者为了出名而工作，那样终会一无所得。”

朗道是讨论班的灵魂，与他的交流使大家的精神境界得到了升华，也使大家更为严格地要求自己。

朗道的学生们知道，没有人会代替他们思考，他们必须勤奋工作。朗道既不给他们题目，也不给他们提示。学生只能独立思考——从一开始，老师和学生之间就形成了这样的关系。与此同时，学生们坚信，他们的工作不会是徒劳无益的，因为他们和老师研究的是同一个问题，而善于选题是朗道最出色的能力之一。他的学派之所以涌现出那么多优秀的物理学家，其中的一个奥秘正在于此。

自然，这些物理学研究者们越来越敬重朗道的人格。他们逐渐成长为科学家，能够对朗道的物理学成就作出评价，他们高度评价作为物理学家的朗道。但与此同时，在他们面前的是一个简单而真诚的人，他平易近人、不贪图功名，他心胸宽阔，有着孩子般的快乐和直率。朗道的天赋令他们震撼，然而，更让他们感到震撼的是朗道的阳光（这个词对他再合适不过了）、亲切和善良。没有一个学生把朗道看作泰斗，在他们眼中，他只是一个“人”。

时光荏苒，讨论班成为一个亲密的集体，大家志同道合。讨论班的成员们兴趣相投，往来密切，任何消息都会立刻传遍整个讨论班。他们甚至有些相像，根据急遽的语速往往便能够将他们分辨出来。他们在模仿朗道吗？不，这只是一种大家习以为常的风格而已。

1931年，埃列夫特·卢阿尔萨博维奇·安德罗尼卡什维利在列宁格勒听过朗道的课，从那时起他就和朗道相识了。他们之间的友谊一直持续了三十多年。

当安德罗尼卡什维利来莫斯科的时候，他总是朗道家里和讨论班上最受欢迎的客人。据他回忆：

“通常来说，每次讨论都会由一名学生针对某期最新杂志中的几篇文章作报告。报告人为了将一篇文章分析透彻，需要做大量的工作。朗道听报告时，经常命令说：‘过吧，这个问题是显而易见的。’或者：‘过吧，这个是胡说八道，我已经听出来了，结论是错误的。’

大部分学生都和朗道年纪相仿，或者比他稍微年轻一些。虽然朗道对学生们的要求极为严厉苛刻，但是他们都把朗道当作神一样崇拜。可以说，即使朗道不在他们身边时，仍然能够影响着他们。多年以来，我一直亲眼目睹着这一现象，而且这种情况愈来愈多了。

虽然三十五岁还未到才华的鼎盛时期，但是这时朗道已经完成了很多世界闻名的理论研究，这些成果为各国所开展的一系列实验活动奠定了基础。”

我们不止一次地提到，虽然朗道爱戴尼尔斯·玻尔，高度评价他的才华，但是在和学生交往方面，朗道却和自己的老师大相径庭。

据列昂·罗森菲尔德回忆，一次，在玻尔的讨论课上，有一个人阐述的观点是错误的。朗道几乎都坐不住了。

而玻尔却频频说：

“很有趣！”

课间休息的时候，罗森菲尔德走到玻尔面前，说他怀疑发言者的结论和运算并不正确，并且对玻尔并未发现这一点表示惊讶。

“当然了，他刚才说的都是谬论！”玻尔平静地回答。

旁边的朗道向他解释：

“罗森菲尔德，您根本不了解玻尔的术语体系。”

朗道在自己领导的讨论班中有着截然不同的风格。有时他甚至会把思路混乱的报告人赶回座位。

雅科夫·斯莫罗金斯基是朗道在战后最早招收的学生之一，他在自己的回忆录中写道：

“有时，学生被他大骂一顿后感到绝望，心想，如果生活还是要继续下去的话，那么绝不应该再对工作抱有什么希望了。然而，只有一个人直到深夜仍然苦苦思索着没有解出的题目或者错综复杂的问题，这就是朗道。天一亮，朗道就打电话给那个可怜的孩子，告诉他答案，这样一来，两人的关系也得到了修复。

每一次讨论课上都会有奇迹出现，朗道对于任何一个问题的了解都比大家更为清晰。他迅速在头脑中完成被报告人遗漏的运算，因为他从不轻信任何东西。”

在讨论课前几天，朗道就已经知道将要讨论的内容，并提前对很多问题进行认真的思考。正因如此，讨论的时候才会有那些看似随性的灵感出现。讨论课是一门艺术，当这位伟大的导演在世时，它一直都是那么精彩。

如今，朗道已经离开我们多年，他的形象已经成为一个传说。我们可以清楚地看到，他是独一无二的，他身上那些看似平凡的品质缔造了一个伟大的学派，如今，这个学派至少已经在培育着第四代学生了。“他曾经和朗道一起工作过”，或者“他曾经是朗道的学生”，如今这些话对人们来讲似乎意味着一种荣耀。

前面我们提到，讨论班里流行恶作剧和开玩笑，非常重视诗歌。当然，他们有自己的“御用”诗人——亚历山大·科姆帕涅耶茨，他在与物理问题研究所相邻的化学物理研究所工作，他将这两个研究所中发生的一切都写进了诗歌。

科姆帕涅耶茨非常崇拜自己的老师，他为朗道所创作的一些诗歌相当成功。他很了解朗道，并且对朗道的词汇运用自如。朗道非常喜欢这位学生的作品。不过也有一次例外，那就另当别论了。

芬伯格江郎才尽，
戈佩特·迈耶光华渐熄。
他们如何能懂得，
那些我永远无法理解的壳层奥秘？

可是昨天我竭尽全力，
组装又分解了核，
热尼卡[1]喘着粗气帮忙，
来回转动着磁矩。

今天我召集印第安人，
向他们揭晓核的秘密，
如今我是核领域的门捷列夫，
百龙之智，至尊之躯。

倘若不是因为极为严肃的议题，这种轻松的学术会议风格显然会让人感到不可思议。那些被朗道称为“德高望重”的人，是不可能这样做的。而朗道却可以这么做。

1958年1月22日是朗道的五十岁寿辰，学生们为他举办了一场令人惊叹的生日晚会。晚上八点，笑容满面、幸福洋溢的朗道在研究所大厅迎接来宾。前来祝贺的人很多，大家给朗道带来了很多礼物，礼物都极为用心。大家带着对朗道的爱，花了很长时间准备礼物。不过，晚会上不许说“生日”“寿星”这样的字眼，也不许说长篇累牍的贺词。发言应当简洁、欢乐、巧妙。

晚会无拘无束、一片欢闹。轻松的氛围让人仿佛置身于一出优雅的古典戏剧。

---

① 叶夫根尼·栗弗席兹的小名。

研究所的大厅里悬挂着郑重其事的通知：

“请把贺词交给门卫。”

有人给朗道铸造了一枚纪念章，上面压印了朗道的侧面像和拉丁文的题词：“Ot duraca slychu”。一下子很难猜到，这是用拉丁字母转写的俄语短语——“我听傻瓜说”，这是朗道的一句常用语。

朗道的另外一句常用语出现在一幅画中，他被画成堂吉诃德的模样。这位愁容骑士[①]手中拿着盾牌，上面写着：

“哈拉特尼科夫同志，不会有什么结果的！”

在永不气馁的主人身后，跟着忠诚的桑丘·潘沙（从他身上不难辨认出栗弗席兹的样子）。他拉着一头驴，驴子身上驮着无数卷《理论物理学教程》，在重压之下步履蹒跚。

还有一幅善意的漫画。朗道被画成狮子，理论物理学家们则被画成小猫的样子，围在他身边嬉闹。

隆重的仪式开始了。朗道被请上舞台。朋友们依次上台，向他致以非常简短的祝福，他热情地同对方握手，然后大家给两人都斟上一杯香槟。朗道不喜欢酒的味道，大家没办法说服他喝酒。他旁边站着一位“替酒师”，鼻子通红。朗道碰杯之后，把自己的酒杯递给他。

---

① 愁容骑士是堂吉诃德的别称，是西班牙作家塞万提斯的长篇小说《堂吉诃德》的主人公。

接下来开始朗读电报。电报非常多，有英文的、德文的、法文的、丹麦文的，但最多的还是俄文的。被读到的当然只是那些符合晚会要求的电报。

演出十分精彩，有歌曲演唱和滑稽模仿小品，所有节目都是由物理学家们创作的，都与朗道有关。大厅的灯熄灭了，伴着所有来宾的掌声，幻灯机在屏幕上投射出一副由朋友们的面孔组成的纸牌。

晚会上没有对朗道的生平和学术活动进行任何介绍。

物理学家们搜集了朗道最罕见的照片，以诗配图的形式记录了他的生平，并制成一份幽默的墙报：《Л. Д. 朗道院士自1908年1月22日诞生以来的真实履历——此履历根据目击者们的回忆、传闻、其他可靠来源以及房管所的证明编写》。

> 朗道和莎士比亚一样神秘，虽然可以毫无疑问地确定，他们并非同一个人。关于他的诞生，可供参考的资料极少，且都未经证实，他似乎是出生在自己父母的家中。一些传记作家倾向于认为，朗道像其他人一样是由猴子变来的。朗道本人不大记得自己的出生日期了。
>
> 我们对朗道的婴幼儿时期几乎一无所知。间接资料表明，妈妈对他极为呵护。的确，根据德国教授Sidorowa的著名理论，所有的孩子一出生都是天才，但是几乎所有的父母都曾无意中把孩子掉在地上，这决定了孩子最终的智力发展水平。
>
> 毫无疑问，食欲不佳促进了未来院士才智的早

期发展。只有读书给他听的时候，他才喝汤。当所有的儿童故事都读完之后，妈妈主要为他朗读唯心主义流派的哲学著作，他的父亲出于各种需求收藏了大量此类书籍。朗道当时就坚信，那些都是谬论，他将这种童年的信仰保持至今。朗道在童年时期坚守的唯物主义立场不仅体现在他所有的学术著作中，也在一系列文章中得到了直接的阐述。

小时候朗道喜欢的玩具是皮球、魔方和其他能够体现空间对称的物体，当这个小男孩来到镜子前面时，他不止一次地思考着一个问题：他的映像是由什么成分组成的？但是直到很久以后他才最终解决了这个问题。

朗道幸福的中小学时代是最不为传记作者们所了解的一个时期。大家只知道，他或许在六岁，或许在十三岁的时候，以优异的成绩中学毕业，在天赋的基础之上，他又增加了算术知识，以及对精密科学、外语和女人的热爱。根据某些权威资料，他对于女人的热爱与他会解积分一样是与生俱来的能力。

鉴于孩子的天赋，父母将其送入商业学校（如今的巴库经济专科学校）读书，年轻的朗道还没有从商业学校毕业就转入巴库大学。于是，我们的商业网络也许损失了一位不错的商店经理。在大学里，朗道同时在物理数学系和化学系学习，虽然他并未完成化学系的学业，但是这段经历对他的一生产生了影响——使他养成了不爱喝酒的习惯。

1924年，朗道转入列宁格勒大学。在列宁格勒，聪明绝顶的人们进行着无比睿智的辩论，他立刻被这种氛围吸引了。当时，Д.Д.伊万年科已经是引人瞩目的物理学家了，朗道为了赶上他，开始研究和发展μ介子理论。这一理论将整个当代物理学作为个例囊括其中，但遗憾的是，对于民众而言，它的意义却是微乎其微的……

在业余时间，朗道头戴绑着气球的帽子在列宁格勒散步，正因如此，1929年他被派往国外接受再教育。在哥本哈根，朗道跟随尼尔斯·玻尔学习，他在讨论课上异常活跃，以至于有一次大家不得不堵上他的嘴，把他绑到凳子上。

从1932年起，朗道在乌克兰物理技术研究所工作，同时在哈尔科夫机械制造学院担任理论物理教研室主任。朗道在物理教学中有着诸多创新之举。他通常坐在桌子上讲课，口袋里装着自己喜爱的小猫，因为他不忍心把猫咪留在家中……

由于朗道不会撰写博士论文，学位最高评定委员会体谅这位年轻学者的困难，准许他免于答辩，于1934年授予他物理数学科学博士学位。

朗道的履历中断了一年，然后他开始在物理问题研究所工作。在那里，他热衷于山地滑雪运动。朗道自创了以龟速滑行的独门秘籍，这种方法的好处在于——它几乎是完全可逆的。在滑行过程中，他有一个极有趣的发现：当一个人从山坡往下滑时，他是完全看不到前方的任何物体的。朗道常在列宁山下的一个小土坡练习，这个小土坡被命名为朗道峰，最近人们将在那里安放一个纪念牌。

在这一时期，朗道取得了一生中最伟大的成就——穿越了栋古兹－奥伦山口[①]。他克服史无前例的艰难险阻与驴子一起完成了这次穿越，引起世人瞩目。最终，驴子得到了一块糖，而朗道于1946年当选为科学院院士。

朗道在此之后的生活为大家所熟知，我们就不一一赘述了。以他为中心，形成了一个很大的物理学派，其中很多人从事登山运动，想必以后也能当选为院士。

《履历》还附上了《朗道词典》，其中收录的条目如下：

研究生——小滑头们。

玻尔原理——错误理论与实验的相同之处并不能说明什么，因为总有一些愚蠢的理论与实验相吻合。

礼貌——朗道学派理论学家的特点。

写作狂——除栗弗席兹之外的所有理论学家。

---

① 栋古兹－奥伦（Донгуз-Орун）山口位于大高加索山脉，欧洲第一高峰厄尔布鲁士山附近。

列夫·朗道在50岁寿辰时收到的礼物

报告人——为《Physical Review》(《物理评论》)杂志中所有错误负责的人。

邪说——一种病态。

弄虚作假——请询问实验员们。

嫉妒——理论学家们自己了解这个。

盲目崇拜——对学术领导的爱戴。

(学术)著作——理论学家们喜欢写，却从来不读。

伪科学——修饰理论文章。

绿帽子——男人的装饰。

癫狂——通常在读完《连续介质电动力学》之后发作。

理论学家——未开眼的小猫。

学习——女人喜欢干的事。

六个向量——是不是太多了?

……

绘有朗道肖像的圣像画和邮票，让他感到非常开心。印数只有一枚的神奇邮票是根据栗弗席兹的创意制作的，邮戳上的日期为1958年1月22日。栗弗席兹收藏着很多极为珍贵的邮票。

朗道很喜欢刻着“朗道十诫”的厚厚的大理石板，上面以公式的形式记录了他的十项最重要的发现。这是伊萨克·康斯坦丁诺维奇·基科因院士受原子能研究所的委托，赠送给朗道的礼物。

“我们非常希望把朗道所有的成果都刻到石板上，但遗憾的是刻不下。”基科因说。

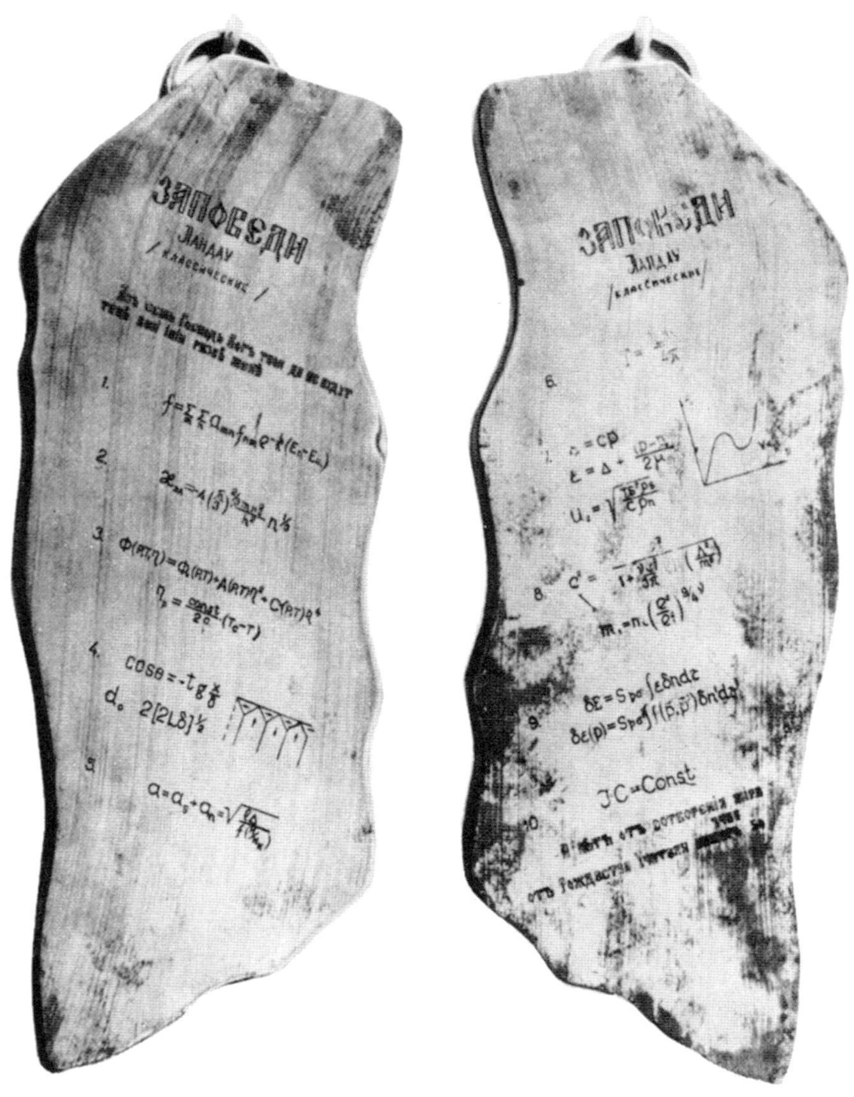

刻着“朗道十诫”的大理石板

赫鲁晓夫在苏联共产党第二十届代表大会上所作的报告，令朗道欣喜若狂。他立刻想起了维亚泽姆斯基的诗句：

我们的糊涂，
震惊了整个欧洲大陆——
拍了三十年的马屁，
原来拍错了屁股。

他从早到晚都在反复朗诵这几句诗，当然，还要加上自己的评论。他对维亚泽姆斯基公爵的才华和远见大加赞赏。

朗道的书信反映了他的行事风格。他留下了数量庞大的信件，这些信写给各种各样的人：亲人、朋友、熟人、大学生、中小学生、工人、学者。所有的来信他都会回复（这再次证明朗道并非趋炎附势之人）。

朗道的书信充满了真诚和智慧，他最大的愿望是帮助人们找到通向科学的道路。他坚信，每一个在物理学方面有才华的人，只要勤奋工作，都能够成为理论物理学家。无论是士兵、工人，还是大学生，都可以向他请教，他耐心细致地给每个人回信，不是敷衍了事，而是真正关心对方的命运。

下面是朗道收到的几封来信以及他回复的建议。

尊敬的列夫·达维多维奇：

我是莫斯科林业技术学院的学生P.格里高利，我在力学系三年级学习。我想弄清楚，什么是现代物理学。我拜读了A. 爱因斯坦的早期著作，以及法拉第、麦克斯韦、亥姆霍兹、布罗利、普朗克、洛伦兹、列别杰夫、奥斯特瓦尔德、劳厄、玻恩、马赫、亚历山德罗夫、弗仑克尔、弗拉索夫、什波利斯基、卢里耶、捷尔列茨基、朗之万等人的一些文章和论文。

我在各种深奥的公式和思想中徘徊，对它们一知半解。福克院士的论文、Ю. 鲁默尔的《五维光学研究》，以及《物理科学成就》中的大部分文章我都难以理解。应该如何学习？请您给我一些建议。我在试着思考。我已经开始系统地按照柯钦的教材研究向量计算和张量计算，以及根据您的著作研究场论。

可是在缺少实验的情况下理解物理学，以及在没有严格体系指导的情况下学习数学，都是非常困难的。也许只是因为我天资不足吧。

上周四，我参加了您的讨论班。但是什么都没听懂。我感到非常羞愧，不敢上前找您。4月3日我或许还会去上讨论课。但是说不定到时还会胆怯，所以我给您写了这封信。

非常期待您的回信。

向您致以真诚的、深深的敬意！

P. 1958年4月2日

亲爱的P. 同志:

如果您真的对理论物理学感兴趣的话，我很乐意对您的研究提供帮助，我也认为，这是一门迷人的学科。

当您面对浩如烟海的材料时，感到不知所措，不知从何入手，这是很自然的。显然，您目前还完全不能理解理论讨论课，上讨论课对您来讲为时过早。我把理论物理最低标准大纲邮寄给您，如果您愿意的话，可以逐科参加我和我的同事们主持的考试。

您应当从数学入手，您知道，数学是我们这门学科的基础。首先考的当然是数学I，考试内容在大纲里注明了。请注意，我们所理解的数学知识不是各种定理，而是在实践中求积分和求积常微分方程等等。

大纲中有我的电话。完全不必害怕我，我不会吃了您的。

祝您成功！

Л. Д. 朗道

1958年4月7日

A. 爱因斯坦没有拒绝帮助大学时代的Л. 英费尔德，因此我也决定给您写信，希望您同样不会拒绝我小小的请求。我也是一名大学生，目前我还在莫斯科航空学院无线电技术系读二年级，但是我非常喜欢理论物理学。

您想必非常忙，但是如果您能在百忙之中抽出几分钟时间回答我的问题，我将不胜感激。我非常需要全面深入地了解大部分理论物理学领域的知识（包括固体理论），为此，我还必须了解高等数学知识，以达到当今理论物理学的发展高度。很抱歉打扰您，但这对我来讲非常重要，虽然这样的请求可能不大礼貌，但是要知道，当生活中遇到困难的时候，不是总能顾得上礼貌的。

我对您的请求是：希望您给我罗列一份您研究领域中最有深度和内涵的图书清单，使我能够不必浪费时间从浩如烟海的书籍中寻找有价值的内容。也就是说，请您给我提供一个书链，当我掌握了其中一个环节之后，就有信心理解下一个环节，直到最后。想必您当时至少也是这样做的吧。因此我想，您一定会理解我的。

向您致以深深的敬意！

К.

亲爱的К. 同志：

很高兴给您回信。您认为，研究理论物理学必须先学习这个领域的知识，这种想法是完全正确的。

我很乐意在这方面为您提供帮助。

您已经明白了，理论学家首先需要具备数学知识。但是，并不需要掌握现有的全部定理——虽然数学家们总是非常乐意使用它们，需要的是数学技能，也就是能够解决具体的数学问题。

我向您推荐以下学习计划：首先，应当学会正确地（并且尽可能迅速地）求微分、积分，求积常微分方程，学会向量分析及张量代数（即会运用张量指标）。对于这些知识的学习，最重要的不是教科书，而是习题集，什么样的习题集并不重要，只要其中有足够多的习题就可以。

完成这些之后，请您给我打电话：B 2-18-86（最好在上午9:30至10:30期间，这时我基本在家，不过任何其他时间都可以），然后到我这里来一趟。我对您进行测试之后，将为您提供进一步的学习计划。如果您在我这里通过了整个学习大纲的考试（根据您对知识的掌握程度和努力程度，这个过程需要1至3年），那么我就可以认为，您已经完全具备从事学术活动的能力了，如果您希望往这个方向发展，我将尽力帮助您。

祝您新年幸福！

Л. Д. 朗道

1957年12月31日

尊敬的列夫·达维多维奇：

首先，祝您生日快乐！祝您幸福、健康，在工作中取得新的成就！然后，我对您有一个重要的请求，因为一周之后我就要离开莫斯科了，如果您能在百忙之中抽出时间给我一些建议的话，我将不胜感激。我的问题是：我应当如何进行研究，才能成为理论物理学家？我究竟是否值得为此而努力？

先简单介绍一下我的“个性特征”（请您相信这些都是我的肺腑之言）：我掌握的知识大致相当于莫斯科大学数学力学系三年级的水平，可是我已经25岁了，而且我是个工人。我认为自己具有物理数学方面的才华，但是由于缺乏必要的知识，我无法解决一些难题，这影响了我的才华。我的外语很差，无法用任何一种外语流利地阅读。理论物理学我学得很慢，掌握得也很差……

……当我看到作者对自己写的东西并没有信心，而只是急于给出答案时，我的心情很沮丧。也许，我最好不要从科姆帕涅耶茨、什波利斯基或者福克的教材学起，而是，比如从海森伯的教材学起？

我在物理化学领域的研究多少顺利些，可是我感兴趣的是最为重要的理论物理学，我想知道世界究竟为什么是现在的样子！成为理论物理学家曾经是我的人生目标。可是，现在我感到自己的才华正在渐渐枯竭，在这25年当中，我掌握的东西实在太少了，量子力学、现代物理学我学得非常吃力，在数学方面我从来都没有出色的才华。（我撰写了几篇几何学、相对论和积分方程方面的文章，但是莫斯科大学的一些教授认为，这些论文只相当于18世纪的水平，或者当代中学物理老师的水平　都是些小儿科的东西……）

也许我无法成为一名物理学家？难道我应该永远离开图书馆，离开大学和朋友们，躲到杰兹卡兹甘[①]去？然后努力为母亲创造良好的生活条件，成为一名优秀的钳工，再努力把自己的儿子培养成为理论物理学家？

列夫·达维多维奇，我知道您的时间非常宝贵，如果能收到您的回信，对我而言将是无比荣幸的事。如果您和您的朋友们需要我做些什么事情的话——虽然这可能性不大，我一定不遗余力。

此致

敬礼！

Л. 谢尔盖

1958年1月20日

① 哈萨克斯坦城市。

尊敬的Л. 同志:

谢谢您的祝福。我将尽力回答您的问题。

当然，很难提前判断，您在理论物理学领域具有多少才华。不过有志者事竟成，只要您有决心，我想您一定能够在理论物理学领域取得成绩。重要的是，您要真正对这项工作感兴趣，虚荣心是无法代替真实的兴趣的。

显然，首先您应当好好掌握理论物理学技术。这本身并不是十分困难，更何况您已经拥有一些数学知识，而数学技能是我们这门学科的基础。

25岁的年龄并不算很大（我的年纪是您的两倍，我还不准备放弃），而工人的工作至少还不至于把您毁掉。

只是不要总想着去解决什么难题，您只需埋头工作，难题便会迎刃而解。当然，困难的经济状况可能会影响您的研究，因为当胃里空空如也或者身体疲惫不堪的时候，是难以工作的。唉，外语是必需的。应当记住，学习外语根本不需要特别的才能，因为再笨的英国人也能把英语掌握得不错。您的结论很正确，不必太在意基本理论。重要的是掌握研究技能，然后自然会领悟那些细微之处。

综上所述，可以说，只要您真正感兴趣，又善于工作，就一定能成为理论物理学家的。学习大纲我附在信中了。至于期限，这取决于您在其他事情上投入的精力，以及您现有的知识状况。根据实际经验，波梅兰丘克花了两个半月完成了这个大纲的内容，因为在此之前他已经几乎完全掌握了这些知识，而另外一些人虽然学习得很顺利，但也要几年才能完成。

向您致以最美好的祝愿！

朗道

1958年1月24日

尊敬的列夫·达维多维奇：

我们知道，您的时间非常宝贵，但还是希望您在百忙之中能够抽出几分钟时间回复我们。我们计划以《教育是一座宝库，而学习是开启宝库的钥匙》为题举行一次班会，因为有很多八年级的少先队员还不理解，为什么自己需要接受教育。很多同学并不是坚持不懈地学习，而只是为了混个及格而已。班会将于10月28日举行。

我们热切盼望收到您的来信，因为您的话对于少先队员们非常有说服力。

队委主席戈尔德施泰因

队委成员科尔涅耶夫　伽莫夫　奥辛

帕尼娜　科佳科娃　鲍比娜

亲爱的同学们:

对于显而易见的事情，写起来非常困难。你们自己很清楚，在当今的时代，教育对于任何职业来讲都是必需的。没有文化永远只能屈居人下。

因此，对于你们在来信中将“хотим”写成“хочем”[①]，我感到很难过。同学们，这说明你们读书太少，甚至在使用母语时还未养成正确的习惯。所以多读些书吧，要知道读书是非常有趣的！并且请大家记住，你们接受教育并不是为了学校，而是为了自己，成为有学问的人并不是一件枯燥的事，而恰恰相反——是很有趣的。

向你们致以最美好的祝愿！

Л. 朗道

1960年10月

朗道在大学生中越受欢迎，在掌管着科学界的当权者们看来，他对于青年人就越具有危害性。然而，科学界的官员们不可能不知道，朗道院士在国际上拥有极高的声望。因此，当苏联计划制造原子弹，从而需要挑选一批科学家研究这一极为重要的政府课题时，朗道成为有幸参与这项任务的科学家之一。

---

① 学生们把хотеть（希望）一词的动词变位写错了。

对他而言，这是一场悲剧。他无法在别人的强迫之下做任何事情，他一生中只做自己感兴趣的事。而现在所面临的任务，在他看来是一种胁迫。这些特殊的研究题目都是绝密的，因此上级为他安排了贴身保镖，这令他更加烦恼，简直是忍无可忍。据朗道好友的女儿——邻居娜塔莎·沙尔尼科娃讲述，有一次朗道情绪低落地来到他们家，让她帮忙打一封信，内容是请求撤掉他的保镖，但是朗道的做法是徒劳无益的。娜塔莎的父亲将朗道的信称为《土耳其人的哀怨》[①]。

朗道不停地抱怨，说自己无法进行科学研究，说自己脱离了纯科学，这些言论还是传到了有关当局那里，因为他的言谈都被窃听设备记录了下来。不管怎样，他完成了自己的那部分工作，因此获得了社会主义劳动英雄称号和国家奖金。而尤其令他感到高兴的是，他不用再参加特别任务了。保镖也随之消失了。

朗道感到非常幸福，没完没了地重复着一个古老的笑话：

“有个犹太人非常贫穷，住的地方很拥挤。他忍受不了贫困，去找拉比[②]：‘拉比，我该怎么办？’‘你去买一只山羊。’他照办了，但是生活变得更糟糕。于是他又去找拉比：‘现在简直是忍无可忍了！’不幸的人儿叫嚷着。‘那你就把山羊卖掉吧！’”“这简直就是在说我和我的保镖！”朗道笑着说。

各种创作是最需要自由的，由朗道和栗弗席兹撰写的著名的《理论物理学教程》也是如此，如今这套著作是全世界公认的这一学科的基本教材。有些人调侃说，在这套书中，栗弗席兹没有提出一个想法，而朗

---

① 《土耳其人的哀怨》是莱蒙托夫早期的诗歌，表现了反对专制制度的思想。

② 拉比是犹太教中负责执行教规、教律和主持宗教仪式的人。

道没有亲笔写下一个字。这是玩笑话，但是每一个玩笑的背后都隐藏着一定的真理。为庆祝朗道的著作出版，大家在综合技术博物馆举办了一个晚会。晚会上有人问，两位合作者是如何分工的。栗弗席兹将自来水笔举过头顶，说：

“笔是我的！”

这是实情。真实的情况还有：朗道和栗弗席兹一起讨论每个章节，当栗弗席兹把写好的部分拿过来时，朗道又在某页上进行了修改，这位合著者只好将稿子重新再打一遍。这是地狱般可怕的工作，争吵声响彻屋顶，栗弗席兹站在楼梯上宣布，他决不会再重新写任何东西了。但是没过多久，他便又拿着修改过的稿子出现在朗道面前。在著作的修辞上，朗道力求完美。

早在列宁格勒时，朗道就打算编写这套教材，并选择了马特维・布龙施泰因作为合著者，但是布龙施泰因死在了内务人民委员部的监狱中。第二位合著者列昂尼德・皮亚季戈尔斯基同样很不幸，内务人民委员部莫斯科州局向朗道指认他为告密者。

朗道和栗弗席兹合著的《理论物理学教程》共十卷（括号中标出了第一版的出版时间）。

1.《力学》（1958）

2.《场论》（1941）

3.《量子力学（非相对论理论）》（1948）

4.《量子电动力学》（1968）

5.《统计物理学Ⅰ》（《经典统计学》，1938；《经典和量子统计学》，1951）

6.《流体动力学》（1944）；《连续介质力学》（1953）

7.《弹性理论》（包含在《连续介质力学》中，1953）

8.《连续介质电动力学》（1958）

9.《统计物理学》Ⅱ:《凝聚态理论》（1978）

10.《物理动理学》（1979）

公平起见，有必要指出，1940年出版的《力学》卷是由朗道和皮亚季戈尔斯基合著的。

《理论物理学教程》全卷被翻译成英文、德文、法文、意大利文、日文、匈牙利文、中文等多种语言，它们是每一位理论物理学家的案头必备书籍。朗道没能来得及完成最后几卷，它们由朗道的学生列夫·彼得洛维奇·皮塔耶夫斯基和栗弗席兹完成。造化弄人，朗道命中注定没能撰写《物理动理学》——这是他最热爱的理论物理学领域。不过，他的学生们合格地继承了恩师开创的事业。整套教程不仅仅是教科书，而且是一部百科全书。

如果忽视了栗弗席兹作为合著者的贡献，是有失公允的。当然，栗弗席兹的光芒被朗道的天才掩盖了，但是他和朗道付出了同等的辛劳，整整5300页教程都出自他的笔下。

列夫·朗道在疗养院，20世纪50年代末

第九章

在自然的土壤上

人们说，我们浅浅地耕种，
跌撞，滑倒，
在这片自然的土壤上，
不能深耕。

要知道我们是在墓地上劳作，
掘开上面的土层，
那些被薄土覆盖的尸骨，
我们害怕触碰。

——瓦尔拉姆·沙拉莫夫

朗道的一些言论通过口口相传，以惊人的速度成为了名言。表面看来，他似乎是个喜欢插科打诨、玩世不恭之人，但事实并非如此。朗道有着明确的公民立场，如果他发现了让自己感到愤怒的事，便会开诚布公地讲出来。由于他的语言风格犀利，所以每个人听到以后，都会将其转述给自己的朋友和熟人们听，如此一来，他的话便像长了翅膀一样传播开来。

朗道言论的内容无所不包，从对重要政治事件的评论到对日常生活的见解。例如，当时很流行集体署名的信件，有人请朗道在那样的信件上签名，他很礼貌地回答说，他从不在别人的信上署名。

他不是一个否定一切、喜欢谩骂和指责的人。朗道热爱并精通俄罗斯历史、文学，他是一位真正的爱国者。

不知为何，朗道的话非常令人信服，或许是因为他从不食言吧。他还有一个可贵的品质，那就是他关心生活中遇到的每一个人的命运，因此，他向别人提出的每一条建议都是极具价值的。

在生活中，他是一个简单、亲切、善良的人。如果有人在大街上问他一些平常的问题，比如去某条街道或者某栋楼怎么走，他总是会停下脚步，详细地回答对方。

多年之后我才懂得，正是因为朗道的菩萨心肠，我才得以在童年时代和他建立起友谊。他知道失去父亲让我感到多么痛苦，他知道我因为母亲和继父在一起有多么嫉妒，因此，总是想方设法让我忘记那些不开心的事。

通常，我去找朗道的时候，他正在吃午饭。虽然午饭是在厨房里吃，但却有着一种节日般的气氛。科拉对他关怀备至，可以看得出，能让这个大孩子坐在这里吃饭，对于妻子来说是多么重要的事。

而此时的朗道是和蔼可亲的，他边用餐边和大家交谈。

科拉突然问：

“鱼好吃吗？”

“什么鱼？”

“你刚才吃的鱼。”

“科拉，你是知道的，我从来记不住那些东西。很显然，它味道不错，因为不好吃的东西我根本就不会碰。这点我绝对清楚。”

我母亲对待朗道的态度和科拉一样——他的权威是不容置疑的。

有时简直到了闹笑话的地步。有一天在别墅里，朗道若有所思地说：

“科马尔。”

当时妈妈在朗道旁边。过了一会儿，她来到我面前，说：

“我念了一辈子‘卡马尔’[①]，而朗道却说‘科马尔’”。

朗道在隔壁房间开心地喊道：

“薇拉，我说的是一位物理学家——安东·潘捷列伊蒙诺维奇·科马尔。”

有一次，科拉说：

“道，你有那么多单身的学生，而我的侄女还没嫁人呢。”

“我可以介绍她和苏联科学院物理研究所的一个小伙子认识。去年夏天我和他一起在米斯霍尔[②]度假，互相留了地址。我这就邀请他过来做客。”

他立刻给对方寄了一张明信片，两星期后，大家见面了。你没有办法不喜欢维克托——他一表人才，而且谦虚、腼腆。一个半月后，他向我求婚了，我们领了结婚证。

我记得，我坐在二姨家的厨房里，泪流满面地把这件事告诉她。朗道突然进来了。他弄明白是怎么回事以后，大叫道：

“这是怎么回事！天啊，天啊，这是怎么回事！姑娘们哭哭啼啼，因为要嫁人了！”

半年后的一天，还是在那个厨房里，朗道问我：

“嘿，怎么样，喜欢结婚以后的生活吗？”

他这样问的时候，奇怪地笑着，那种笑容使我感到十分窘迫，不知

---

① 俄语，意思是“蚊子”。

② 克里米亚半岛著名的海滨疗养城市。

道该如何回答。

“我换种问法吧。在丈夫和你最爱的‘小熊’糖果之间，你比较喜欢哪个？”

“小熊。”我愚蠢地脱口而出。

这下可闯了祸！朗道跳起来，挥舞着双手说：

“这太可怕了！我把她嫁给了什么样的人啊！不过我早就猜到了，漂亮男人都不会是好丈夫的，他们以为，女人只要欣赏他们的美貌就会心满意足了。”

科拉挖苦说，他对侄女的家庭生活过于关心了。

“可是这让我心里很不安。”朗道解释说。

“别担心，她还没有进入角色。”

很遗憾，我的家庭生活并不顺心。或许是因为我和维克托两地分居的缘故吧。我住在妈妈那里，而他住在阿卢普卡[①]，因为他在苏联科学院物理研究所克里米亚考察队担任着领导职务。唉，这算什么样的家啊！对我而言，孩子是最重要的。我离开了大学，甚至连休假都没有办理就直接辍学了。在我们家，孩子永远是宇宙的中心，我哪里还顾得上什么学习，哪里还顾得上远在异乡的丈夫和朋友们。我完全忘记了丈夫。

遇到困难时，我总是去找朗道。首先，因为他比任何人都耐心地听我倾诉；其次，因为我信任他。

“我想和维克托离婚。”我说。

“为什么？什么原因？”朗道问。

---

① 乌克兰城市。

“原因是——她是个傻瓜，”科拉忍不住说，“聪明的女人是不会放走教授丈夫的。”

“科拉，别插嘴！那么，到底是什么原因？”

“没有什么原因。就是我不爱他了。”

“还说没有什么原因！这就是最重要的原因！”朗道气愤地说。

“可是妈妈反对。她说，我离婚之日，就是她离家出走之时。”

“你相信她的话？她永远都不会那么做的，她又不是疯子。她只不过想用这种方式劝说你而已。”

我平静而幸福地回家了。我将重返校园，完成学业，然后工作，抚养女儿。而妈妈会理解我的，她那么善良。

朗道的妻子是一位理想的女主人，他对此给予了高度的评价。他需要安宁、舒适的环境，以便能够得到放松和休息。安宁大概是他最看重的。有一次，科拉在饭桌上谈起一个令他非常不愉快的话题，他连饭都没吃，站起身来拂袖而去，科拉哭着跑过去追他。而他有时候是个铁石心肠的人，比如那次。

他开玩笑似地说，应当建立一个罚款机制，夫妻两个人中，谁脸上出现不满意的表情，就要受到惩罚，这些话让科拉很不高兴。

“你知道他指的是谁吗？”她问姐姐，“他自己脸上是从来不会出现不满意的表情的。”

他坚信，摆出一张不满意的脸会让人觉得蛮横无理。

“瞧，你总是站在朗道一边。”科拉对姐姐说，“而你知道他想出了什么鬼主意吗？对脸上不满意的表情罚款！”

“怎么回事？”

“是这样的，如果妻子摆出一张臭脸，那么就要对她罚款100卢布。

你觉得这公平吗？”

“至少，以后你不会总是一副垂头丧气的样子了。”

“他还讲了一个笑话。一个人问他的朋友：‘你为什么教会老婆打牌呢？’‘这样非常方便，昨天我把一半的工资赢回来了。’”

一天，科拉与丈夫讨论起莫泊桑笔下夫妻关系中的微妙细节。当妻子得知丈夫在某个交际花身上花了很多钱以后，并未和丈夫大吵大闹，但是当丈夫想和她温存时，她说自己并不比那个女人差，请丈夫拿钱出来。朗道非常惊讶：

“科拉，这不公平。那个法国人未必会把四分之三的收入交给妻子呀。”

朗道对引起家庭纠纷的原因很感兴趣，通常他对一切能够增进或者妨碍幸福的因素都很感兴趣。他从科拉那里得知，大姨子家在财务方面出现了很大的麻烦。朗道挑选了一个合适的机会，说：

“薇拉，试试其他的策略，不要丈夫一分钱。当他再拿这点可笑的钱给你的时候，你就告诉他，你挣的钱足够养活他了。”

结果超出了所有人的预料！一切恢复了正常，问题永远地解决了。

朗道可是一分不少地把工资的四分之三都交给妻子的。这是一笔相当可观的数目。可她呢，自然对朗道留下的那四分之一私房钱很感兴趣。有一天，科拉在午餐快结束时谈起了家里面临的花销，这样可以避免丈夫不吃晚饭就离席而去。朗道正在翻阅报纸，并未完全领悟妻子这番话的意思。他一边看报，一边说：

“如果咱们家有一个守财奴的话，那一定是你。”

还好，他的妻子是一个有幽默感的人，她笑得前仰后合。

我们家的每一个人都喜欢朗道。外婆常说：

“我从来没有见过比道更好的人。”

但是，当岳母半开玩笑地想要向他随口抱怨一下科拉的时候，他回答说：

“很遗憾，我对此无能为力，这都是您教育的结果。”

无论谁想要对他的妻子发表不敬之词，都会被他制止。他对待婚姻非常严肃，不愿意听到任何批评意见，他认为，如果不这样的话，是会遭到报应的。

人生有时会为各种纷争所累，但朗道从不卷入其中，因此科拉常说，道是个天才。

有一次，朗道说：

“奥斯卡·王尔德说过：‘对于艺术家而言，软弱不亚于犯罪。’然而每个人身上都有这种罪。人们喜欢做软弱之人，随波逐流。他们不愿也不会解决自己人生中的重要问题。当伊戈尔长大以后，我要告诉他最容易犯的错误。”

我请他讲一讲，他准备给儿子什么样的告诫。

“我要告诉他，在没有检验清楚自己的感情之前不要结婚，不然就如同隔山买牛一样。陷入爱情的男人常常不在意女人对他的冷漠，而只是使出浑身解数使这个女人属于他，结果往往以悲剧收场。他以婚姻为代价买回一个女人，表面看来一切都还不错，但是这样的婚姻无法给任何人带来幸福。对于女人而言也是一样的，有些女人出于某种利益上的考虑，决定不惜一切代价嫁给某个男人，目光短浅得令人惊讶。她认定自己需要这个人做丈夫，虽然她并不喜欢他，可是他的地位和一切条件都很合适。他犹豫不决，他并不想结婚，但是女人用尽一切手段，最后她成为了他的妻子。然而，没有爱情何谈幸福！唯有无尽的折磨而已。”

朗道没有来得及给伊戈尔讲这些道理。当他出车祸时，儿子才十五岁半……

“不过很奇怪：结婚对于男人总是有好处的，却往往并不能给女人带来什么好处。”有一天，朗道发表了这样的见解。

另外一次，他说：

“如果没有爱情，那么不要强迫自己和不爱的人共同生活。不要忘记耶稣基督的话：‘她的罪过都将被饶恕，因为她心中充满爱。’爱是高于一切的。”

一次，一个年轻女人抱怨说，她的情人不打算和她结婚，因为没办法与生病的妻子离婚，要知道他是副部长，不能够那样做。他忙得很，一连几个月都不来，然后突然半夜出现，她想和任何其他人见面都不可能。总之这一切都使她厌烦透了。

“强迫自己是一种罪过。给大门换把新锁吧，你的一切问题就都迎刃而解了。”

“问题解决不了的。他还要给我妹妹安排工作呢。”

“哦，那就另当别论了。只是请不要把这称为爱情。这是交易，利益关系。”

朗道的话使她怒不可遏。

朗道还得罪了另外一位女士。那位女士和朗道攀谈，说自己和丈夫之间只是纯粹的友谊关系。见朗道没有反应，她自我解嘲地补充说，她有一位赫赫有名的崇拜者，另外还有一位小伙子热情似火地爱了她二十年。

“只差一个神甫，就都凑齐了。”说完，她卖弄风情地看了这位院士一眼。

“那太不幸了。”朗道评论说。

“哎呀，瞧您说的！”那位女士说：“看我的想法多好啊！”

“不过这可不是您的发明。奥斯特洛夫斯基[①]笔下的商人妻子，为了金钱爱自己的丈夫，为了享乐爱一个打扫院子的人，为了感情爱一位军官。”

朗道善于把极其严肃的东西以调侃的方式说出来，这样往往能够产生强烈的效果。他从来都不是乏味之人，恰恰相反，他说，自己就像赫列斯达科夫[②]一样，“思维特别活跃”。

很多记者采访过朗道，其中一位记者抱怨他英语不好。

“英语是必需的。学会英语并不难，因为再笨的英国人都能把英语掌握得不错。”朗道回答说。

他的英语发音很糟糕，不过他可以与外国人交流，对方完全能够明白他的意思。

“科拉，我有两张戏票，英国人来我们这里演出《哈姆雷特》了。不过戏剧是很无聊的。你去看吗？”

“我不去。带迈娅去吧，她会很高兴的。”

于是，我见到了天才演员保罗·斯科菲尔德。

演出令人难以忘怀。只要他一开口说话，我的心脏就剧烈颤动，那种感觉无法言喻。

朗道也被震撼了。

“真是出乎意料。我第一次明白，莎士比亚的作品原来如此简单。”他在中场休息时说。

---

① 亚·尼·奥斯特洛夫斯基（A. H. Островский, 1823—1886），俄国剧作家。

② 果戈理小说《钦差大臣》中的主人公。

第二天上午才知道，朗道的一位学生约瑟夫·沙皮罗也观看了这场演出。他记录了自己与朗道的谈话。他们谈起克劳狄斯，导演彼得·布鲁克让一个最不适合反派的演员扮演这个角色。朗道激动地说：

“不应该让坏蛋这么迷人！”

“可是，如果现实生活中不存在这种情况的话，人们怎么会知道什么是阴险狡诈呢！”沙皮罗反驳说。

“是的，是的。但戏剧还是不应该如此。她陷入爱情，这本身无可厚非，然而她爱上的是一个人渣，情况就截然不同了。布鲁克没掌握好分寸。想法是好的，但是没有掌握好分寸。结果好像是在观众面前为恶棍辩解一样。”

沙皮罗提出了自己的解释。

“那是因为斯科菲尔德在戏剧高潮部分的表演不到位。他的气质不适合演悲剧。”

“您是这么想的？原来是这样？我从没想过这一点。我只是感觉有点不对劲。”

实话说，我对这些毫无感觉。我没有发现保罗·斯科菲尔德表演中的任何缺点，他是最完美的哈姆雷特。

我还和朗道一起参观过一些美术展。

尤里·阿列克谢耶维奇·扎瓦德斯基[①]排演了一场关于科学家的戏剧，邀请朗道与莫斯科苏维埃剧院的演职员们见面。朗道作了十分精彩的发言：

---

① 尤里·阿列克谢耶维奇·扎瓦德斯基（Ю. А. Завадский, 1894—1977），苏联导演、演员，苏联人民艺术家。

“谁也不会提出根据小说来研究物理学，但是作家有义务真实地描写科学过程、真实地描写科学家们。许多科学工作者都很快乐，喜欢与人交往。不应该把他们描绘成愁眉苦脸、满脸胡须的老夫子。真正的科学家并不会捧着厚厚的书本，踩着梯子在书架前度过人生的大部分时间。我很同情那些可怜的人，尤其是那些想要从古书中获得新知识的人。新的知识蕴藏在学术杂志中。我忘记提到迂腐教授的另一大特点了：他们一定会称自己的年轻助手们为‘老兄’。作家和导演们还不大了解科学工作者们的世界，他们显然认为科学家在八十岁之后才会达到科学创造的巅峰，而研究工作把科学家们变成了另一个世界的生物。最为可怕的是，由于戏剧和电影的宣传，如今这样的科学家形象已经深入人心了。然而，真正的科学工作者们热爱科学，因此他们从来不会像戏剧中那样用华丽的辞藻谈论科学。装腔作势地谈论科学是为学界所不齿的，因为这在现实中看起来很荒唐，生活中根本不会有这种情况。”

朗道向来重视自己的独立性，尤其是在青年时代。当哈尔科夫的乌克兰物理技术研究所实行通行证制度时，他非常气愤，作为抗议，他在通行证上没有贴自己的照片，而是贴上了从杂志剪下的猴子图像。后来，当他拿着这样的通行证被拒之门外时，还表示很惊讶。

他从来不会强迫自己参加无聊的会议，他认为这种事是最令人无法容忍的。对于一切“通常如此”的东西，他都毫不迟疑地拒绝。

“一切乏味的东西都是十分有害的。”他说。

例如，如果他不喜欢一部电影或者戏剧，那么谁也无法把他留在剧院里，他会直接起身离开。

他知道很多押韵但称不上诗歌的句子。比如，我刚一提到要去阿纳帕[1]，他就回答说：

“戴上黑色的礼帽，去往阿纳帕的方向。我将躺在沙滩上，心中莫名地惆怅。哦，大海的深渊啊，那个曾经躺在沙滩上的奢华男人，带着自己莫名的惆怅，即将被你埋葬。”

“四句歌谣并不低俗”他说，“这是民间文学。”

他接着吟诵：

花园最深处，
青草尽倒伏。
劝君莫多心，
爱情罪可恕。

当朗道心情特别好的时候，他会在午饭后朗诵茹科夫斯基的《森林之王》或者《斯维特兰娜》。而有时候他则一言不发，立即回到自己的房间里。这时他完全沉浸在自己的思绪中，对周围的一切视而不见。科拉明白，这个时候不能打扰他。她知道，朗道的工作极为繁忙，当他聚精会神思考问题的时候，有时叫他一两遍，他都听不到。

应该为科拉说句公道话：她从不因为无聊而抱怨，也从不因为朗道在吃饭时不理睬她而生气。

有时，当我来到他们家门口时，发现门虚掩着，这是因为科拉从窗户看到我来了，为了避免门铃声打扰朗道，提前打开了门。

---

① 俄罗斯克拉斯诺达尔边疆区的一个城市，是黑海沿岸的度假胜地。

他工作非常勤奋，常常一连几小时待在自己的房间里，有时连电话铃声也听不到。当妻子轻轻打开门时，看到他以习惯的姿势半躺着，正在奋笔疾书。他很不情愿中断自己的工作，有一次他遗憾地说：

“如果一天能工作二十个小时，该多好啊！不然我们的大脑只被利用了大概百分之十！”

他高高抬起腿，伸直脚尖，双臂来回摆动，做出一副十分怪异的鬼脸。朗道来到厨房，由于长时间工作，他的手脚都发麻了，必须活动活动筋骨。科拉称这些体操为“芭蕾”，她笑着问：

“怎么样，道跳得好吗？”

我小时候无法理解他为什么挤眉弄眼的，有一次我问他为什么这样。

朗道引用书中的话说：

“他们当然是有学问的人，可是他们的行为非常古怪，这自然跟他们学者的身份是分不开的。譬如说，有一个学者，一个胖脸蛋的家伙，他上了讲台后不扮下鬼脸总是不肯罢休，就像这样……’

“这是《钦差大臣》。”我大声说。

朗道接着背诵：

“当然，如果他在学生面前做出这副鬼脸，那没什么，也许那里正需要这样，我对此毫无异议。但是大家自己判断一下，这要是让钦差大臣或是别的什么人看到，可能就糟糕了。他们会以为这是做给他们看的，谁知道会出现什么乱子。”

科拉说：

“道会背诵很多诗歌和小说片段，旁人谁也记不了那么多，他的记忆力真是太好了。”

“可是没办法把所有东西都记住的！”我感叹说。

“不对，”朗道立刻反驳：“这一点也不难，应当锻炼记忆力，先从背诵诗歌开始。”

朗道早在年轻时就给自己树立了远大的目标。他为了实现这个目标，锻炼出一种能力——他能够摒弃一切多余的、无关紧要的东西。

他在成为著名科学家以后，对记者说：

“我是一名理论物理学家。真正使我感兴趣的只有那些神秘莫测的现象。这是至高的享受，巨大的快乐。破解自然界的奥秘——这是上天赐予人的最幸福的体验。”

一个工作负荷极大、每天工作到夜里十二点的人，竟然说自己懒惰、游手好闲，这听上去令人觉得不可思议。

“我什么也不会做，我是个一无是处、毫无生活能力的懒汉。”

他之所以对自己不满意，大概是因为他不懂任何手艺，连简单的仪器也不会修理。毫无疑问，他连颗钉子都钉不到墙里去。他曾经尝试学开车，但失败了。

“你来看看，茶壶是怎么回事？”他从沉思中回过神来，在厨房里冲妻子大喊，“你快来看，该怎么办？”

沸腾的水正从茶壶里飞溅出来。科拉用报纸遮挡着手，关掉了煤气。

“这么简单啊！”朗道很惊讶。

科拉就像关心孩子那样关心着朗道，这绝非夸张。就连根据天气和场合穿衣这么简单的事情，也需要她时时关心。有一次，夏天的时候，科拉不在莫斯科，朗道应邀参加一个很重要的招待会。到场的人都穿着正式的西服，打着领带，既庄重又高雅。朗道突然闯入会场，他身穿格子衬衫、脚蹬凉鞋，两眼闪闪发光，无拘无束地笑着，就像在自己家里一样随意。

工作中的列夫·朗道，*1949*年

列夫·朗道画像，Ю. 莫吉列夫斯基创作于*1961*年*9*月

列夫·朗道的办公室

科拉习惯性地认为，朗道身体不好。其实，虽然他年轻时体质虚弱，但后来已经变得结实、强壮了。不过，他有点驼背，身材瘦削，面色苍白。

朗道的一位好友说，当他们乘车去旅行时，朗道很能吃苦，要求不高。唯一让他感到生气的就是住的地方离露天跳舞广场太近了。

“道给人以柔弱的印象，但这种柔弱只是表象。”他的另一位朋友说，“在某种程度上，造成这种情况的原因在于：起初由他的母亲、后来由妻子帮他隔绝一切生活上的困难，因此他既不会也不想做那些在普通成年人看来再简单不过的事情。实际上，他非常能吃苦，走起路来像骆驼一样不知疲倦。”

一天，科拉一大早就去别墅了，快夜里的时候才回到家。她发现朗道病怏怏的。

“应该请个医生，我有点不舒服。”他说。

科拉非常焦急。但是当她打开冰箱时，发现午饭和晚饭都没有动。她赶紧让朗道吃了点东西，他立刻恢复了神采。

一次，他去列宁格勒参加会议。第二天，科拉收到一封电报：

“刷牙粉打不开了。道”

一个小时后，她收到了第二封电报：

“刷牙粉打开了。道”

爱情是朗道最喜欢谈论的话题之一。每当科拉的女友们晚上来做客时，朗道就会从楼上跑下来，急匆匆地问：

“打算讨论爱情吗？”

“不。”

“那讨论什么？连衣裙吗？”

“是的。”

“没意思。”朗道不满地说，跑回自己的房间。

在讨论学术问题时，朗道的意见往往都是正确的，这让他习惯以不容置疑的口吻谈论一切话题。当他谈论起自己喜欢的爱情问题时，也是如此。

有时，他的某位学生忍不住发起反击：

“道，我知道您轻而易举地就能推翻我的所有论据，在此我不准备同您争论，但是在有些问题上我是正确的，而您是错误的。您的智慧远在我之上，因此我无法证明自己是正确的，但是客观真理是属于我的。”

“无法证明的算什么真理？”朗道反驳说。

朗道走了。被他打败的学生抬起了头。

“道研究学术问题时，他是理论家，可是他一开始思考爱情问题，脑子里就变成一团糨糊。”这位学生对在场的人说。

学生们知道自己的导师喜欢讨论爱情，于是便时不时地和他谈到这个话题。

“道，应该如何结束一段恋爱？如果您不再爱一个女人了，会怎样做？”

“我会跟她说，我不再爱她了。”

“道，您真是个残忍的人。”

“我？！可这是实话啊！”

第二天，朗道在研究所逢人便说：

“听到了吗？那个废物说我残忍！”

他总是会把自己对其他女人的迷恋告诉妻子。

一开始，这种坦率给科拉造成了很多痛苦。朗道兴奋地回到家里，两眼闪闪发光，他对科拉讲，自己刚认识了一个非常好的姑娘。科拉知道，朗道从来不曾欺骗过她，从来不曾对她撒过谎。妻子是他的朋友，而对朋友是可以坦白一切的。虽然在内心深处，她无法避免嫉妒，但是在二十多年的共同生活中，朗道成功地对她进行了洗脑，她的观点已经被朗道同化了。

一天，她对姐姐抱怨说：

“你知道有多不像话吗？有个姑娘跟道约会，她竟然没来！道在寒风中站了两个小时，差点得肺炎！”

有时，科拉试图对朗道轻浮的行为施加些影响。

“这真是个好人，”她叹息着，谈起一个熟人，“他从来没有背叛过自己的妻子。”

“得了吧，那也白搭，”朗道不假思索地说，“一个男人如果像他那样游手好闲的话，是毫无用处的。”

唐璜的成就似乎永远令他心潮澎湃。大家知道，七十五岁的萧伯纳在回答“你想怎么死去”这个问题时，说：“我想死在嫉妒的丈夫手里！”这句话让朗道兴奋不已，他没完没了地重复这个玩笑。朋友和研究生们说：“瞧，道又在老生常谈了。”

朗道回到家里。妻子房间的灯亮着，他轻轻地敲了敲她的门。

“科拉，你睡了吗？”

“没有。”

“你知道吗，我刚刚被人从楼梯上扔下来了！”他兴高采烈地说。

“你没摔着吧？”妻子吓坏了。

“没有，我及时抓住了栏杆。你觉得我现在给阿尔秋莎打电话晚不晚？ 11点半了。”

“最好明天打吧。”她建议。

原来，有一对夫妇邀请他去喝茶。朗道目不转睛地盯着女主人看。

她的丈夫忍无可忍，很不客气地要求朗道再也不要去他们家了。

“女主人哭了，男主人怒不可遏，而我完全没有幸灾乐祸。”朗道对阿利哈尼扬讲。

虽然朗道对女性很尊重，可他认为，女人是不能成为理论物理学家的。有一次，他的学生阿列克谢·阿布里科索夫想把自己指导的一位毕业生招为研究生，他向朗道提出申请。

“她是你的情人吗？”朗道问。

“不是。”

“那么，你大概希望她成为你的情人？”

“哎呀，道，您在说什么啊！”阿布里科索夫生气地说。

“如果是那样的话，我就帮你。请你转告她吧，我不能招收她为研究生。”

一天，科拉谈起了自己的一位大学女同学，她毕生深爱着一个男人，但是对方对她却十分冷漠，这让她极为痛苦。

“她是那么可爱，却那么不幸！”科拉难过地说。

“可怜之人必有可恨之处。”朗道反驳说。

“但这并不取决于她自己……”

“每个人的幸福正是取决于自己。鲜有例外。”

朗道不断地自我反省。

“我是不是变得乏味了？”一次，他问一位认识很久的女性。

“啊，没有，一点也没有！”对方笑着回答，“那是完全不可能的。”

“很奇怪，女人总是在意自己的穿着打扮，追求时尚，但却很少关注自己的面部表情，而这比任何漂亮衣服都重要得多。有时候人像熊一样愁眉苦脸的，我尽量不去看那样的脸。”他说。

清晨，早饭时间，淡蓝色的厨房里挂着雪白的窗帘，一切都显得格外美好。桌布已经铺好，空气中弥漫着温暖而舒适的味道。

朗道将脸上的胡须刮得干干净净，愉快地坐到桌旁，开始吃饭、翻阅报纸。他边读报纸边讥笑说：

“是啊，英国人真是颜面扫地！艾登①个子挺高，是科拉喜欢的那类男人，可实际上却是个吝啬鬼！因为一点钱制造了这场闹剧！”

朗道曾经给科拉写过一些情真意切的信。

“我唯一所希望的，是你能够幸福。不管你想不想，你一定要幸福。你总是偷偷破坏自己的幸福，试图用各种子虚乌有的理由使自己不幸福，这让我很恼火。”在1939年夏天的一封信里，他对科拉说。

过了几天，他希望进一步解释自己的想法，在另一封信里这样写道：

“要想让我不担心，最重要的是你能快乐。不仅要快乐，而且要非常快乐，永远快乐下去。要知道，我的责任不只是让你没有烦恼，还要让你感到幸福。”“我多想确信，你是完全、完全幸福的！”他感慨地说。

有时，他抱怨说：

“真可惜，你写的信我都无法重读。我在外地时，你给我写的那些信，都不能再拿出来读了。科拉，这不是因为它们写得不好，而只是因为，每当我读你的信时，都会觉得你不快乐，我也会因此而难过。我是多么爱我那迷人的、长着一双灰色眼睛的金发女郎啊，可她却总是狡黠地坚决不愿意让自己幸福。”

他在信中和科拉谈论关于人生的问题，他的话很有说服力：

---

① 艾登（Robert Anthony Eden, 1897—1977），英国政治家，1955—1957年任英国首相。

“要知道我们的生命只有一次，这太少了，人生不可能重来。应当抓住每一个瞬间、每一个机会，让自己的生命变得更加灿烂和有趣。我每天都难过地想，我们错过了多少可以让生命变得更加灿烂的机会。科拉，请你明白，这种对生命的贪婪决不会影响我对你疯狂的爱恋。”

朗道没能使她幸福。他知道这一点。否则他就不会把科拉称为“受难者”了。

这当然不是他的责任。为什么科拉“坚决不愿意让自己幸福”？我曾试着寻找答案。娜佳回答说：

“她身体里安装了另外一套程序。”

而外婆的回答更为简单明了：

“她就是那样的性格，很忧郁。她小时候就是那个样子。”

一天，我问科拉，过去她是否幸福，她失声痛哭，久久不能平静。过了一会儿，她敞开心扉：

“爸爸喜欢薇拉，而妈妈喜欢娜佳，他们对我漠不关心。他们不需要我。我被当作家庭女工。有什么办法呢，薇拉画画好，参加业余戏剧演出，娜佳学习最好，而我就像家里的灰姑娘。我为全家干活儿。没有，我从来没有幸福过。”

或许，她有些夸大其词了。不过，外表看起来善解人意的外婆从来不曾对科拉说过温存体贴的话语，她写给娜佳和我母亲的那些信，也从未给科拉写过。

说到男人，他们总是过高地估计自己的能力，以为能够改变心爱的女人的性格。然而，这是不可能的。朗道使自己成为了一个幸福的人，毋庸置疑，这一点他做到了。我在文中几次提到过，他的性格随和、乐观。这种性格特点在家里表现得很明显。科拉曾经说：

“我不理解，女人们怎么能够容忍男人对家务事指手画脚。朗道一辈子从未对家务事提过任何意见。”

在朗道看来，嫉妒是一种野蛮的陋习，他身体里完全不存在这种情感。他认为，“醋坛子”这一概念的扩散在某种程度上应归咎于文学作品，作家们都极其喜欢把这个洪水猛兽写进自己的作品中。

熟悉朗道的人都说，他喜欢听情侣们的故事，并且无法容忍有道貌岸然、爱嚼舌根之人妨碍情侣们的生活。

一次，一位朋友告诉朗道，有位科学工作者想和他认识一下。

“好啊。”朗道回答。

“顺便说下，他是科学院最英俊的男士之一。女人们都为他疯狂。因此我不建议您介绍他和科拉认识。”

这条建议使朗道想到，如果让科拉见一见这位美男子也不错，说不定她会很高兴见到他的。朗道说到做到。

“有一位天下最英俊的美男子，”过了一段时间，朗道对妻子说，“我邀请他来家里做客了。”

“我对这个不感兴趣。”她回答。

“但你现在还是哪儿也别去了。他马上就到。”

“啊呀，那你怎么不早点说！”科拉赶紧去换衣服。

朗道刚刚邀请美男子到家里做客，他的一位学生就作了首小诗，这首诗如同闪电一般迅速传遍了研究所的每个角落。这位倒霉的诗人是朗道最早的学生之一，多年以后，据他讲述，朗道请他在讨论课后留下来，他本以为将要受到一番普通的训斥。但是，当房间中只剩下他和老师四目相对时，他明白自己将要面临的是一场暴风骤雨。

“这真是太可怕了！他把我形容成卑微的混蛋。我一时没弄明白，他究竟为什么大发雷霆。”

当诗的作者猜出朗道勃然大怒的原因时，不禁瞠目结舌。让朗道感到气愤的是，这首愚蠢歪诗的出现，可能会让刚刚认识并且显然互生好感的两个人从此不再往来了。

“干涉别人的生活，何其无耻！嘲笑崇高的情感，何其下流！”这位没有嫉妒心的丈夫愤慨地说，“而且这首诗简直令人作呕！”

然而这样的评语是有失公正的。诗歌很有趣，而且科拉很喜欢。我正是从她那儿得到这首诗的。

唉，流言蜚语
道破了天机，
昨天我看到埃马努埃尔
在科拉那里。
轻掩的窗幔
透出缝隙，
屋中闺床
令人目光难移。
无需怀疑，无需争辩
何必枉费心机。
我亲眼看到埃马努埃尔
在科拉那里。

朗道的学生由于差点破坏了师母的浪漫情事而被老师痛骂的故事很快在研究所传开了。有一段时间，所有人都在谈论这个话题。这件事还传到了埃马努埃尔教授和诗作者所在的化学物理研究所那里。不过，应当说，这是科拉唯一一次被流言蜚语包围，此后她再也没有做过这种诗歌的女主人公了……

朗道和科拉的性格截然不同。朗道乐于交际，而科拉却性情孤僻。在莫斯科，去她那儿做客的朋友并不多。如果有老朋友去看望她，朗道总是很乐意和她们一起聊天。

我清晰地记得，在七月一个炎热的日子里，我们一起坐车去别墅，一路上朗道都在车里朗诵诗歌。那天我第一次听他说起，他认为自己最有价值的理论是人生理论。他沉浸在幻想之中。突然，他说：

“爱情是世界上最美好、最崇高的东西。”

“那科学呢？”

“它们一样。”

“你认为哪个更重要？”

“同样重要。”他伤感地补充说，“我创立了几个不错的物理学理论，但是很遗憾，我最好的理论——关于应该怎样生活的理论，却没能发表。”

这个理论很简单：应当积极地追求幸福，热爱生活，并且永远享受生活。

一天，朗道的中学老师来拜访他。朗道深情地望着眼前这位留着整齐白胡子的高个儿老人。老师高兴得热泪盈眶。朗道笑容满面，简直不知道该请客人坐在哪儿才好。老师稍稍平静下来，说：

“列夫，直到现在我才能承认，我多么害怕提问你，哦，是您……（朗道做了一个反对的手势）多么害怕提问你。要知道有时我搞不清楚，你是用什么方法解题的。你真是个出色的学生！”

物理问题研究所的同志们得知，工程师伊戈尔·鲍里索维奇·丹尼洛夫的妻子阿利萨·伊万诺夫娜得重病住进了医院。朗道明白，丹尼洛夫是不会接受他的资助的。于是，他以哈伦·拉希德的名义，通过邮局给丹尼洛夫汇了一大笔钱。

丹尼洛夫一头雾水：是谁给他汇的款？为什么给他汇款？他去找研究所副所长奥莉加·阿列克谢耶夫娜·斯捷茨卡娅。她吓坏了：

"赶紧把钱寄回去！千万别拿！否则不知道会有什么后果！"

如果不是朗道偶然遇到了丹尼洛夫的朋友玻尔·弗拉德科夫，真不知道会闹出什么笑话来。

"玻尔，顺便问一句，您知道吗，丹尼洛夫收到了一笔钱？"

"什么钱？"

"哈伦·拉希德寄给他的。"

玻尔·弗拉德科夫哈哈大笑，他告诉朗道，斯捷茨卡娅知道汇款的事以后，吓得魂不守舍。

"可这不是故事里的名人吗？"朗道惊讶地说，"不会有谁没读过《一千零一夜》吧？"

"现在哪里还顾得上什么童话故事。"玻尔·弗拉德科夫笑得眼泪都出来了。

阿利萨·伊万诺夫娜回忆着四十年前的经历，说：

"您无法想象，这多么让人喜出望外，我和伊戈尔幸福极了！这是我一生中经历过的最美好的事情之一。就好像童话一样！"

朗道的儿子伊戈尔上完八年级后，十年制的学校都改为了十一年制。因此，九年级和十年级的教学大纲延长至三年完成。而青年职工夜校的教学大纲没有变，因此很多八年级学生为了不白白浪费一年时间，都开始参加工作，同时转到夜校学习。

伊戈尔需要做出选择：是留在全日制学校继续学习三年，还是去上夜校。朗道认为，无所事事地浪费一年是不明智的，孩子已经十四岁了，最好一边在实验室工作，一边学习。

父亲问儿子，他会不会觉得困难。

“不会，没什么难的。”

如果说后来出现了困难的话，那也完全是另外的困难。比如，伊戈尔总是不愿意离开实验室。他是一个聪明能干的实验员，很快就明白了自己的职责所在。唯一让他不高兴的是，每天的工作时间被缩短了。可是他还要上学，所以到时间就要离开实验室。

他工作出色，为人谦虚，每天读书到很晚，节假日则会大睡一觉，把一周的觉补回来。他几乎不怎么让父母操心，也用不着父母约束。

在家里，他会修理电话、电视，这让母亲和外婆大为惊讶。他能够组装和拆卸任何仪器，在这方面，他与对仪器敬而远之的朗道截然不同。

“以后伊戈尔会成为一名实验学家。”科拉常说。她的判断是正确的。

四五十年代的朗道已经与大学时代那个极度害羞的少年判若两人了。朗道年少时，母亲曾经伤害了他的自尊心，说他懒惰、不善于工作，担心他将来一事无成。此外，那时的他弱不禁风，用朗道自己的话来讲，他“勉强能够活下来”。然而，众所周知的是，这位少年把自己变成了一个强者。这种胜利——战胜自我，在古代哲学家看来，是最难达到的。

从朗道年轻时起就和他相识的人，能够看到他经历了怎样的变化。有些人曾在朗道十五六岁时见过他，但此后很久没有和他联系过，现在已经很难认出朗道来了。如今在他们面前的完全是另一个人，这个人与1924年从巴库来到列宁格勒的那个笨拙的少年已经毫无相似之处。

朗道的朋友埃列夫特·安德罗尼卡什维利在回忆录中写道，在他的眼前浮现出这样一幅画面：朗道被一群杰出的年轻理论学家们包围着，他激情洋溢地和年轻人们一起并肩作战，为建立新的理论物理学教学法而奋斗着。

“年轻的教授们为打破物理教学的固有模式投入了极大的热情。但是旧教学法的拥护者们也毫不妥协。于是我们这些学生成了做实验用的小白鼠，一些课程，比如分析力学，要从两个角度给我们上两遍，而且似乎是同时进行的。随着朗道和栗弗席兹合著的《理论物理学教程》全卷的问世，新的观点渐渐取得了胜利。十年之间，《力学》《统计物理学》《连续介质力学》《电动力学》《量子力学》《场论》纷纷出版，这些著作在科学发展史上起到了举足轻重的作用。在此后数十年中，这些教材的第二版、第三版相继问世，然后在英国、美国、中国以及其他国家出版。1962年，这部培养了几代物理学家的巨著获得了列宁奖。而书中那些精彩的科学理念，最早是由老师们在课堂上口头讲授的，我上大学时曾有幸聆听了那些课程。

朗道的整个青年时代都在为建立新的理论而奋斗。他与别人激烈辩论，离经叛道，对那些陈腐、错误的观点不屑一顾。青年时代对他的整个人生有着深远的影响。后来，在建立让他荣获诺贝尔奖的超流性理论的过程中，他仍然保持了毫不妥协的犀利风格。很多人有点惧怕他，特别是实验员们。同事们甚至连向他请教问题都要踌躇半天。

在‘卡皮查研究所’长长的走廊里，朗道和同事们一边走一边交谈，那些想要向朗道请教问题的‘准科学家’们（这是大家对青年科学工作者的称呼）久久地站在实验室的门后，侧耳倾听着。当他们确信朗道心情不错的时候，便会从门后跳出来，像说绕口令似的一口气把问题说出来：

‘道，请问……’

‘真是胡说八道！’朗道还没听完问题，就责骂起来。提问的人一溜烟儿消失得无影无踪。

当然，他用于责骂的词汇是十分丰富的：‘瞎说！’‘胡扯！’‘无稽之谈！’‘愚蠢之极！’‘这些话真丢脸！’朗道对问题作出各种各样的回应。

只因同志们提的问题不恰当就责骂他们，这不大好。不过我认为，这件事双方各有一半责任。首先，不管你要问的是愚蠢的问题也好，还是聪明的问题也好，突然从暗中跳出来发问，把对方吓一跳，打断人家的思路，终归是不礼貌的。第二，提问者不应当如此害怕给人留下‘不大聪明’的印象，一遇到让人难堪的反驳，就躲回到门后去。

提问者的想法也许是不正确的，但是我一直主张，所有人，也包括我自己，都有犯错误的权利。因此我从来不会从门后跳出来向朗道发问，而且也不会一听到他说‘胡说八道’就跑开，而是要求他证明我的问题确实是胡说八道。顺便说一下，结果常常是我的问题并没有那么愚蠢，完全值得朗道亲自回答。

有时我问他：

‘道，您为什么这样不能包容别人的缺点呢，为什么对方向您提一个考虑不周的问题，您就要把他生吞活剥了似的？’

‘哪有啊，亲爱的埃列夫特，’朗道说，‘我从来都不会冒犯任何人的，也不会把任何人给吃了，我可不是一个多神教徒。相反，我体内充满了基督教的谦卑情怀。我不过是在履行自己的职责，捍卫科学不受这个家伙的攻击而已……’

为了避免听到侮辱我同事的话，我立刻打断了他，因为我感觉那样的话马上就要从他的嘴里蹦出来了。

‘您或许不是多神教徒，’我把谈话转移到他喜欢的话题上，‘但是您至少一定是位伊斯兰教徒，那些关于和女人相互关系的理论完全将您暴露了。’

‘我不否认自己是一位外貌至上论者。’朗道反驳说，‘但这并不是说，我是一位伊斯兰教徒。可您是一位典型的心灵至上论者，所以我鄙视您！呸，怎么能够主张心灵至上呢？’‘听我说，’他对路过的人嚷道，‘我们这儿新出现了一位心灵至上论者，他就是埃列夫特，他不是因为美貌而爱一个女人，他最看重的是女人的心灵！亏他还是一个格鲁吉亚人！亏他还长着胡子！您不为自己的心灵至上论感到羞耻吗？！’朗道用戏剧中夸张的音调，激动地说着。

这样的话题，他可以聊上很久，并且他在这方面是一位资深的理论家。他统计出了很多城市的‘系数’。朗道所说的‘系数’，是指漂亮女人数量与不漂亮女人数量的比例。当有人向他求证，他是否真的不按字母顺序，而是按美貌程度登记女人的地址和电话号码时，他只是哈哈大笑，并不否认……

在大家的印象中，他并不是一个胆大之人，可实际上他却做了很多勇敢的事。他为自己的科学理想而斗争——这难道不是勇敢的行为吗？其实朗道一直是一个心地善良的人，他对很多朋友都给予过物质上的帮助。尽管有时他对别人大加抨击，出言不逊，但他并无任何恶意。不过，一旦他认定某个人不是一位好的物理学家，那么他的这种看法会持续很多年，即使他的看法有时并不正确……”

第十章
诗歌的魔力

爱诗之人，诗歌能够照耀和丰富他的人生。如果手边没有什么可以让我反复吟诵的诗歌，我就会觉得不自在。

——列夫·朗道

朗道所到之处，都会响起诗歌的旋律。他读古米廖夫、莱蒙托夫、斯切潘、吉卜林的诗，喜欢古代的抒情叙事诗。吉卜林的诗他只读英文原文的。他很喜欢一首由马尔夏克翻译的英国古代抒情叙事诗，开头的几行是这样写的：

英国王后病重，
生命垂危，
差人从故乡法国，
请来神父忏悔。
神父尚未从巴黎赶到，

女王却已驾鹤西归……

朗道认为，有些诗人被大家不公平地遗忘了，他对待这些诗人的态度令人感动。其中，奥格辽夫是他最为看重的：

周围的一切都未曾改变，
鄙俗、腐朽如常，
办公室的运转
照旧驱动着丑陋机器上
专制制度的发条，
扼住了呼吸，钳制着思想。

朗道的朗诵使这首诗充满了现代的气息。

苏联作家中他最喜欢的是康斯坦丁·西蒙诺夫，他把自己形容为“资深的西蒙诺夫主义者”。

而英国诗人中，他最喜欢的非拜伦莫属。不过他最常读的却是吉卜林的《如果》。

这或许是英国文坛上最刚毅的一首诗了，令朗道感到惋惜的是，它还没有同样精彩的俄语译文。

朗道知道很多谜语、讽刺短诗，常常讲给大家听。比如，看到留小胡子的人，他就假装捋着胡须，朗诵一首相关的小诗，然后不停地打听，姑娘们喜不喜欢小胡子。

一天，朗道把自己会背的诗列了一个清单。他把这份清单写在学生用的格子作业本上。他并未像往常一样隔行书写，而是用错落不齐的小字一行行挨着书写。

普希金

世上曾经有个穷骑士……

尽管有时满载着重负……

我还要在世间徘徊多久……

茹科夫斯基

在黎明前起身，备马加鞍……

莱蒙托夫

在那郁郁葱葱的山后……

啊，为什么我不是一只鸟儿，不是一只草原上的乌鸦……

有一些含糊其辞或者毫无意义的言语……

我悲伤地注视着我们这一代人……

当悲伤随着情不自禁的眼泪……

别了，满目疮痍的俄罗斯……

涅克拉索夫

它们在燃烧！……你再也写不出那样的信了……

你熬过了那么多苦难的日子，难道……

我留心听着战争的惨讯……

纳夫罗茨基

伏尔加河上有悬岩……

秋切夫

我们离目标尚远……

勃洛克

关于英勇、功勋与荣光……

是的，我尝遍所有苦难……

古米廖夫

喜酒已经喝干……

酋长老了，可孩子们，你们知道的……

但愿那复仇将残酷无比……

从毒蛇聚居的巢穴，从城市基辅……

但世界上还有一些其他地方……

寒冷的朝霞泛着银光……

并不是用七个钻石封印……

你青铜色卷发中露出的前额……

不，一切都未改变……

克雷洛夫

（字迹难以辨认）

乌特金

不是这首老歌……

英贝尔

世上曾经有一只刺猬……

马尔夏克

英国王后病重……

西蒙诺夫

他已经很久没有回过匈牙利……

如果上帝用自己的神力将我们……

阿廖沙，你记得吗，斯莫连希纳的路……

我翻遍这一整年的记忆，却找不到……

布里克

沙米尔写道：乌鲁斯人欢庆胜利……

另外两人……虽然固执地跟着他……

为了奖励他无可指摘的生活……

波隆斯基

我的篝火在雾中闪烁……

韦尔京斯基

您的手指散发着香味……

在这座睡梦中的城市……

谢韦里亚宁

一位姑娘在公园里哭泣……

无产者谢尔盖曾在工厂工作……

让他们随心所欲地生活吧……

盲人们谈论着光明……

Б. 斯卢茨基

我在沙土上建盖……

别尔戈利茨

不，不是从我们那些内容贫乏的书籍里……

坎贝尔（英文）

一个高地的首领……

爱伦·坡（英文）

那是很久很久以前……

沙米索（德文）

我在奔驰的列车中饮酒……

海涅（德文）

当我在夜里想到德国……

我曾经看见过许多盛开的花朵……

上帝给我们一双眼睛……

歌德（德文）

我要死了，这说来很快……

你为什么这么悲伤……

布莱希特（德文）

现在结局是大团圆的……

这份清单并不完整。有一次，朗道在别墅里给我朗诵了一些古米廖夫的诗歌，其中他所喜欢的《壁炉前》和《幸福骑士》这两首诗都没有被收入清单。吉卜林那首著名的《如果》也不在其中，拜伦的作品也未列出。

朗道知道的四句歌谣非常多，它们可以用于任何生活场景。这些诗歌他已烂熟于心，常常信手拈来，吟上一首。他常在谈话中引用一些诗句，然后问："这出自哪首诗？作者是谁？"他生活在诗的世界中，一刻也离不开诗歌。顺便讲一下，有人说，诗歌对于诗人而言是好东西，然而对于其他人来讲，却是一种障碍，能够令人玩物丧志，让人变得多愁善感、贪图享乐。这种攻击在俄罗斯特别盛行，好像我们没有什么其他的灾难需要操心了。而朗道的例子就可以推翻这种愚蠢的观点。朗道每天与诗歌相伴，却仍在科学领域取得了巨大的成就。

诗歌并未妨碍他。朗道背诵诗歌时，他的表情、嗓音和眼神都与平时完全不同。他的朗诵有点像“嗥叫”，我小时候常常被他吓坏了。不过，他也并非像神灵附体的萨满教巫师那样跟着节拍摇头晃脑，大喊大叫。他的朗诵有着独特的韵律和音调，第一次听的时候，会感到奇怪。虽然这种风格与众不同，但这是他的一种自我表达方式。他朗诵诗歌往往是出于内心的需求，至少，不是为了给别人听的。

根据瓦尔拉姆·沙拉莫夫①的著名定义，能够写出或者背出三十首诗的人就是诗人。虽然这一定义颇具争议，却也有一定道理。朗道不仅是一位物理学家，还是一位诗人。诗歌的海洋滋润着他的心灵，成为他灵魂的一部分。诗歌使他的生活远离单调乏味，是他生命中不可或缺的东西。当朗道带我去他的别墅时，我们要在汽车里一起待上一个小时。车一开出莫斯科，车厢里便响起了诗歌的旋律，这旋律一路陪伴我们来到兹韦尼哥罗德市郊外的莫兹任卡镇。朗道最常朗诵的是古米廖夫的诗。

《幸福骑士》一诗最能反映出俄罗斯优秀诗人们与这位物理学家在精神上的共鸣之处。这首诗体现了朗道的人生哲学。仿佛他与诗的作者经常交流，讨论过很多关于人生的看法似的。朗道希望让自己身边的人都感到幸福，他同样是一位幸福骑士，他也可以这样说：

人生多美好，征服
大海和姑娘、敌人和语言，多么美妙！

① 瓦尔拉姆·沙拉莫夫（В. Т. Шаламов, 1917—1982），苏联诗人、小说家，集中营文学的开创者之一。

漫画——幸福骑士

在众多德语诗中，朗道最常背诵的一首是：

> 我用古老的圣经占卜，
> 热切地盼望，
> 命运之神赐予我
> 生命、苦难和预言中的死亡。

他朗诵这些诗歌时的语调，流露着他内心的情感。奥格辽夫的诗如同祈祷词一般严肃庄重，朗道读得铿锵有力，他在朗诵其他诗歌的时候，从来不曾带有如此强烈的感情色彩。

他不喜欢华丽的辞藻，对它们嗤之以鼻。他有着崇高的追求，但和大多数勤恳工作的人一样，他从不把这些挂在嘴边。

一次，他说："那些把劳动的好处挂在嘴边的人，往往工作干得并不好，只是纸上谈兵而已。我们的体制滋生了一类特殊的见风使舵之人，这些人追求的不是有趣的工作，而是令人所瞩目的岗位，并且，他们认为这种可怜的生存方式是令人羡慕的。有什么值得羡慕的！"

"实际上，应该像解决学术问题一样严谨地思考和处理生活中的事情，"另外一次，他说，"如果一个人用理论物理学的视角去思考日常事务，那么他所犯的错误就会减少一半。"

朗道还说过：

"在大多数情况下，所谓的人与人之间的复杂关系都是臆想出来的。应当学会分辨'复杂'和'困难'这两个概念，这样顿时就会感到轻松很多，这是千真万确的道理。"

年轻诗人层出不穷，令朗道欣喜万分。他为叶夫根尼·叶夫图申科、贝拉·阿赫玛杜琳娜、安德烈·沃兹涅先斯基、罗伯特·罗日杰斯特文斯基这些年轻诗人所获得的巨大成功和他们的勇气感到高兴。

“但愿他们的才华不会枯竭。”他说。

叶夫根尼·叶夫图申科的来访在研究所引起了很大的轰动。

“他的诗非常出色，他的朗诵无与伦比，而他的爱国勇气令人深深敬佩。”朗道听完诗人的演讲后说。他又补充道：“我们都应该向这位诗人致敬！”

朗道高兴地来回搓着手，反复说，俄罗斯总能出现如此优秀的诗人，真是非常幸运，这样的诗人永远也不会绝迹的。

朗道和科拉在科克特贝尔①休假的时候，在他身旁总是聚集着一群爱好写诗的同道中人。哪里传来欢声笑语，哪里通常就会有朗道的身影。他爱好交际，交谈时反应敏捷，大家都喜欢他。朗道非常和蔼可亲，只是偶尔，当有人故作聪明地在谈话中使用学术语言时，他便会稍微责骂上几句。

其实，朗道对文学的兴趣并不局限于诗歌。有一天，他读到奥斯卡·王尔德的一句话：“在俄罗斯，除了改革一切皆有可能。”

“不，他怎么知道？好像能够预测未来一样！”朗道哈哈大笑。

在英国经典文学中，他最常读的正是王尔德的作品，这也恰恰印证了他对诗歌的热爱，王尔德的小说富有韵律，让人不由得想要大声朗读出来。

从朗道的演讲中可以感受到他的智慧、骄傲、朴实、高尚、真诚和自信。他的演讲总是非常有趣，能够吸引很多听众。

---

① 克里米亚半岛东南沿海的一个小镇。

在20世纪50年代末，朗道曾为电影纪录片录制过一段讲话，被保存至今。开头是这样的：

“十八岁时，作为一名大学生，我正式开始从事科学研究，那时的苏联还羽翼未丰。而如今，苏联已是世界上最伟大的科学强国之一，莫斯科则成为世界最重要的科学中心之一。

物理学在这些年中发生了很大的变化。不了解物理学的人难以想象，物理学其实已经深入到人们对自然规律的认识当中，在此过程中展现了一副无比奇妙的图景。”

一大群人聚集在文艺工作者中央俱乐部门口。朗道院士将要为大家作一个题为《当代物理学问题》的讲座。朗道讲述了物理学发展的几个最重要的阶段，以及科学家们如何历经磨难最终获得伟大的发现。

提到热核反应时，朗道说，它们暂时还没有实际用途。有人问他，那么氢弹呢？不正是利用热核反应吗？他解释说，这里指的是有益的用途，他完全没有想到将氢弹作为热核反应用途的实例。

课后开始了单独提问的环节。提问者们纷纷走上讲台。又一次传来“该你上场了！”的喊声，一位听众请朗道谈谈对一本新出版的科普书籍的看法，这本书由于谬误百出而引来一片哗然。大家期待着暴风骤雨般的批判。

然而朗道的回答却出乎意料：

“不要过于悲观地看待这本荒诞的书籍，它没有危害任何人。”朗道说，“这本书给大家带来了震惊和欢乐，但是出版十本有缺陷的书，也好过一本好书都不出。”

朗道提出，科学已经超越了想象，这个说法给大家留下非常深刻的印象。

“现在，人们可以通过认知去开发想象力无法企及的领域。”

朗道四十五岁的时候，他看起来比自己的实际年龄要年轻很多。虽然朋友们说，朗道的体型像积分符号，说那根本不是“身材”而是“木柴”，可是他那又瘦又高的体型却不失优雅。其实世界上任何一种其他的体型，即便是符合古典美标准的体型，都不适合朗道，因为它们与愁容骑士轻盈优雅的面貌相比，都会显得过于笨拙。

“他是个极其纯粹的人。”一位熟悉朗道的雕塑家说。

“纯粹”——首先是指他对待工作和生活的态度极为严肃，他明白，自己肩负着重要的责任。他的一举一动都体现着责任感。他似乎并不属于自己，而是属于某个崇高的目的，因此，他为自己提出要求并严格遵守。

应当特别强调的是，倘若没有严格的纪律和自我约束，他未必能够取得如此辉煌的成就。他为自己制定了准则，其中首先强调的就是自律。他不是圣人，和所有人一样也会犯错误。但是他与自己的错误进行斗争，这无疑是他的过人之处，很多人对自己的错误是放任自流的。

一位老友对朗道的评价（前面已经提到过）非常中肯：

“他曾经不过是勉强能够活下来而已，然而他把自己变成了一个真正的强者！”

大家喜欢与朗道来往，主要由于他的率真和朴实。他一向活得真实，因此他的人生格外完满，周围的一切都是他快乐的源泉。

“这份报纸真是太好了！”《共青团真理报》选登了博罗季诺战役[①]参加者的一些信件，朗道读后赞叹说。

---

① 1812年拿破仑军队侵入俄国时，与俄国军队发生的一次大会战。

他像小学生一样热衷于《星火》杂志上的填词游戏。如果把多年积攒的杂志都拿出来翻看的话，几乎找不到他没有猜出的词。

1954年1月14日，朗道由于“在完成政府特别任务过程中对国家作出的巨大贡献”而被授予“苏联社会主义劳动英雄”称号。

这些年间，朗道当选为多家外国科学院的院士，包括：

丹麦皇家科学院（1951年4月13日）；

荷兰皇家科学院（1956年4月28日）；

英国物理学会（1959年6月24日）；

伦敦皇家学会（1960年）；

美国国家科学院（1960年）；

美国艺术与科学学院（1960年5月11日）。

在此期间，朗道获得了德意志联邦共和国和加拿大的最高科学奖：1960年8月29日，他被授予弗里茨·伦敦奖（朗道成为第二位获得这一殊荣的科学家）；1960年11月8日，他被德国物理学会授予马克斯·普朗克奖章。

莫斯科国立大学在列宁山的新楼启用后不久，朗道就开始在那里上课了。第一次上完课，他回到家，高兴地搓着手说：

“莫斯科国立大学的学生真是太优秀了！”

各个系的学生都来听他的课，教室里人满为患。这种情况令当局难以容忍，用官员们的话来说，这种兴趣是不健康的。

“我们的老爷子被物理系炒鱿鱼了。”我刚进门，就被科拉的话惊呆了。“就因为他是犹太人。”

“这是真的吗？”我不相信自己的耳朵。

“很遗憾，是真的。”朗道沮丧地回答，“根据第五项[①]，根据俄罗斯的一贯传统……”

与此同时，美国《财富》杂志刊登了介绍朗道的文章（1957年2月）：

“至少有一位苏联的代表人物将被载入世界十大理论物理学家的名册——这就是现年四十九岁的Л. Д. 朗道。在现今在世的物理学家当中，也许他为理论问题所作的贡献最大，涉及的范围最广泛。”

他具有非凡的工作能力，但是也善于休息。当然，对于脑力劳动者来讲，并没有统一的方法来恢复精力，不过朗道的说法很有意思：“对于爱诗之人，诗歌能够照耀和丰富他的人生。当手头没有什么诗能够让我反复吟诵的时候，我就会觉得不自在。”在朗诵诗歌的时候，朗道的面貌与平时全然不同，由此可以猜测，在那个时刻，他获得了内心的和谐。

---

① 苏联时期，在各种个人证件和表格中，第五项通常都是“民族”，因此用“第五项”指代民族。

第十一章

幸福公式

人生多美好，征服

大海和姑娘、敌人和语言，多么美妙！

——尼古拉·古米廖夫《幸福骑士》

朗道所追求的绝不是“两耳不闻窗外事，一心只读圣贤书”。相反，他深入到最真实的生活当中。他关心别人的命运。朗道是一位天生的老师，他努力教会周围的人如何获得幸福。

如何才能使世界上有更多幸福之人？这是朗道一直思考的问题。他列出了自己的幸福公式，公式极其简练。幸福的要素包括：

工作

爱情

交际

工作　应当强调的是，幸福公式的创造者把工作放在了首位。朗道认为，劳动是生命中最为重要的部分，这是显而易见的事，无需任何证明。

爱情　“爱是诗，是生命的太阳！” В. Г. 别林斯基的这句话令朗道兴奋不已。他心目中理想的男人形象来自于英勇的骑士，他们征服女人的心灵，把生命的三分之一奉献给爱情。朗道自己明白，那只是书中的形象，可这方面正是他的弱点。他对待爱情的态度非常严肃。

交际　朗道在这方面极为成功。这一项他不仅完成了，而且是超额完成，因为他的生活离不开与人交往。朗道的朋友非常多，此外，他的交际还包括大量的社会活动——与学生们交谈，给众多记者回信。

有一次，当儿子还年幼时，科拉对丈夫说：

“你跟伊戈尔玩时，就像逗小猫似的。而你瞧，其他家长恨不得从孩子三岁起就对他们进行数学训练了，甚至还让孩子在客人面前展示。有个孩子学会推算任意年份的某一天是星期几。比如，你问他，1900年7月1日是星期几？孩子思考两分钟就回答上来了。”

“别说了，科拉！这简直是在嘲弄自己的孩子！你想让我把孩子培养成数学家，可是，或许他有音乐天赋。我永远不会强迫他做任何事情。孩子应该快乐地生活。随着年龄增长，他们会形成自己的志向，重要的是父母不要把自己的意见强加于他们，应该让孩子自己决定。一个人应该热爱自己的专业和职业，只有当他热爱自己的职业时，才会感到幸福，才能够从工作中得到享受。”

“那至少让他学学英语吧。”科拉并未妥协。

“英语学校会教的，那没什么难的。”

“而你的父母让你学习了德语、法语，还有格律、绘画。”科拉仍不妥协。

“如果父亲少干涉我一些，那么我和他之间的关系就会融洽得多。正因为我小时候备受折磨，所以如今我才给儿子充分的自由。”

大约在伊戈尔四岁时，有人送给他一个电动铁轨玩具。朗道非常喜欢玩具，当他看到这些车厢、火车头和信号灯时，兴奋极了，手忙脚乱地想要把一些零件拼起来，但是却不得要领，总是帮倒忙。最后，他终于拼成了一个站台，高兴地笑了起来。

“瞧，爸爸还是有点用的。”儿子说。

大家哈哈大笑起来。

儿子上小学一年级前，科拉给他剃了个光头。朗道认为这是存心侵犯孩子的自由。为了不让朗道崩溃，科拉把一张伊戈尔所在班级的合影交由我保存——照片上全班有一小半男生都是光头。

孩子非常谦虚。有一年的9月1日，一位上了年纪的物理老师在点名时，用手指着花名册上伊戈尔的姓，说：

“朗道……朗道……有点耳熟。你的兄弟姊妹有没有在这儿上过学？”

伊戈尔红着脸摇了摇头。他并没有告诉老师，他有一位著名的物理学家父亲。

有一次，伊戈尔没有复习好功课，考试不及格。科拉责备起他来。

“不用责骂他，”朗道平静地说，“说不定他将来不准备工作，想要当一个职业寄生虫呢。”

在我的印象中，不复习好功课就去上学这种事，在伊戈尔身上再也没有发生过。

还有一个细节，那就是朗道从不惩罚儿子。当伊戈尔长大之后，我想证实一下这件事，便问他：

“父亲以前惩罚过你吗？”

“你说什么？”他疑惑不解地问。

朗道从不惩罚、也从不强迫孩子，给他充分的自由。与此同时，孩子在一个充满劳动氛围的家庭中长大——父亲夜以继日地工作，母亲也一刻不停地忙碌着。朗道对那些懒于工作之人的评价足以令他们感到汗颜：

“Г. 是个懒惰鬼，所以他选择像虱子一样工作，净做表面文章。虱子是寄生虫，他也是寄生虫。他和虱子没两样。”

朗道经常思考关于幸福的问题，自然，他常常谈到，是什么妨碍了人们的幸福。在他看来，妨碍幸福的因素首先是贪婪、嫉妒和懒惰。贪婪的人，特别是那些贪婪的老年人，让他感到惊愕。

“那些人最好想想应该如何拯救自己的灵魂。”一次，他说。

“此话怎讲？”听者很惊讶。

“意思是说，最好争取身后能留下个好名声。”

只做一个不贪婪的人，还是远远不够的。良心也同样重要。或许有人觉得自己可以无视良心的召唤，可良心的声音是无法被掩盖的。朗道非常喜欢普希金的著名诗句：“良心啊，简直是张牙舞爪的猛兽，撕裂着我的心。”[①]

嫉妒也同样影响和破坏生活。朗道认为嫉妒是一种遗毒。如果他得知某人嫉妒心重且执迷不悟的话，就会想方设法去改造对方。

第三个因素是懒惰，这是造成各种不幸和麻烦的最常见原因，朗道对待懒惰毫不留情。铲除学生的懒惰思想是他教学法中的一项内容。

---

① 出自普希金的诗体小说《吝啬的骑士》(1830)。

“工作日是个相对的概念。我建议您把望着窗外发呆的时间从这八小时中扣除掉。”有一次，朗道对自己的一位研究生说。

他对另一位学生说：

“您难道不知道人是从猴子变来的，是劳动创造了人吗？所以，如果您不工作的话，就会长出尾巴，并且开始爬树了。”

如此尖刻的言语似乎不像是从这位知书达理、学识渊博的人口中说出的。朗道发表看法时一向斩钉截铁。前面讲过的很多事例都可以证实这一点。他很少关注对方的感受，想到什么就说什么。

阿布里科索夫回忆说：

“朗道在世时，那些有特异功能的人、食用生肉的人、居家瑜伽行者之类都还没有出现，但是偶尔大家也会谈到心灵感应、心灵致动这样的话题。朗道在这些问题上的态度十分坚决。有些朋友认为这些现象不无道理，他说：‘一切愚蠢的事物，知识分子都会相信。’他的思维非常具体，任何关于人类心理的抽象、模糊的观点，他都无法认同。他称那些说法为‘夸夸其谈’。我记得他曾谈起过，十二岁时，有段时间他对父亲书架上康德的著作很感兴趣。‘我很快就明白了，那都是胡说八道，直到如今我仍这样认为。’他得出这样的结论。”

他对音乐学家、文艺学家不以为然，他认为一切关于艺术的科学都是伪科学。谈起这个问题时，他常说：“哎呀，这简直是在欺骗劳动人民！”虽然他的看法很古怪，也很孩子气，但是想要说服他是不可能的。

一天，物理问题研究所里来了一位仪表堂堂的中年男子，他说想找朗道谈一谈。他被带到理论物理学家办公室。当朗道和这位陌生男子交谈时，物理学家们探头探脑地往房间里瞧了好几次。只见朗道向对方解释着什么，而那名男子在笔记本上做着笔记。终于，朗道礼貌地把他送出了门。

"他是谁啊？"朗道的一位朋友问。

"作家列昂尼德·列昂诺夫。"

"他来干嘛？"

"他想了解一下，物质和反物质的界限是什么。他认为这样的界限是存在的。"

"那你是怎么回答他的？"

"我胡乱搪塞了他几句。"朗道笑呵呵地说。

我已经说过，在我见过的人当中，除了朗道，再也没有谁能够记住那么多谚语、四句歌谣和俏皮话，更不用说诗歌了。其中有一些语句深得朗道的喜爱，它们几乎能够用于各种生活场景。

例如，科拉扫兴地说：

"X. 邀请你，不过你当然不会去的，对吧？"

"不去。"

"为什么呢？"

"没意思。"

"可是如果邀请У.，他就会忙不迭跑去的。"

"而我不是那样的人，我是不同的。'我光芒四射，变幻莫测。'[①]"

朗道喜欢创作一些完美的口头段子，它们很容易让人记住。

一次，他对谈话进行了分类。第一类是"交谈"式谈话，这是谈话的最高层次，能够令人思如泉涌。这种谈话是创造性的，使交流具有价值。

第二类是"唱片"式谈话，这是谈话的第二个层次，这种谈话可以

---

① 出自苏联作家拉夫列尼奥夫（Б. А. Лавренёв, 1891—1959）的戏剧《决裂》（《Разлом》）。

无限次地“重播”。那些“永恒”的话题，比如爱情、嫉妒、夫妻关系、贪婪、懒惰等等，最适合于这种谈话了，总而言之，就是谈论生活。朗道非常喜欢“唱片”式谈话，因为在休息时，在火车上，还有在认识女人的时候，这些话题是很合适的。

第三类是“噪音”式谈话，这是谈话的最低层次，它毫无内容可言，只是声波的震动而已。

朗道认为，永远不应该和姑娘们谈论物理。首先，这会令她十分厌倦；其次，这会把你带进死胡同。如果她什么都没听明白的话，她会感到懊恼；如果她听明白了，那么情况更糟——你永远也无法让你们的关系驶入爱情的轨道了，因为她对你职业的狂热崇拜会一去不复返。最好使用“唱片式谈话”这一古老的、屡试不爽的方法——谈一谈电影、明星、绘画、诗歌……还有什么比这更简单的呢？

朗道琢磨出一套学术论文的分类法，他把论文分为五类：优秀的（这些论文被列入“人类黄金资源薄”）、非常好的、好的、可以忍受的和“病态”的（错误的、毫无意义的论文）。同时他提议，由一位著名的英国天体物理学家担任主持，在巨轮上召开一次国际“病态”物理学家大会，把轮船开进大海，然后把它沉入海底。玩笑归玩笑，不过他对“病态”科学家的确是恨之入骨的。

可以想象，当某位夸夸其谈、自命不凡的“病态”物理学家登上讲台，开口便说“我们科学家……”时，朗道有多么愤怒。

“鬈毛狗或者随便什么人，好好训练一下，都能成为科学家。”朗道说，“而我们只是科学工作者而已。”

在列宁格勒的时候，他就尝试对惹人讨厌的人进行分类。第一类是“蚊虫”（爱好争吵、打架，言行粗鲁）；第二类是“道德说教者”（总是排放道德垃圾）；第三类是“守斋者”（总是一副不满的、闷闷不乐的表情）；第四类是“怨气连天者”（无时无刻不在生某个人的气）。

“消灭讨厌的人，这是每个品行端正的人的义务。如果不能让那些讨厌鬼恼羞成怒，这简直是我们的耻辱。”他不止一次地说。

他还对女人进行了分类：第一类是像玛丽莲·梦露那样长着灰色眼睛的金发女郎，德国女影星安妮·昂德拉就属于这一类；第二类是鼻子微微上翘的金发美女；第三类长相平平（“长得并不可怕，只是不看也罢”）；第四类惨不忍睹（“对人类来讲并不具有危险性，但是能把马吓跑”）；第五类索然无味（“让人没有看一眼的欲望”）。

他对男人也进行了分类，这在上文已经提到过——心灵至上者注重意中人的心灵，而外貌至上者更注重外貌。外貌至上者又可分为注重身材者和注重长相者。朗道认为自己属于注重长相的外貌至上者。他还特别划分出了“妻管严”，这类男人优柔寡断、性格软弱，被妻子任意支使。正是由于害怕自己成为“妻管严”，所以朗道在年轻时曾决定永远不结婚。

一次，我问朗道，如果有一位绝世美女来参加他的考试，他会怎么给她打分。他沉思了一会儿，说：

“美女太少见了，因此出于公平起见，我当然会把她的分数打得高一些了。让她过来吧。”

“你可真公平！”科拉插嘴说。

而谈到某个物理学理论时，他会说：

“这个理论实在太美好了，不可能不正确。出于某个原因，它还是对的。”

有时，他说：

“这哪里是物理学！这简直是一首关于理论物理学的诗！”

而有时，他则用任性的语气说：

“原则上这是可能的。但是如此不合常理的世界太让我感到厌恶了，我想都不愿意想。”

他根据办公场所质量的高低，将其分为五个等级，依次为：机关、企业、商铺、酒馆、妓院。

朗道将自己工作了四分之一世纪的物理问题研究所划为第一等。当一手遮天的贝利亚下令将卡皮查撤职之后，朗道总是向朋友们抱怨，说自己无法工作了，唯有离开研究所，因为这里已经不是研究所，而是妓院。

一天，朗道对妻子说：

“薇拉的教育彻底毁了迈娅。她向迈娅灌输说，爱情是不可饶恕的罪过，最好没有爱情。这样的教育可不会带来什么好结果。”

唉，事实证明他是正确的。

他和我妈妈不停地争吵，妈妈在心理学研究所工作，从事儿童心理学研究。朗道认为，仅这一点就足以使她在与自己的孩子相处时麻烦不断。

朗道的一位熟人离开妻子一年，可是，他在母亲那里住了一段时间后，又回到了妻子身边。

“他可真是个出尔反尔的人！”朗道评论说，“他难道不明白，令他离家出走的原因并未发生改变吗？”

当朗道听到一位学生称赞某个“懒惰的才子”时，他脸上出现了嘲弄而又愤慨的表情，他神色坚定，简短地答道：

“可他是个寄生虫，就像虱子一样。他一生中从未做过任何有价值的事。”

当然，朗道的言语常常过于尖刻了。这是因为他从不妥协，在任何情况下都不会妥协。每当他听见一些人大谈“生存之道”，为那些阴谋诡计和见风使舵的行为辩解时，就会勃然大怒。

朗道常说的很多话都具有教育意义。

“一个人应当赢得别人的尊重。”朗道常对学生们说，“大家不会尊重小偷、二流子或者坏蛋。只有那些内心冷漠的人才会强调，所有人无一例外都应当得到尊重。”

朗道热爱生活，但这里应当作一个重要的补充：有的“享乐主义者”会背叛真心爱他的人，而热爱生活的朗道与他们是完全不同的，朗道绝不做轻浮之事。爱情之于朗道是崇高而浪漫的，他对待女士具有骑士风度，绝不搞“一夜情”，他认为那是对神圣感情的亵渎。

朗道总是心情愉快地聆听恋人们的爱情故事，而如果有人谈到那些把软弱丈夫驯得服服帖帖的妻子或者霸道的丈夫时，他就会沮丧起来。

“当B. 的妻子真是个苦差事，虽然工资很不错。”有一次，他说。

一次，他排队领工资。队伍不长，他站在一位年轻女士的身后。那位女士和他攀谈起来：

“如果妻子工作，而丈夫在家里做家务，是不是很奇怪？还好我是副博士[①]，所以我们的钱够用。”

“是的，一般都是丈夫上班。”

“您想想，他整天呆在家里，负责家里所有的采购，他烤的羊肉串您在‘阿拉格维’饭店都吃不到，可是找工作的事却提都别提。他总是说：

① 苏联从1934年开始正式实行学位制度，当时只授予副博士和博士两级学位。如今俄罗斯实行的是学士、硕士、副博士、博士四级学位制度。

‘我的事情已经够多了。’”

朗道的目光中充满了好奇：

“是啊，很奇怪。可是您不打算抛弃他吗？”

“绝对不会的！”

“那就没什么问题。”

一次，一个朗道认识的外省女士对他讲，有个年轻的翻译吹嘘说，一个在粮店工作的姑娘疯狂地爱上了他，总是给他带吃的，还在他的窗下徘徊。

朗道的脸色沉了下来：

“您什么都没跟他说吗？”

“没有……”

“这可不应该。如果我在场，我就会说：‘骗售货员的钱，不觉得可耻吗？’”

“不过小姑娘也有问题，她不应该这么糊涂。”

“可是她正在热恋中，根本感觉不到自己上当受骗了。这不能怪她。”

“每个人都会遇到困难，人只要活着，就要进行斗争。要知道，生活是一场真正的斗争，谁都无处可逃。”朗道感到自己能够说服这位相识的女士，继续说道：

“摆脱偏见非常困难，很多人根本懒于摆脱偏见，更懒得去向那些不明白的人解释偏见的危害。普希金早就说过，我们既懒惰又缺乏好奇心……”

用朗道的话来说，他对那些“低俗的噱头”忍无可忍。他喜欢幽默、机智和欢乐。他的幽默感有时甚至不是从说话的内容，而是从说话的方式体现出来的。

有时，谈话的人在朗道面前展示自己的“学识”，期望从他那里听到某些学术性的评论，然而朗道的回答却往往出人意料。例如，有一次，一位年轻的艺术理论家向朗道陈述自己的观点，他慷慨激昂地说：

“人体的任何一部分都带有个性的印记，反映出某些东西。因此，天生不漂亮的人常常随着年龄增长而渐渐变得不丑了。相反，很多漂亮姑娘在四、五十岁时变成了十足的丑八怪。世俗生活割裂了气质的统一性，内在本质占据了主导，吞噬了曾经美好的一切。只有极少数人得以保持自己的心灵，保持思想的纯洁。那样的人就如同神一样。”

“您是一位心灵至上者，而我是注重长相的外貌至上者。至于那些姑娘，她们在五十岁的时候不过是老了而已。”朗道回答说。他满脸明媚的、让人无可奈何的笑容。

朗道认识的人非常多，可让人不可思议的是，他连大家的各种家庭琐事都能记得一清二楚。

科学院给朗道配备了汽车，瓦连京·罗曼诺维奇·沃罗比约夫为朗道开了很多年车。他是一位优秀的司机，为朗道开车时小心翼翼。他和朗道的关系非常好，朗道对沃罗比约夫家庭事务的了解不比他本人少。

沃罗比约夫说，当他不再为物理问题研究所工作以后，还会经常绕道去研究所大院，希望能看朗道一眼，跟他说说话。

“除了列夫·达维多维奇，从来没有人对我这么好过。”他回忆说。

朗道对他人的关心是发自肺腑的。也许正因如此，很多人都会对他倾吐心声。

一次，一个二十岁的年轻人向朗道抱怨说，他女朋友的行为很古怪。朗道苦笑了一下，说：

“你应该对这种奇怪的行为感到担心才是。所有好的东西都是一清二白的，而古怪的行为背后往往暗藏着某种难以预料的东西。”

还有一次，一位正在痛苦中挣扎的中年女士征求朗道的意见，她问朗道，如果她不再爱自己的丈夫了，是否应该和他离婚。

“既然您已经提出了这个问题，那么就不要再怀疑离婚的合理性了。”

“那女儿的事我又该怎么办？她打算结婚，而对方还是个大学生，两个人学习都不好……”

“您想向她传授自己的人生经验，可这是不可能的。”

朗道对待卫生员塔尼亚·布利兹涅茨的态度既像父亲，又像朋友，这给我留下了深刻的印象。朗道在车祸中受伤，在康复过程中，塔尼亚寸步不离地照料着他。塔尼亚的性格温和善良，朗道非常感激她。唯一让他感到担心的是塔尼亚还没有结婚，而她本人却对此毫不在意。朗道发自内心地希望她能够幸福，劝她说，不要一个人生活，孤独终老是最可悲的事情，应该努力寻找自己的人生伴侣。塔尼亚不同意朗道的观点，她说自己已经三十岁了，错过了结婚的时机，不想再改变自己的生活了。然而两年之后，塔尼亚有了幸福的家庭，并且还生了一个女儿。

一天晚上，大家谈起朗道的一位老熟人，他已经结婚，有两个孩子，可是突然又有了一个私生子，从此他周旋于两个家庭之间，生活过得焦头烂额。

“真是场闹剧！”朗道挥了下手，说，“这样的男人向来让我感到不可思议。”

在公民义务这个问题上，最能体现朗道的个性。

“H. 游手好闲，是个废物，让他工作就像让他生孩子一样是不可能的。他根本就做不到！”

他坚信，对游手好闲之辈绝不能心慈手软，应当公开鄙视、嘲笑、排斥他们，因为这是社会的罪恶，而既然是罪恶，就应该与其进行斗争。

他特别不喜欢夸夸其谈的人。

在科克特贝尔休假时，他对一位刚开始写诗的年轻人说：

“您这首关于友谊的诗让我想起了赫尔岑的话。有人问赫尔岑，他是否相信男人和女人之间可能存在友谊，他回答说：‘是的，可是这会让人生出孩子来的。’爱情是一种神圣的感情，不应该害怕它。我们应该害怕的是没有爱情，或者糟糕的情诗。”

朗道是一位天生的老师。关于这一点，我还想再多讲几句。教书育人是他与生俱来的天赋，不仅年轻的物理学家们受教于他，我们之前已经提到过，笔者也有幸受到了他的影响。

当我还在外语学院上学时，曾对朗道说，我想把奥斯卡·王尔德的喜剧《认真的重要性》翻译成俄语。他听后只是摆了摆手，说：

“像你这样的懒惰鬼，哪能翻译什么剧本！”

他那嘲笑的语气深深地刺痛了我，我差点大哭起来。记得我告诉他，我已经翻译了几场戏，可他只是摇了摇头，便又埋头读起报纸来。从那天起，我心中只有一个念头：一定要向朗道证明，我是能够将这个剧本翻译出来的。我以前所未有的热情投入到工作当中，一个半月之后，我告诉朗道，剧本已经翻译完了，我打算将它投给莫斯科的一家剧院。他耸了耸肩膀，怀疑地说：

“不妨一试，只是未必会成功的。”

记得当我和普希金剧院签完合同后，我在特维尔林荫道给朗道打电话，将这个好消息告诉他。他用了一句谚语回答我：

“母猪有时也会爬上树。”

但是，在首映那天，他承认自己非常喜欢这部戏剧。当时我确信，他对那些侮辱性的言语会比我记得更加清楚，于是我问他，为什么不相信我能成功。

“真的吗？”朗道很惊讶，“这是你自己的感觉。”

不过，朗道教育得最多的当然是他那些物理学专业的学生们。他得知一个学生由于失恋开始酗酒，就问那个学生是不是打算换职业，对方否认了。

“我丝毫不想干涉你的个人生活。你有权用这种可悲的方式排解苦闷，你可能猜到了，我指的是你酗酒的事。但是我要对你说，理论物理学家中没有酒鬼，这有统计数据可查，是不容置疑的。”

那位学生哑口无言。有一次，我考试不及格，心情极度郁闷，我去朗道位于沃罗比约夫公路的家中找他。

“你生病了？”朗道问，“发生什么事了？”

“没有。心情不好……”

“应该把坏心情压在枕头底下。”

对于朗道而言，无论是阳光灿烂的日子，还是一缕暖风，一首诗歌，抑或大街上擦肩而过的女人的美丽脸庞，都能给他带来快乐。他为生命而感到快乐……

20世纪50年代末，朗道开始和卡连·捷尔－马尔季罗相一起研究一项严肃的课题。

“如果我们能够把这项研究进行到底的话，将会颠覆整个苏联物理学。”朗道说。随后，他朗诵了两句诗：

我们要叫整个资产阶级吃吃苦，

我们要点燃世界的大火！[①]

捷尔－马尔季罗相是个心地极为善良的人，他经常帮助年轻的研究生和科学工作者们。一天，他对朗道提起一位很有才华的理论物理学家弗拉基米尔·格里博夫。朗道不屑一顾地说：

“我只知道一个叫格里博夫的演员，其他的什么格里博夫既我不知道也不想知道！”

不过，当朗道看到格里博夫窘迫的表情，不禁笑了起来。他问了格里博夫一大堆问题，相信他确实才华出众，于是提出让他进入物理问题研究所。

“说不定格里博夫哪天就超过我了！”朗道对自己的一位好朋友说。

如果朗道得知哪位学生着手研究有意义、有前途的课题，他总是很乐意与学生一起讨论，毫不吝惜自己的时间。学生们知道，他们在任何时候都能够向朗道寻求帮助。

1959年，国际高能物理会议在基辅召开。朗道很兴奋，他神采奕奕，非常享受和大家相聚的时光。他不停地和别人争论，自如地从丹麦语转换到法语，或是从德语转换到英语。无论是海森伯的发言还是名不见经传的大学生的发言，他都同样认真倾听。朗道身上穿着色彩鲜艳的衬衣，脚上穿着凉鞋，看上去非常亲切朴素，不知情的人根本想不到，自己正

---

① 出自勃洛克的长诗《十二个》（1918）。

基辅国际高能物理会议的参会者们，*1959*年

基辅国际高能物理会议参会者在第聂伯河游玩

在与世界物理学界的泰斗交谈。有人自作聪明地问朗道有没有更得体的服装，他回答说，这些问题他只习惯于和自己的妻子讨论。

“科学家们应当对话，而不是相互隐藏。”朗道对记者们说。

会议安排大家游览第聂伯河，参观一些剧院、工厂。在参观一个企业时，朗道招呼一些大学生和工人到自己身边来，兴致勃勃地给他们讲着什么。谈话的地点显然很不合适——四周是机器的轰鸣声，空气中弥漫着烧焦的机油的味道。阿布里科索夫教授从旁边经过，停住了脚步，想要听听朗道在讲些什么。朗道看到他，立刻沉默起来。

“这些您都已经知道了。”他对阿布里科索夫说，希望能把对方赶紧打发走，以免打扰他们的宁静。

根据西方媒体的评论，基辅会议是在朗道思想的旗帜下召开的。

朗道院士在基辅会议上作了报告，这个报告被外国学者称为“朗道基辅纲领”。海森伯在自己的发言中向“朗道纲领的革命精神”致敬。他说：

“我的方法比较保守，可是我认为，保守者比革命者更可怕。”

朗道在报告中没有谈及新的研究或者发现，而是谈了基本粒子物理学的全新研究方法。朗道说：“距最终写出新理论方程的那一天，已经为时不远了。”

建立新的方程式并非易事：“……即便在最乐观的情况下，我们也将面临艰巨的挑战。”

“朗道在基辅会议上热情洋溢的发言令我难以忘怀。我感觉朗道所说的话仿佛是从我自己的心底流淌出来的。”三年后，海森伯写下了这段文字。

又过了一年之后，美国的一本学术杂志给朗道寄来了一篇文章，里面写道：

“朗道走在了世界科学的前面。1959[①]年他在基辅会议上所作的发言，当时我们完全无法理解。四年来我们坚持不懈地进行研究，直到现在才终于明白了朗道在1959年所讲的内容。像列夫·朗道这样的科学家，美国是没有的。”

很多其他系的学生都来旁听朗道的课，偌大的物理教室里常常人满为患，大家坐在台阶上、窗台上。

朗道阐述自己的思想时十分严谨，没有一句多余的话。他对一切早已了然于胸。虽然讨论的是非常复杂的问题，但是他讲得十分有趣，学生们一点不觉得疲倦。讲课给朗道带来了极大的快乐，听课的学生们也能够感觉出这一点。

朗道热爱学校。如果学生们邀请他去参加讨论或者见面，他会欣然放下手头的工作。

有件小事很具有代表性，这件事让一些人觉得好笑，却让另一些人感到懊恼。一次，朗道应邀赴约，却偶然间走错了教室。他看到有个人正站在黑板前作报告，报告中出现了一个数学错误，可是谁也没发现，于是他坐下，听了起来。在一个错误之后，自然又接连出现了很多其他错误。

朗道目不转睛地盯着黑板。报告人表现得颇为自信。朗道在心里默默地把他划为“顽固分子”。这份错误百出的报告竟然用于证明气象学领域的一项重要发现！因此，为了让介绍“科学新观点”的文章能够立即见诸报端，这次教研室会议邀请了一些新闻记者参加。

---

① 原文时间有误，已更正。

“对不起，可是这里面的错误实在太多了！”朗道高声说，步履坚定地走向黑板。

教室里顿时鸦雀无声。

“如果这道题计算正确的话，”粉笔在黑板上飞快地移动着，划出报告人的错误，“那么，这项研究的成果就会化为乌有。研究本身是不成立的，有的只是一些数学错误而已。”

几分钟前讲台上的那个凯旋者顿时变得垂头丧气。教室里的空气凝固了。朗道将粉笔放回去，快步离开了那里。

当大家回过神来时，报告人哀怨地问：

“是谁，是谁把他放进来的？！”

多年以后，这幕好戏的一位目击者将事情的经过讲给我和科拉听，他对当时的情景仍记得一清二楚。

阿尔乔姆·伊萨科维奇·阿利哈尼扬讲述，他的同事加里比扬写了一篇学位论文，但是评审委员们无法检验计算结果。有人提出，国内计算水平最高的人是朗道院士。于是，大家决定把加里比扬的论文寄给他。朗道喜欢复杂的题目。他检验了论文中一半的计算，得出和加里比扬一样冗长的公式，于是他说，另一部分论文应该也是正确的。很多年以后，美国人用计算机检验了加里比扬的计算，结果全部正确。

“虽然道是一位研究抽象和深奥问题的理论物理学家，但是他能够轻松地转向实验，”阿利哈尼扬回忆说，“你可以向他请教任何问题，他总是能够对实验结果作出解释。我曾经用了好几个月时间，试图对宇宙粒子的电离过程作出解释。一天，我请教朗道，问他对于粒子的奇怪表现有没有什么想法。一开始，道对我的话有点漫不经心，可是过了一会儿，他可能产生了某种猜想。他拿来一张纸，在上面写了起来。他写得飞快，一行又一行笔迹出现在纸上。我目不转睛地看着眼前的场景。那时，不仅是我，甚至朗道本人都还未意识到，这正是一项研究的开端，该研究对宇宙射线的一个方面作出了全新的理论解释。”

阿利哈尼扬在朗道家里谈话时，通常坐在圈椅中，背对着写字台。这次也是如此。而朗道则和平时一样，躺在低矮的沙发上奋笔疾书，沙发上铺着毯子，放着大大的枕头，枕头套着绸缎的枕套。

“道，您用这种姿势工作，不会头痛吗？”一次，一位相识的医生问朗道。

“我一生中从来没有头痛过。”

“不可思议！这种情况我可第一次遇到！”

“可这是事实。”

我问安娜·阿列克谢耶夫娜·卡皮查，她对朗道印象最深刻的是什么，她回答说：

“他活在自己的思想中。而且我知道，他很容易受到伤害。像他这样的人，他们不是在工作，而是在生活，那不是工作，是生命。如何衡量它？它何时开始，又何时结束？这样的人如同诗人一样，所有的神经都裸露在外。而我们对待诗人太过残忍了……”

当朗道在研究所的走廊里，边走边和某位同事讨论学术问题时，他当然是在工作。顺便说一下，如果有人在这个时候打断他，那会让他非常恼火。

埃列夫特·安德罗尼卡什维利在《我们记忆中的朗道》一文中写道：

“很显然（不过这仅仅是猜测），无论何时何地，他都在永不停歇地工作着，轻松自在，走路的时候也在工作。

1960年，我和同事们面临着一个不可思议的情况——我们必须解决经典流体动力学中的一个复杂的理论问题，否则我们的研究就无法继续进行下去。我们向莫斯科的理论物理学家们请教。一些人对这一问题本身是否成立提出了质疑，而另外一些人则说，这个问题极其复杂。于是，我向朗道求助。

‘怎么解，怎么解，’他说，‘我大致记得结果，但是准确的公式我没办法告诉你。’

‘那么在哪儿可以查到呢？’

‘哪儿都查不到，因为这个题目还没有人解出来过。’

‘那么你是如何知道大致答案的呢？’

‘呃，这是陈年旧事了！还是在撤退时期，在喀山的时候。那时我牙疼得厉害，不得不在医生诊室里坐了很久。我觉得很无聊，就给自己出了这个题目，在一小片纸上把它解了出来。’

‘那你现在重新把它解出来吧！’我央求他。

‘你太懒了！’他回答说。

我们只得自己解题，这个过程对于我们这些理论工作者十分有益，因为题目中隐藏了很多让人意想不到的情况。”

1960年，朗道成为伦敦皇家学会的院士。十年之后，卡皮查应邀为《伦敦皇家学会院士传》一书撰写一篇关于朗道的文章。

卡皮查是撰写这篇传记的不二人选，因为他和朗道有着三十年的友谊和共同工作的经历。

在这篇不长的文章中，卡皮查写道：

“当朗道开始真正从事物理学研究时，他还非常年轻。他创立了极为

列夫·朗道和儿子

列夫·朗道在工作，*1959*年

在物理问题研究所的花园里，*20*世纪*50*年代末

莫斯科大学的阿基米德节，*1960*年*5*月

尼尔斯·玻尔和列夫·朗道在物理问题研究所院中的长凳上交谈，*1961* 年 *5* 月

独特的研究方法，这种方法的基础是——学生们的研究和朗道本人的研究是难以分离的。很难想象，如果没有自己的学生，朗道如何能够在物理学的各个不同领域取得如此辉煌的成就。这些研究工作是在永不停歇的辩论中，在定期举行的讨论课上完成的，朗道是这些讨论课最积极的参与者，并且他常常在课上发言。与大部分理论物理学家不同，他的报告简短、准确、思想容量极大。朗道在讨论课和会议上的发言也清晰明了，他总是言辞犀利地指出别人报告中的错误。他年轻时对待著名教授们的态度也是如此，因此在学院界高层树敌众多。如果不是由于他出色的才华和对科学的忠诚，这种性格必定会为他招致厄运。”

卡皮查不止一次地建议朗道成立一个理论物理研究所，由朗道自己担任所长。卡皮查很清楚，实验室主任这个微不足道的职位是不适合朗道的。可是，只要卡皮查一提起这个话题，朗道就立即打断他：

“我完全不能胜任行政工作。如今物理问题研究所拥有理想的工作条件，我不愿意离开这里。”

与他争论是徒劳无益的。他的确在全力以赴地工作着。

工作一向是他生活的主要内容。一切与工作没有直接关系的事物，他都毫不在意。金钱、荣誉、地位、物质——所有这一切对他而言都是毫无意义的。当他沉浸于自己的工作和思想中时，他对周围发生的一切都视而不见。一次，他度假归来，我们三人在厨房喝茶。

“你喜欢你的房间吗？厨房怎么样？”科拉问。

朗道惊讶地望着她。

“难道你没看见，我装修了房子。”

“是吗？我没注意。”

朗道对自己的着装毫不在意，不过，他喜欢鲜艳的色彩。从国外出差回来时，他穿了一件浅蓝色的西服上衣，在那个年代，这种色彩鲜艳的西服是很不常见的，因此令很多人印象深刻。大家对这件衣服议论纷纷，最后竟然开始传说，朗道上课时穿了一件粉红色的夹克。

还有很多传言。有人说，朗道在哈尔科夫时曾经带着一只小猫去上课。一天，我问他，这是不是真的。

“不是真的。小猫只是在理论上存在而已。我只不过说，如果把它装进口袋里，然后上课时拿出来，那该多好，学生们一定会喜欢的。”

一次，一位朋友介绍朗道和他的母亲认识。朗道行了一个屈膝礼，然后说了声“喵”！那位女士大惊失色。他只是在年轻时才会那么做，那时他喜欢冒犯周围的人。后来，当他度过了不自信的阶段之后，那种事情就再也没有发生过了，然而，关于朗道古怪行为的故事却流传了下来。

栗弗席兹回忆说：

“道对待生活的态度极为严肃。这表现在各个方面。他认为自己是一个没有能力处理生活事务的人，因此在遇到某些情况时，他会尽量和有经验的人商量，他会记下来，向哪个人可以请教什么问题。”

据另一位和朗道关系密切的人回忆，朗道有一个奇怪的、完全无法解释的弱点。他总是试图向那些酷爱并善于征服女人的男人们打探“成功秘籍”。他对那些男人的态度与对其他男人不同，显然是对他们另眼相看的。然而，当那些“骑士”们朝三暮四时，他又将那种缺乏浪漫的爱情称为对神圣感情的亵渎。

1960年2月16日，朗道在综合技术博物馆进行了题为“青年与科学”的演讲。他走向讲台，从步伐便可看出，这是一个充满活力、做事全神贯注的人。

“不久前我听到一种说法，”朗道开始演讲，“有人说物理学领域大发现的时代早就过去了。你们也许猜测，这些话是外行人说的。我坚信，在座各位中没有那种人云亦云的人。希望各位能够相信，你们还会见证很多令人震撼的发现，如果你们将来在这个知识领域工作，那么，或许也会有幸窥探到当今自然界的奥秘。

我们正站在伟大发现的门槛上，它们已经近在咫尺了。当今物理学在揭示自然规律方面最主要的问题是要建立起一个尚不存在的理论，它被称为基本粒子理论。这一理论应当解释为什么自然界存在的正是这些而不是其他的基本粒子，并确定这些粒子相互作用的基本规律（不包括电磁粒子，它们的规律我们已经知道了）。

问题并非在于物理学家难以描述解决这一问题的途径，显而易见的是，我们在这个过程中还必须放弃某些在以前的大变革中幸存下来的、大家习以为常的观念。

如果不去追溯过于遥远的历史，那么现代物理学的基础是1905年建立的相对论和1900年至1927年间建立的量子力学。它们是我们已知的自然规律中最为普遍的理论，理论物理学未来的发展必须依靠它们的进一步完善。此外，这些理论告诉我们，不能用那些从微不足道的生活经验中得来的先入为主的观念来研究自然界，与人们的想象力相比，自然界要复杂得多。”

演讲以对物理学的赞颂结束：

“不要怀疑物理学的巨大潜力。物理学能够解释生活中任何让人感到惊讶的现象。”

或许，某些人正是在听了这次讲座之后立志献身于科学，对此我们就无从考证了。

上文已经提到过，朗道从来都不是一个离群索居的人。他的家里总是宾朋满座，客人们一来，便开始了欢声笑语，大家总是妙语连珠。当朗道一个人的时候，他便读书。对他来讲，显然不存在“无事可做”这一概念。

一天晚上，一对夫妇顺道来看望朗道，妻子是一位演员，丈夫是工程师，他们是朗道在列宁格勒大学时的同窗好友。丈夫看到，沙发上放着一本翻开的卡尔·马克思的书。

“道，您业余时间在读马克思的书？”

“我是一名马克思主义者。”

“可您不是党员啊。”

“我是无党派的马克思主义者。”朗道稍微沉默了一会儿，补充说，“您的疑惑让我想起了一个姑娘的故事。在宴会上，当姑娘得知爱因斯坦正在研究物理学时，非常惊讶。‘这门课我去年就学完了。’她对爱因斯坦说。”

1961年5月5日，尼尔斯·玻尔应苏联科学院之邀来到莫斯科。朗道去机场迎接恩师和玛格丽特夫人。

谢列梅捷沃机场聚集了很多人。朗道第一个跑向舷梯，他双手紧握着老师的手，沉浸在幸福之中。玻尔也很动情，他微笑着，目不转睛地盯着爱徒，目光中充满了赞赏。

但是一眨眼的工夫，朗道就被记者们挤开了。他们把玻尔团团围住。

“我早就和贵国的科学家们建立了联系，”玻尔说，“我相信，科学工作者们只有密切合作，才能够取得最优秀的成果。战前我曾多次访问苏联，之后一直希望能够重返这里。我想特别强调的是，苏联科学不断发展，取得了巨大的成就。”

玻尔在莫斯科期间，几乎和朗道形影不离。他们已经二十四年没有见面了。这些年间，玻尔在生活中经历了很多事情。尼尔斯·玻尔曾是一名坚定的反法西斯斗士，与法西斯主义正面交锋。他的很多学生都受到了希特勒种族主义法律的迫害，玻尔担负起照顾他们的责任。他们刚到丹麦时状态非常差，玻尔的妻子只好亲自护理其中一些人。对于那些逃离法西斯魔爪的物理学家们来说，嘉士伯的宫殿成为了他们的世外桃源。

当玻尔讲到1940年4月9日这个灾难性的日子时，他的脸上布满阴云，正是在这一天，丹麦被占领了。法西斯分子的入侵在黎明时分开始，中午前就已经结束。这个人口总共只有四百五十万的小国，在希特勒的大举进攻面前毫无招架之力。

德国军队在斯大林格勒战败的消息传到被占领的丹麦之后，丹麦国内爆发了大规模的抵抗行动。法西斯分子要求政府对破坏分子处以死刑。于是丹麦政府辞职了。

人们得知，柏林下令逮捕玻尔夫妇并把他们押送到德国。参与丹麦抵抗运动的人们把玻尔夫妇运送到瑞典。一开始，玻尔住在奥斯卡·克莱因那里，可是他很快就发现自己被德国间谍监视。1943年10月，玻尔躲藏在英国蚊式轰炸机的弹舱中，秘密离开了瑞典。

玻尔无法讲述这次旅行的细节，因为他有一半时间都处于昏迷状态。途中发生了一个意外情况：英国飞行员给这位乘客配备了带有耳机的头盔、氧气瓶、降落伞和信号弹（以备他万一被迫跳伞，落到海里时使用），他们预先考虑到了一切可能发生的情况，但是却没有检查头盔大小是否适合玻尔。结果头盔小了，耳机没有戴到耳朵上，因此，玻尔没有听到飞行员“打开氧气瓶！”的指令。

飞机在苏格兰附近降落后，玻尔才恢复了知觉。他被另一架飞机运送到伦敦。一周之后，唯一继承了他衣钵的儿子奥格也抵达英国首都。

在英国，玻尔得知，制造原子弹的工作已经有了很大的进展。玻尔是最早意识到必须在核物理领域进行世界性合作、防止利用这一新能源进行大规模杀戮的科学家之一。玻尔的发现加速了原子弹的制造，因此他感到自己对于人类文明的命运肩负着特殊的责任。

玻尔详细地向朗道讲述，他曾经希望依靠当权者的善良愿望解决那些巨大的难题，他试图向英国首相丘吉尔解释局势的危险性，却徒劳无益，这令他感到非常失望。

“我们毫无共同语言，”玻尔回忆和丘吉尔的谈话，“公开研究和平使用原子的问题——这是制止侵略意图的最有效的方法。为此，需要科学信息的自由交流。否则将会出现肆无忌惮的武器竞赛，而这将使我们的星球变成一触即发的火药库。”

玻尔讲述，他如何离开英国，来到了美国，如何在那里紧张地工作。直到1945年夏末他才重返故土。

玻尔作为嘉宾参加了莫斯科国立大学物理系的大学生节。这个快乐的节日被命名为“阿基米德节”，在学校前面的广场上举行。几千名大学生欢聚在这里。玻尔对学生们发表了演讲，由朗道担任翻译。学生们无不欢欣鼓舞。

愉快的演讲之后，玻尔在莫斯科大学的嘉宾册上留言：

“我参观了莫斯科大学宏伟的建筑，了解到学校为各学科的教学、科研工作提供了优越的条件。我见到了很多著名的学者，他们激情四射，将毕生精

列夫·朗道和尼尔斯·玻尔在莫斯科大学的阿基米德节，*1961*年

叶夫根尼·栗弗席兹、玛格丽特·玻尔、尼尔斯·玻尔、列夫·朗道在阿基米德节上，*1961*年

力奉献给重要的科学探索，为这所伟大的学校培养出不计其数的学生。这些经历带给我莫大的享受与鼓舞。我和物理系的学生们进行了交流，我认为如此团结的集体在全世界是独一无二的，这使我更加坚信，你们的努力定将换来巨大的成就。在这个为纪念阿基米德及其为人类所做贡献而举办的一年一度的盛会上，学生们所展现出的艺术才能和幽默感，给我和妻子留下了难以磨灭的印象。”

尼尔斯·玻尔

1961年5月7日

“这真让他感到欣慰，”玛格丽特夫人谈起自己的丈夫，“朗道仍然健康、乐观。我们那里有段时间传言说，朗道生活得很不好。而实际上，在尼尔斯的学生中，朗道的变化是最小的，虽然我们已经认识快三十年了。”

已经七十五岁高龄的玻尔在莫斯科作了很多演讲。当他在苏联科学院物理研究所演讲时，出现了一个翻译错误，后来曾多次被人在谈话和文章中提及。有人问玻尔：

“您创立了一流的物理学派，请问这是如何做到的？”

玻尔回答：

“大概是因为我从来不怕让学生们看到，我比他们愚蠢。”

为玻尔担任翻译的栗弗席兹将这句话翻译成：

“大概是因为我从来不怕告诉学生们，他们是愚蠢的。”

大厅里一片哗然。栗弗席兹又问了一遍玻尔，他的原话是什么，随后进行了正确的翻译，并为这个偶然的错误向听众道歉。

“这个错误绝非偶然，”卡皮查在自己的座位上说，“它道出了玻尔学派和栗弗席兹所在的朗道学派之间的根本区别。”

卡皮查的话得到了听众们的掌声。玻尔和朗道的笑声最响亮。

半年之后，玻尔的妻子玛格丽特夫人给朗道和科拉寄来了贺年卡，上面写着：

> 亲爱的朋友们，我们常常想念你们，怀念去年春天在莫斯科度过的幸福时光，怀念那天在你们家里做客的快乐场景，希望在不久的将来我们还能重聚。
>
> 致以最美好的祝愿
>
> M. Б.

贺年卡上贴了一张照片，照片上是一幢茅草屋顶的小房子，旁边种着白桦树，玻尔正沿着小路散步。朗道看了一眼照片，笑了起来：

“这是齐斯维勒莱厄小镇的‘石楠小屋’。尼尔斯在大门上方钉了一块马蹄铁，有人问他：‘难道您相信马蹄铁能带来好运？’他回答说：‘不，我不信。这是迷信。不过人家说，不管你信不信它都能带来好运。’”

朗道虽然疏于动笔，但也会写一些科普文章。他与老朋友尤里·鲍里索维奇·鲁默尔合著了一本科普小册子《什么是相对论》，其中第五章是《光的悲剧》：

“……真正的基于现象的理论与简单地用学术语言转述已知事实是不同的——理论以事实为基础，但是理论所包含的东西大大超越了事实本身……如果我们只局限于推理，那么就和某些古代哲学家一样，总是试图在自己的头脑中臆想出新的自然规律。这样做的危险在于，以这种方式建构的世界纵使有着万般优点，却往往与现实世界相去甚远。

经验是一切物理学理论的最高裁判。因此，对于光在行驶的列车中应该如何传播，我们不能局限于推理，而要通过经验，看它在这样的条件下实际上是如何传播的。

设计师们现在仍然运用旧的物理学规律设计发动机，以后也仍将如此。这是因为相对论的修正对于那些机器的影响，打个比方，比飞轮上的微生物对它们的影响还要小……然而，如果观察原子核碰撞的物理学家不考虑核转变过程中质量的改变，那么他就应该由于无知而被赶出实验室了。

考虑了相对论的物理学与被称为经典物理学的旧物理学之间的关系，大体上如同考虑了地球形状的高级测量学和忽略地球形状的普通测量学之间的区别……相对论物理学应该考虑到物体长度及两个事件之间时间间隔的相对性，而经典物理学则相反，对它而言这样的相对性是不存在的。

但是如果试图将光的极限速度与关于空间和时间的旧有观念结合起来，那是非常愚蠢的，就如同一个人虽然知道地球是球状的，可还是相信他所在城市的垂直线是绝对垂直线，因而不敢远离自己的住所，担心会滚到宇宙空间去一样。”

《什么是相对论》一书1959年由苏维埃俄罗斯出版社出版，第一版印数很少，只有15 000册（1963年第二版的印数为10万册）。该书问世后不到一年就在英国出版了，由爱丁堡大学数学物理系教授N. 凯默进行了出色的翻译。“本书不仅为科普文献作出了卓越的贡献，同时也以一种新颖的、引人入胜的方式展现了俄罗斯科学思想的发展。”英译本序言中这样写道。

朗道与鲁默尔教授一起为《消息报》撰写了《时间悖论》一文：

时间悖论

1519年9月20日，麦哲伦率领的舰队从西班牙海岸起锚，开启了人类第一次环球航行。其中只有一艘帆船完成了这次航行，它于1522年7月在佛得角群岛靠岸。

水手们回来之后，得知一个令他们吃惊的消息：陆地上已经是星期四了，而船上的日历则显示是星期三。一路向西航行的水手们莫名其妙地丢失了一天，这个谜团令16世纪的有识之士们激动不已，正如相对论令当代人感到激动一样。

科学家们很快就解开了谜团。问题很简单，水手们的第一次环球航行证明了地球是围绕自转轴旋转的，自转一周的时间为一天。这些水手们证实了赫拉克利德斯·彭提乌斯①在公元前400年所提出的大胆的科学假说。

如今令有识之士们感到激动的是，根据相对论，原则上可能制造出帮助人们去未来旅行的时光机器。

---

① 赫拉克利德斯·彭提乌斯（Heraclides Fonticus，约公元前387—前312年），古希腊天文学家、哲学家，柏拉图的学生。他是第一个提出“地球在转动”的人。

在人们的设想中，这种时光机器是以接近光速飞行的宇宙火箭，宇航员乘坐这样的火箭旅行之后，仍旧保持年轻的模样，而他们的同龄人却已经衰老了很多。也就是说，他们穿越到未来了。

这种假设是否正确呢？是正确的。不仅如此，如今我们可以用实验手段证明，原则上是可能制造出时光机器的。不过，距离时光机器真正问世的那一天，大概还非常非常遥远。

自从阿尔伯特·爱因斯坦创立相对论以来，时间已经过去半个多世纪了。在这期间，相对论成为现代物理学的基础。今天的物理学倘若离开了相对论是不可思议的，就像物质离开原子-分子结构一样不可思议。相对论不仅被大量的经验所证实，而且在如今的带电粒子加速器、核反应堆计算等方面得到了工程技术应用。

如果相对论的结果经受住了科学认识的最高裁判——实践的检验，那么无论它的原理在外行眼中有多么异想天开，这一理论都是正确的。

当然，相对论属于“深奥”的理论，因此不能要求每个人都对那些极为复杂的数学公式运用自如。不过借助于一些基本公式（请读者和排版人员原谅，我们在文章中插入了这些公式），能够相对简单地说明问题的实质。

分别用“地球时钟”和火箭运动速度下的“火箭时钟”测量任意两个事件之间的时间间隔T，其变化可以用下面的公式来描述：

$$\frac{T_{火箭}}{T_{地球}}=\sqrt{1-\frac{v^2}{c^2}}$$

在这个公式中，v代表火箭相对于地球的运动速度，c代表光速，为300 000公里/秒。

用实验室时钟测量的μ介子平均衰变时间和它的运动速度之间的关系，可以用下面的公式描述：

$$T_{地球}=\frac{1.53}{\sqrt{1-\frac{v^2}{c^2}}}微秒$$

由相对论可以得出，地球上和宇宙火箭上的时间进程是不一样的——在火箭上，任何时钟的运行以及生物的过程都比在地球上慢。分别用“地球时钟”和“火箭时钟”测量任意两个事件之间的时间间隔，其关系可以用一个简单的公式来描述。结果显示，二者的比取决于火箭相对于地球的运动速度的平方与光速平方之比（注：光速等于300 000公里/秒）。

根据这一公式，当火箭以与光速相比较低的速度运动时，用“地球时钟”和“火箭时钟”测量出的任意两个事件之间的时间间隔，其差别极小，甚至可以忽略不计。

假如能够制造出以接近光速（例如240 000公里/秒）飞行的火箭，那么情况就截然不同了。乘坐这样的火箭可以飞到天狼星再返回。

天狼星距离我们很遥远，光需要6年时间才能到达天狼星（我们不妨对比一下：太阳光只需8分钟就可以到达地球）。速度为240 000公里/秒的火箭在地球和天狼星之间往返一次需要多长时间，是很容易计算出来的。按照“地球时钟”和“地球日历”，这样的飞行需要15年。

现在我们来计算一下，如果根据宇航员自己的时钟，那么他完成一次这样的飞行需要花费多少时间——结果是9年。因此，当宇航员返回地球之后，他年轻了15−9=6岁。换言之，宇航员乘坐这样的火箭，经过9年的“时间旅行”，能够到达6年之后的未来。只要增加火箭速度，他便可以到达更加遥远的未来。

应当指出，由相对论只能推导出，原则上可能制造出帮助我们到未来旅行的时光机器。但不要指望随着科学的进一步发展，我们也能够穿越回过去。否则，我们就将不得不面对完全可能出现的荒谬场景。事实上，如果一个人回到过去，就有可能遇到一个荒唐的情况，那就是他的父母还未出生。而穿越到未来所隐含的矛盾则只是表面上的。

制造时光机器的技术前景如何呢？

最新研究表明，这种可能性是微乎其微的。事实上，一架最轻的、质量仅为1吨的火箭，在240 000公里/秒的飞行速度下，运动中所消耗的能量约为215 000 000 000 000千瓦·时。这样巨大的能量在整个地球上需要几个月才能生产出来。

况且，火箭在起飞时需要推进，而到达目的地后，为了安全着陆，则需要制动。如果使用现代的火箭发动机，所需要的能量是不可想象的。即使成功研制出以可能达到的最大速度——光速喷射燃烧气体的火箭发动机，其消耗的能量也大约为上面提到的数字的200倍。因此，即便在最乐观的情况下，到未来旅行所需的能量也要在整个地球上用几十年才能够生产出来。很明显，这是人类难以负担的，即便在遥远的未来，也未必可行。更何况在那样的运动速度下，迎面而来的每一粒尘埃都会变得和炮弹一样危险。

这是否意味着，关于时间进程在接近光速飞行的火箭中变慢这一推论我们无法用实验进行验证？是的，毫无可能！我们所列出的公式是通过经验验证的。我们不可能让宇航员乘坐以接近光速运行的火箭飞向太空。不过，我们可以利用组成宇宙射线的基本粒子来验证相对论公式，经验证明，其中很多粒子都以接近光速的速度飞行。

从太空来到地球的宇宙射线——高速质子流和其他轻元素核流，在地球大气层引起大量复杂的次生现象，在此过程中产生了各种各样的二次粒子。其中，在较低的大气层中，很大一部分宇宙射线是由μ介子组成的。

它们的质量约为电子质量的206倍。μ介子的运动速度各异——有的很慢，最快的则接近光速。

μ介子不稳定，它们能够发生衰变，变为其他粒子。我们规定，将粒子束中一半粒子发生衰变的时间称为不稳定粒子衰变的平均时间。我们已知考虑了时钟运行变化的公式，用这个公式可以求出以接近光速运动的μ介子的衰变时间。不过在这里，我们所要求出的是用μ介子自身时钟和用实验室时钟测量出的μ介子平均衰变时间之比。

很显然，前者是μ介子在静止状态下的平均衰变时间，这是粒子最为重要的特征之一，它等于1.53微秒。然而结果显示，用实验室时钟测量的μ介子的平均衰变时间随着μ介子运动速度的增加而延长。与缓慢运动的μ介子相比，快速运动的μ介子更加“长寿”。

物理学家们掌握了获得速度相同的均匀μ介子束的方法，并成功地（用实验室时钟）测量出它们在不同运动速度下的平均衰变时间。相对论公式成功地得到了的验证。

这样，相对论的基本原理之一——“两个事件之间时间间隔的相对性”，以及由此得出的推论——原则上有可能制造出帮助人们到未来旅行的时光机器，得到了完全的实验验证。

朗道像往常一样勤奋工作，自我感觉非常好，精力充沛，仪表堂堂。

无论什么时候去找他，这位热情的主人都会从楼梯平台上探出身子来，冲着你微笑。如果他没有出现，那他一定是正在写公式。这时，只有朋友或者鼓起勇气准备参加理论物理最低标准考试的学生可以打断他。

晚上，朗道、科拉、伊戈尔坐在厨房里，全家人一起高高兴兴地嗑着炒瓜子。厨房不大，却收拾得干干净净。聊天的内容很平常：今年冬天真奇怪，都十二月了，雨还哗哗地下个不停；中小学的教材太没有水平了，爸爸答应为中小学编写物理和数学教材的事不能再拖延了，早就应该完工了；伊戈尔班里的一个男孩子在作文里写道，瓦西里·焦尔金塑造了亚历山大·特瓦尔多夫斯基这一杰出的形象[①]。

就在和朗道一天天的交往中，我渐渐长大了。我非常喜欢他，自然常常谈起他，也许我说得太多了，有一天，出现了好笑的一幕。

那是在科尔涅伊·伊万诺维奇·楚科夫斯基位于别列捷尔金诺[②]的

---

① 亚历山大·特瓦尔多夫斯基（А. Т. Твардовский, 1910—1971）是苏联著名诗人、作家。他在苏联卫国战争时期创作了著名的长诗《瓦西里·焦尔金》，瓦西里·焦尔金是作品的主人公。

② 别列捷尔金诺是莫斯科郊外的一个小村庄，20世纪30年代时，苏联政府在那里建造了50座别墅给作家居住，形成有名的“作家村”。

别墅里，当时他正在编辑柯南·道尔的《福尔摩斯回忆录》，召集了一批年轻的翻译在自己身边工作，其中就包括我。那是一个小小的文学团体，氛围简直好极了。

大家工作一阵后，沿着别列捷尔金诺的乡间小路散散步，然后午餐。饭局由楚科夫斯基主持，他是一个非常优秀的人，他常跟大家开玩笑，讲俏皮话，回忆过去的经历。和大家在一起时他总是情绪高昂，主导着谈话。我们也尽力参与其中。我谈得最多的当然是朗道，但是为了不显得过分炫耀而有失风度，我并未提及他的名字，而是像聊家常一样称他为“姨夫”。

一次，楚科夫斯基忍不住说：

“迈娅，你老是不停地称赞你的姨夫，就好像他是朗道似的！”

“他就是朗道。”

“你说什么，朗道？”

“我的妈妈和朗道的妻子是亲姐妹。”

“那你为什么不早说啊？”

“可您也没问呀。”

“知道吗，从来没有人让我这么难堪过。”楚科夫斯基笑得眼泪都快流出来了。

第十二章

关于这件事……

帆船载着心上人儿远离，
白茫茫的道路将他们带向天际，
啜泣声响彻整个大地，
亲爱的，我有什么地方对不起你？

昨天你还在我的脚边偎依，
视我为神圣的中华，
然而却一下子松开了双臂，
生命如同一枚生锈的铜钱，坠落谷底！

——马琳娜·茨维塔耶娃《忆昨昔》

当然，男女的私生活属于他们的隐私，这种事情与旁人无关。一位自重的传记作者从来不会迎合读者对其笔下人物私生活的非正常关注。这是一种基本的尊重，也是不成文的规定。这是不言而喻的事。

我本来根本没有想过写这些东西，可是在科拉出版了回忆录之后，我有义务把这些事做一个了结。

当然，最简单的是假装一切都没有发生。可是朗道对我而言太重要了，并且，正如科拉所说，他像孩子一般纯净。我完全不想与任何人进行辩论，或是在这个问题上提出自己的理论。我的目的简单得多——我只是想把自己从朗道那里、从科拉那里所听到的一切总结出来。我相信自己有这个义务，因为在文学界的同行之中，很少有人能够如此幸运地近距离了解自己的写作对象。

我不记得自己是在什么时候得知二姨的婚姻不正常的，不过我在上大学期间，已经很清楚这件事了。实话说，我对这件事根本就不关心，也许是因为他们自己对此也不在意吧。在我看来，如果说这个家庭有什么与众不同之处的话，那就是他们从不会对彼此不满，从不吵架，从不相互指责、发怒、斤斤计较或者被其他不愉快的事情所烦扰。

朗道对于婚姻、嫉妒、背叛和“妻管严”的看法幽默睿智，闻者无不捧腹。不过，他很认真地认为，自己发明了一种新型的夫妻关系，某种自由联盟——在这里没有嫉妒，他和她像孩子一般快乐无忧地生活。如果他们之中的某个人突然爱上了别人，另一半将为其感到高兴，否则他们就枉为真正的朋友了。一切如此简单明了，甚至让人感到奇怪，为什么只有少数人能够接受这一观点。

在这件事上，科拉也要承担一部分过错。不过，也不能说是过错。这么说吧：正是因为科拉，朗道才坚信自己是正确的。科拉在与朗道相识之初，就向他保证，说自己是个没有嫉妒心的人，永远不会因为别的女人而吃醋，她干脆想出了一句彻底征服这位年轻物理学家的话：

“你以前是单身，以后仍是单身。我不打算干涉你的个人生活。”

结果，这些誓言似乎成为了他们幸福的某种保证。回想起来，朗道一生中正是在婚姻这个问题上唯一一次违反了自己的计划，他曾说过，婚姻会妨碍他从事科学研究。制定这个计划时，他大约十七岁，那时他认为一个人最主要的品质是意志力。需要再次强调一下，朗道成功地战胜了自我，如上文所述，他只在婚姻这个问题上作了调整。而在其他问题上，朗道的立场都是坚定不移的，他有着钢铁般的意志，对自己绝无任何放纵。

这样一个善良可爱、和蔼可亲、笑容可掬的人，实际上却如同钢筋水泥一般坚强，这不能不让人感到惊奇。在他经历车祸后身体慢慢恢复的那个夏天，我在别墅里向他请教了这个问题。

“意志薄弱的人都是不值一提的！”朗道激动地说，“没有意志力什么也做不成！”

还有一个特殊的情况，那就是：朗道认为，如果一个人作出了保证，那么除非遇到生命危险，他都应当遵守自己的诺言。他从来不曾怀疑过科拉的誓言，而她在说出那些誓言的时刻，对它们也是深信不疑的。总而言之，他们签署了一份《互不侵犯条约》，建立了一种新型的自由联盟。他们在一起幸福地生活了十年，而这也并非所有人都能够做到的。朗道时常提醒妻子，说自己还会和其他姑娘交往，而她则哈哈大笑地回答：

“那就赶快去吧！”

那时，她根本不相信真的会发生那样的事。要知道朗道是那么爱她。其他女人在他的眼中仿佛都不存在，她是他的第一个，也是唯一一个女人。渐渐地，科拉相信，生活会永远这样继续下去。

然而，事实却并非如此。

那是一个令科拉永生难忘的时刻：朗道跟她说，自己终于找到了喜欢的姑娘。当她描述当时的情景时，情绪非常激动：

“道神采奕奕地飞奔到我的面前，紧紧抱住我，在我的鼻子上响亮地亲了一口，宣布说：‘科拉，我有一个好消息要告诉你。今晚9点我会带一个姑娘回家约会，我跟她说你在别墅，你要像老鼠在自己洞里那样安静地待着，或者出门去也行。你们不用见面，那会吓到她的。’

道松开了他那温柔而有力的拥抱，走开了。如今，我可以大胆地将这个大孩子的直率坦白与圣－埃克苏佩里[①]童年时期的天真无邪相提并论！当时我并未崩溃，而只是呆住了，嫉妒像潮水般淹没了我，我就不详细叙述了，要知道我并不是作家。”

八点半，科拉把自己反锁在房间里，服了安眠药，睡下了。但是药物并未起作用，她一整夜都没有睡着。

早上她给妈妈打电话，把发生的事情告诉她。

“最可怕的是，我根本无法锁上门一个人待着。这会让人发疯的。下周六晚上让迈娅来我这里吧。”

我只好过去。我和科拉在他们家对面散步，待了很久，我冻得浑身瑟瑟发抖，回到家里才暖和过来。我很晚才回家，从此晚上再没到她那里去过了。

刚开始，科拉邀请熟人们过去，后来就对那样的周六有点习以为常了。有时朗道在其他日子约会，对她来讲也都无所谓。

这样的日子持续了两年，直到有一天，出现了格拉。以前都是些轻浮的女孩子，而这次却突然冒出了一位既聪明又美貌的姑娘。科拉不安起来，她满脑子都是格拉。她要用一切办法多了解对手的情况。已经没有什么能够阻止科拉了。科拉给我打电话，讲述了发生的事情，我边听边记录了下来。下面就是她的叙述：

“道去电车站接那个女孩，他刚出门，我就躲进他房间的大壁柜里。我坐在那儿，等待他们回来。他们进来了。谈话很无趣——他们在讨论天气。”

---

① 圣－埃克苏佩里（Antoine de Saint-Exupéry, 1900—1944），法国作家、飞行员，其代表作品为《小王子》。

科拉·德罗班采娃，20世纪60年代

列夫·朗道，20世纪60年代

约会才刚开始，道突然需要从柜子里拿什么东西，他打开柜门，看到了坐在地板上的科拉。他没吭声，脸色煞白，迅速关上门，锁上柜子。他对女孩说了些什么，两人很快离开了。

“我不知道他出去了多久，时间仿佛过去了一个世纪。终于传来了脚步声，柜子门被打开了。他无法直视我，不想同我说话，默默地指了指门口，让我出去。而我像一只挨了打的狗，扶着栏杆以免摔下楼梯，一步步回到了自己的房间。在那一刻，我想，我再也没有机会上二楼了，早上我就会被屈辱地扫地出门……我哭着睡着了。黎明时，我把大门钥匙拔了出来，害怕道一旦离开家，我就没有机会跟他说话了。八点半他找我要钥匙。我说，如果他不把我的话听完，我就打开窗户大喊大叫。威胁奏效了。我哭着请求他原谅，发誓在我有生之年再也不会发生类似的事情了。我向他下跪——这让他忍无可忍，他吼起来，让我马上起身，说我这样和坐在柜子里一样令人厌恶，说我没有权力如此自轻自贱，说他这次就原谅我了。”

科拉在讲述这一切的时候，非常平静，没有哭。而我感到很震惊，她的话让我无比心痛。最后，她说：

“都是我自己的错。如果我们开始同居的时候，我没有发誓说，假如他想找情人的话，我永远不会限制他的幸福，那么就不会发生这样的事了。可谁又能想到这一切真的会发生呢，他曾经那么爱我！”

还是有必要提醒读者注意一个重要的问题：这并非正常的婚姻，这桩婚约是以欺骗的手段缔结的，它包含了一个秘密的约定，一个誓言。也就是说，朗道明确决定终生不娶，这是谁也无法改变的，因为他任何时候都不曾改变过自己的立场。只是科拉发誓说，他仍将保持单身，她不会干涉他的个人生活，这些话使朗道作出了让步。我丝毫没有责怪任何人的意思，谁也没有这个权力，我的目的是把搜集到的一切事实罗列出来，并且，我之所以写这些，完全是因为有一些似是而非的传言——这才是最糟糕的。

科拉在自己的记录中，并未完全隐瞒他们的婚姻约定，她不止一次提到了这一点：她曾经发誓不会嫉妒，她常常向朗道保证，说再也不会那样做了，但是第二天又失去控制，又哭又闹。而这些正是丈夫最厌恶的。两个人为此都饱受折磨，但是却无可奈何。朗道常常对周围的人讲，他发明了新型的夫妻关系，在这种关系中，每个人都保持着绝对自由，无忧无虑，但是生活上却有所保障，这不是人间生活，而是天堂。他的这些言论，委婉地说，误导了大家。

他为什么总是不厌其烦地向别人讲述自己标新立异的发明，讲述新型的夫妻关系呢？那是因为，他是一个骄傲的人，他不愿意承认，他和世界上几乎所有的男人一样，不得不忍受共同生活的烦恼。他隐瞒了这一切，结果弄得一团糟。其实何必自作聪明呢？俗话说得好："简简单单，活到一百。"

当我在二姨的回忆录中读到她对这件事情的一些虚构时，大为惊讶。传记中是不应该有任何杜撰的情节和对话的，我从事传记小说的写作已经二十多年了，在我看来，下面读到的这些内容是完全无法容忍的：

"我大胆地闯入了禁区，等待着别人的秘密。我战栗着，心砰砰地狂跳，隐隐作痛，这一切汇聚成一种无法遏制的病态的好奇心，如洪水般席卷了我。

那些曾经在我耳畔倾诉的话语，他会不会再次对她说呢？不过，我并没有听到那些话，说话的不是他，而是她，她的话是毫无意义的。

很快，他们需要用铺盖了。道打开柜子，我默默地从柜子中走出来，骄傲地仰起头，肆无忌惮地打量着对手，我在她眼睛里看到了动物般的恐惧。

我离开家，在沃罗比约夫公路上久久徘徊着。就这样，我违反了我们的《婚姻互不侵犯条约》。后悔吗？不！这是不可避免的。这次难堪的经历使我明白，消灭对手并不难。可是第二天，我将不得不在道面前为自己的不理智行为付出代价。

不，我不能！我不愿意！我不要！

我打算晚些回去，黎明再回去，然后永远离开那个已经不属于自己的家。眼中没有泪水，我不后悔，我不哭……”

接下来是描写令人心碎的离别场面，大概从头至尾都是想象出来的。我第一次惊讶地想到，科拉毫无疑问具有当作家的天赋。这个场景写得非常出色，可惜写得太过美好了，让人无法相信它是真实的。而且，顺便说一句，科拉安排朗道说的那些话，也不符合他的词汇习惯，我对他的用词非常熟悉，哪些语言不属于他，我一下子就能分辨出来。不过，对于作者而言，这不仅仅是回忆，还是生活中的浪漫场景，因此需要带着特别的感情来描写。

很多年以后，我才明白了一切。我不应该在这个问题上咬文嚼字，要求二姨坦陈自己的内心。这并非凡人能够胜任的。明白了这些之后，我能够对她的行为作出解释了。她是多么希望能够仰起头骄傲地从情敌身边走过啊！她多么想假装收拾行李，做出一副离家出走的样子，而朗道可怜巴巴地央求她：“请你留在我身边吧！”

正是因为她从未能够高高仰起头从情敌身边走过，她才把这一切写在书中。而现实却是相反的。

那时，科拉请我用打字机把朗道写给她的几十封信打印出来，因为她的视力变得不太好了，而朗道的笔迹难以辨认。情书嘛，总是充满了柔情蜜意，只是其中有一封，仿佛一声惊雷，道出了他们关系中痛苦的真相。再说一下，我阅读了朗道在他们共同生活的24年间所写的大约50封书信，除了这封写于1945年8月23日的信之外，再找不到一句抱怨和指责。那些信里也没有提供什么有价值的信息。因此，对于传记作者来讲，最感兴趣的就是下面这封写于克里米亚疗养院中的信了。

亲爱的科拉：

我要跟你说的话太多了，不知道一封信如何才能写得下。先从正事开始吧。早上在火车上醒来的时候，我突然想起，在给娜佳的电报里我把日期写错了，比实际时间晚了一天。现在我唯一可以做的，就是把给娜佳的包裹以她的名义放到寄存处（有这样一个地方），然后通过邮局把取物单邮寄给她。最后她能不能收到，只有老天知道了。我怎么会把日期弄错了呢？！顺便说一句，我不知为何把出发的日子当成星期六了，实际上却是星期五。你看，科拉，最好不要让我去做发电报之类的事情。你那样求我，我不好意思拒绝，可是却办不成什么事，我就是一个没有生活能力的人。不过总的来说，这当然是件小事。只是可怜了娜佳。

坐火车很舒服，只是有些寂寞，和我同一个包厢的姑娘一点都不好看，可也没有其他更好的姑娘了。在辛菲罗波尔市我把西服上衣忘在了车厢里，不过后来想起来，找到了。我没有住在“加斯普拉”，而是住在另外一个靠近海边的“红旗”疗养院。两家疗养院的院长是同一个人。起初我是偶然住进来的，后来我就尽量留在这里了，这儿离海近，环境更好。所以我的地址是：克里米亚，米斯霍尔，“红旗”疗养院。总之我在这里过得不错，伙食虽然不好，但是能吃饱，因此我甚至还没有开始动用自己的储备。水果很充足，有梨、李子、葡萄、核桃等等，可以尽情吃。

虽然没看到漂亮姑娘，可是自然风光还是很美的。我常常遗憾你不在身边，不能和我一起看看月亮什么的。不过，从另一方面来讲，这或许也有好处。你想象不到，最近你令我感到多么焦躁。亲爱的科拉，请你明白，我并没有其他的想法，只是或许我真的不适合生存，我本该在年轻时就死掉的，只是偶然活了下来。很显然，我无法继续忍受那种或许在你看来正常的生活方式了。此刻，当我想到这些的时候，不由得感到害怕。我们之间的关系，也许是我们现在和以后生活中最美好的东西，你怎么能把它变成标准的合作社吵架的水平呢？我的生活当中竟然会发生类似的事情，对此我感到非常羞愧。现在，我还像以前一样向别人吹嘘着我们自由美好的生活，所有人都羡慕我，可是我很清楚，这只是我的幻想而已。有时我觉得，或许我的努力是徒劳无益的，你根本无法改变，正如我根本无法按照你的方式生活一样。那么我们应当尽快离婚。我对你的感情是非常珍贵的，这种感情也许在人生中只有一次，我不能眼看着它深陷于泥沼和鄙俗之中。如若我们真的无法相互理解，那么，至少让那些关于纯真爱情的幸福回忆保留下来吧，如今它们已经快要淹没在柴米油盐之中了。科拉，请考虑考虑：斟酌一下自己的能力，不要每天作保证，第二天又重蹈覆辙。你觉得自己是否有能力再也不说一句类似的话，再也不出现一个类似的念头？你既想拥有我又想继续鄙俗下去，这条路已经行不通了，你已经走到死胡同了。你必须在我的爱和其他东西之间作出选择。

期待你的回信。孩子还好吗？

目前还属于你的道

1945年8月23日于红旗疗养院

如果你在回信中吵架的话，那么就说明同意分手了。

睡眠又有点不太好了。

因此，有关全新夫妻关系的发明不过是一个谎言而已。朗道绝对不能让周围的人知道，他的婚姻是普普通通的，他有着普通的家庭问题。可爱的朗道，不过，在这封信里我们所看到的朗道，让人觉得更容易理解。

科拉从不抱怨自己的丈夫。只是后来在对打字员口述自己的回忆录时，为了不失体面，她从旁观者的角度回忆了这些往事。至于她花了很多时间和精力处理与埃马努埃尔院士的关系，我就不赘述了。科拉在自己的回忆录中称他为科连卡，他以柏拉图式的爱情追求科拉。而且他还爱打人，极其没有教养。

这些都是无稽之谈。否则科拉临终时不会这样说：

“道是对的——嫉妒是一种可耻的情感。我不再嫉妒，想起他的那些姑娘们，我感到很温暖。要知道，她们曾经爱过他……”

第十三章
飞来横祸

病人的伤势是致命的。

——摘自朗道病历

1962年1月7日，星期日，莫斯科的路面结满了罕见的薄冰。头一天晚上刚下过雨，清晨上冻了，整座城市变成了一个大冰场。快十点的时候，一辆伏尔加牌小轿车停在朗道家门前，驾车的是物理学家弗拉基米尔·苏达科夫，他的妻子薇拉坐在旁边。朗道和朋友们一起去杜布纳市[①]看望学生，准备在那儿待三天左右。

大家一路聊着天，时间不知不觉地过去了。汽车沿着落叶松林荫道前行，驶过古老的季米里亚泽夫科学院。刚一上德米特罗夫公路，苏达

① 杜布纳市是位于莫斯科以北125公里处的一座科学城，是俄罗斯最大的核物理研究中心。

科夫就开始超越一辆公共汽车，突然，他看到迎面开来一辆货车，便猛地踩下刹车。汽车打滑，失去了控制，开始在冰面上打转。货车重重地撞了上来，撞击很短暂，然而冲击力巨大，整个冲击力都集中在了朗道身上，他由于惯性被紧紧压到车窗的玻璃上。

这是德米特罗夫公路的起点，相撞的车辆静静地停在那里，周围聚集着一群人。伏尔加轿车上的乘客面色惨白，鲜血从他的太阳穴和耳朵冒出。车祸发生后几分钟，救护车到达事故现场。医生惊骇地看到，人群中有人正在用雪敷在伤者头上。

11点10分，伤者被送往位于斯塔罗耶公路的第50医院。他已经没有生命体征，面无血色。病历中的第一条记录这样写着："多发性脑挫伤，额颞部撕裂伤，颅底及颅顶骨折，胸腔受挤压，肺部损伤，七根肋骨折断，骨盆骨折。休克。"

医生的周末是一个相对的概念。外科医生如果前一天给危重病人做了手术，那么他很有可能周日要到医院看望自己的病人。这次便是如此。当救护车把朗道送到医院时，中央医师进修学院创伤外科教研室主任瓦连京·亚历山大罗维奇·波利亚科夫教授刚好在，他是全国最好的创伤外科医生之一。值班医生给波利亚科夫打电话，说医院送来一位重伤病人，他立刻赶了过去。

受伤之后的最初几个小时至关重要，伤者随时都会出现生命危险。朗道之所以没有在车祸当天死去，应该归功于那些从救护车上亲手接过他的医护人员，首先应该归功于瓦连京·亚历山大罗维奇·波利亚科夫。

这家医院的医生经常救治交通事故的伤员，具有治疗外伤的丰富经验。妮娜·叶戈罗娃、弗拉基米尔·卢奇科夫和弗拉基米尔·切尔尼亚克这些年轻的医生们竭尽全力挽救朗道的生命。当他们得知病人是享誉世界的科学家时，决定立刻通知他的朋友们，并进行会诊。卡皮查正在别墅，他接到电话后，立刻赶往莫斯科。医院开始进行专家会诊。

车祸之后，大家分秒必争，为挽救朗道的生命展开了一场旷日持久、紧张而艰苦的斗争。16时，进行了第一次会诊。神经外科医生谢尔盖·尼古拉耶维奇·费奥多罗夫日夜守候在朗道身旁。人们都说，他能够将病人们从死神手中夺回。

“我看到，病人已经生命垂危，”费奥多罗夫讲述，“处于濒死状态，毫无希望了。哪怕只是肋骨受了那样的伤，百分之九十的病人也会死于呼吸停止，因为呼吸时伴随着难以忍受的疼痛，这会导致他们无法呼吸。在神经外科研究所中我们几乎每个月都会遇到类似的病例。”

病人命悬一线，费奥多罗夫的神经一直绷得紧紧的。病人从休克中苏醒过来，可是情况却一天比一天糟糕，出现了各种严重的并发症。到第三天，病人出现心律失常，脉搏极其微弱，生命垂危。费奥多罗夫为他进行动脉加压输血，注射去甲肾上腺素。心跳恢复了正常。然而，又出现了外伤性肠麻痹，无法排尿。死神又一次差点夺去了朗道的生命，医生们再次顽强地同那些致命的并发症进行着斗争。肠和肾的功能恢复了，病情有所好转。

费奥多罗夫寸步不离地守候着朗道。实际上他住到了医院，连家都不回了。

一个人只要还有呼吸，那么就有生的希望。可是1月12日清晨5点，朗道几乎停止了呼吸，再次病危……难道一切就这样结束了吗？

当时有一种叫“恩斯特龙”的人工呼吸机，被称为“人工肺”，能够将空气压入肺部，代替人进行“呼吸”。第50医院里没有这种仪器。不过，物理学家们在莫斯科的一家医院找到了一台“恩斯特龙”呼吸机，大家把沉重的机器扛到马路上，拦了一辆过路的卡车，把机器运到医院，然后把它抬到朗道的病房里。如果他们晚到一个小时，病人也许就再也无法呼吸了。

在“恩斯特龙”的帮助下，病情稳定了下来。这是死神第三次来袭，他再次挺过来了。那时大家还不知道，死神正在积蓄力量，准备发起最后一波最为可怕的攻击。1962年1月22日，在朗道生日的前夜，他的脑部和全身出现水肿。很明显，朗道快不行了。物理学家们陷入了绝望……

然而医生们得知，在伦敦和布拉格有一种药物，有时能够挽救重伤病人的生命，不过他们还不清楚这种药的名称。

大家把有关这种药物的情况告诉卡皮查院士，卡皮查立刻给英国的布莱克特、法国的比卡和丹麦的奥格·玻尔等物理学家们发了电报。卡皮查不敢把车祸的事告诉奥格·玻尔的父亲——尼尔斯·玻尔。可是尼尔斯·玻尔却回信了，第二天就寄来了药，可惜的是，并不是所需要的那种药。

比卡在巴黎没有找到指定的药物，便给布拉格的一位德国朋友打电话，那人立刻跑去找绍姆，绍姆寄来了药物。

第一个包裹来自英国。卡皮查的剑桥老友帕特里克·布莱克特当时不在伦敦，但当他得知电报内容之后，立刻将电报转交给另一位著名的英国物理学家约翰·道格拉斯·科克罗夫特。科克罗夫特先生一分钟也没耽搁，立即开始寻找所需药物。出版商道·马克斯韦尔向他提供了帮助。药物拿到了，但是赶不上伦敦—莫斯科的航班了，他们给希思罗机场打了电话。机场得知需要给重伤病人运送药物后，将飞机起飞时间整整推迟了一个小时。

科克罗夫特先生将一个袋子交给飞行员，上面简单写着：朗道用。

几分钟后，飞机起飞了。此时，值班的物理学家雅科夫·斯莫罗金斯基已经在谢列梅捷沃机场等候。

我们不清楚，从友谊之手在英国土地上将珍贵的包裹交给飞行员那一刻算起，它花了多长时间到达医院。不过我们可以断定的是，已经无法再快了。

当费奥多罗夫接过那个珍贵的小玻璃瓶时，他只说了一句话："英国人是好样的！"

朗道出事的消息迅速传遍了整个物理学界。物理学家们在得知这个可怕的消息之后，纷纷来到位于斯塔罗耶公路的医院。很少有人说话，每当医生从病房走出，大家就会投去警惕的目光：他还活着吧？朗道的爱徒伊萨克·雅科夫列维奇·波梅兰丘克将额头紧紧贴在墙上，在走廊里嚎啕大哭。深深的恐惧促使大家坚守在医院里，人们害怕会突然出现那个不敢提及的结果。夜幕降临了，谁都没有离开。医院只好将物理学家们安顿到主任医生办公室旁的一个房间里。

著名的"物理学指挥部"就这样形成了。指挥部的值日簿上有87个名字！朗道的学生、学生的学生暂时担任了调度员、信使以及司机。正是他们在没有等到工人的情况下，用自己的肩膀将沉重的呼吸机扛到医院，正是他们在机场守候着来自伦敦、哥本哈根、纽约、柏林和布鲁塞尔的航班。他们利用自己的外语能力进行电话咨询、解释寄来的药品的功效，他们充当了司机……应当再次强调，重要的是，他们竭尽全力挽救着朗道的生命。

毫无疑问，这场悲剧使朗道院士得以提前知晓，在他去世之后人们将会如何对待他。

对于众多亲朋好友来讲，时间仿佛在车祸那天停止了。入院初期，他的身体不断出现状况。刚开始，大家小声地相互转告：如果能撑到早上，可能就没事了，然后大家开始这样谈论第三天、第四天，再往后出现了最危险的第十五天，就这样过去了整整一个半月，时间总共拖了将近一年。

“物理学指挥部”分工明确，一刻不停地运转着。事实上物理学家们完全从医生那里接手了组织工作，正因如此，谢尔盖·尼古拉耶维奇·费奥多罗夫、弗拉基米尔·伊里奇·卢奇科夫和弗拉基米尔·阿伦诺维奇·切尔尼亚克才得以全力以赴地投入到病人的治疗中。

在车祸第四天，科拉被带到医院。伊戈尔那时在研究所的实验室工作，他是个又高又瘦、极度害羞的小伙子。虽然他每天至少四次从研究所的大厅经过，但是却害怕看到挂在那里的“朗道健康状况通报”。

人们并未把从医院传出的消息全部告诉他。后来大家才明白，根本没有必要向他隐瞒真相，因为伊戈尔做了一个装置，使他能够通过另一个房间中的电视机听到所有与医院的电话通话。

朗道使用了40天人工呼吸机。使用人工呼吸机的病人与普通病人是不同的。洒满阳光的病房里一片寂静，只有呼吸机沉重的喘息声，而护士则不时蹑手蹑脚地到病人身边查看。他并未睡着，也没有醒来，仍徘徊于生死之间——没有意识，没有呼吸，通过导管进食。营养医师们制定了一份能够提供所需营养的食谱——从黑麦面包屑到鱼子泥。

朗道的好友沙利尼科夫和他的夫人奥莉加·格里戈里耶夫娜为朗道做了两个月饭。为了能够在8点半准时把饭送到医院，他们6点钟起床，给餐具消毒，熬制清汤，把煮好的肉、鱼、蔬菜擦碎，煮粥，制作果汁和羹。

喂食本身也并非易事，这项工作由护士薇拉·尼古拉耶夫娜·奥博列耶娃负责。在这些日子里，医生们和护士们都疲惫不堪，而薇拉·尼古拉耶夫娜仍尽心尽力地使用着难以操作的注射器，调整枕头，为朗道翻身。她那轻柔而浑厚的嗓音能够给予病人最好的安慰。

2月初，一名护士对另外一名护士说：

“道今天心情不错。”

可是，如果有人在这些日子里第一次见到他的话，这些话听起来简直难以置信。的确，病人脸上毫无生气的蜡黄色消失了，不再显得那么憔悴。不过他的嘴巴总是张着，他快速地把口水吞咽下去，仿佛熟睡中的孩子一般。他的样子有点像个孩子，同时也有点悲伤。在最初一个半月里，最可怕的是他那空洞的眼神。如果你站在他的视线之内，会感到不寒而栗——他什么都看不见，目光穿透你飘向远处。

夜晚来临，值班护士目不转睛地盯着病人。当他开始焦躁不安时，护士安慰着他。病人经常能够看到自己身边的护士，有时是这一个，有时是另一个。现在，他已经对她们习以为常，不会再害怕地四下张望了。

车祸一个半月之后，医生宣布，病人得救了。不过他仍然没有恢复意识，只是他的目光时而柔和，时而哀伤。

2月22日，朗道的目光中现出了第一缕神采。这已经是一双完全不同的眼睛，它们不再呆滞空洞，它们能看见了。我告诉他，他正在渐渐康复，一切可怕的事都已过去。他听着，目不转睛地盯着我，最重要的是，当我说完之后，他就不再听了。而在我的话结束之前，他的目光一次也没有移开。

但是，又经过了漫长的六周之后，病人才开口说出了第一句话。这是一个艰难的时期，有时候意识清醒了，眼中流露出想要表达的愿望，可是却发不出声音。时间一天天过去，需要赶紧采取对策。苏联科学院主席 M. B. 克尔德什、卡皮查院士和 Л. A. 阿尔齐莫维奇院士坚持认为，应当组织更为广泛的国际会诊。

令人称赞的是，外国学者们立刻答应了邀请。国际会诊邀请了全世界最优秀的专家参加，包括兹德涅克·昆茨、马里·加尔辛、杰拉德·吉约、怀尔德·潘菲尔德等。

首先到的是法国专家。他们查看了病历，研究了X光透视片，为朗道做了检查，然后坦言说，从未见过有人受这么重的伤。

“我们在临床上第一次遇到这样的病例。伤势这么重还能够活下来，真是不可思议。此前所有类似的病人都死亡了。也许正因如此，很多症状看起来都是不同寻常的。俄罗斯同行们凭借他们的坚韧勇敢和高超医术将病人从死亡线上拉了回来，让我们感到惊讶。”

法国专家们反对手术。他们认为，即使不做脑部手术，朗道也能恢复健康。

1962年2月27日是个令人难以忘怀的日子。朗道躺在195号病房里，阳光洒满整个房间。妻子科拉来到他的病榻前。

“你能认出我吗？”

朗道点了点头作为回答。

这是多么激动人心的时刻啊！科拉哭了起来，护士冲上前去拥抱她。

“你能认出我吗？”

他再次点头。护士薇拉·尼古拉耶夫娜觉得，太兴奋有可能会对病人不利。

“不要让他疲劳，您最好在大厅里等一会儿。马上就开始会诊了，而这样会让他筋疲力尽的。”

这时是10点半。11点15分，卡皮查带来了加拿大著名的神经外科医生怀尔德·潘菲尔德。

这位肩负着神圣使命的加拿大学者赶往身受重伤的病人那里，苏联政府允许他免签入境。头一天晚上，由于暴风雪席卷了英国首都，潘菲尔德乘坐的航班在伦敦滞留了3个小时。他不顾72岁高龄，一下飞机便直奔医院看望这位大洋彼岸的病人。

“他会英语吗？”这位加拿大学者询问病人的情况。

“是的。不过他现在连俄语也不能完全听懂了。”值班医生回答说。

“可是英语要简单得多。”潘菲尔德笑了一下。第一次检查是在夜间进行的，病人很疲劳。潘菲尔德主张进行脑部手术，他说，已经没什么可损失的了。然而到了早上，医生眼前出现的却完全是另外一个人——病人的目光明亮而有神。只不过床边站着一群陌生的、穿着白大褂的医生，他当然不会冲他们点头，就像不久前对妻子所做的那样。

他的妻子帮了忙。她再次问：

“你能认出我吗？”

他点点头。她又问了一次，他再次冲她点头作答。医生们欢欣雀跃。现在已经毫无疑问：病人出现了短暂的意识恢复。这一情况被潘菲尔德详细记载到了病历当中。

这位加拿大学者的结论是——向苏联医生们的献身精神致敬：

朗道教授

1962年2月27日

7周前遭受严重车祸。盆骨及肋骨骨折。经过X光透视检查，发现双侧颅骨骨折，中央脑回前约5

厘米处左前位置有开颅手术后形成的圆形颅骨缺损。他能够生存下来，完全是得益于锲而不舍的护理和治疗……我的结论是：对朗道进行保守治疗是正确的选择。不需要再做什么了。

预后难。病人现已好转。如病情持续好转，我认为他能够恢复语言能力。但是我担心，他的右手运动能力将永远受损。

怀尔德 · 潘菲尔德

会诊之后，潘菲尔德谈了病人脑部的情况：

“大脑并未损坏，但不会立即康复，需要一个漫长的过程。”

晚上，朗道被转移到神经外科研究所。2月28日早晨，潘菲尔德写下了第二条病历记录，这次的情况更为乐观：

2月28日。在神经外科研究所做了检查。病人的反应比昨天更好。智力以及手脚的功能有望大幅好转。物理治疗非常重要。W. P.

一次，瓦连京 · 亚历山大罗维奇 · 波利亚科夫说：

“物理学家们展现出的勇敢、忠诚和高尚的品质，令医生们感到非常敬佩。”

医生之间流传着这样一个玩笑：

“对于朗道的得救，医生、物理学家和朗道自身的体质（他从不抽烟喝酒）各占百分之三十三的功劳，而余下百分之一应该归功于上帝。”

当然，医生们非常谦虚，不过，物理学家们也证明了朗道在他们心中有着怎样的分量。

4月8日，星期日，朗道终于开口说话了，他对护士说出了一个单词：

“谢谢。”

第二天是阿布里科索夫值班。当他穿着白大褂走进病房时，护士问：

“列夫·达维多维奇，您认识这个人吗？”

“认识。”

“他姓什么？”

“阿布里科索夫。”

“他是谁？医生还是物理学家？”

“物理学家。”

与此同时，朗道亲切地注视着阿布里科索夫，并且冲他微笑了一下。

已经毫无疑问，朗道恢复了语言能力。可是，阿布里科索夫却由于意外和激动而惊慌失措，差点不会说话了。

朗道开口说话的消息一天之内就传到了所有的医生和物理学家那里。然而在接下来的几天里，病人却一直沉默不语。不过从4月14日起，他已经能够说俄语和几种外语了。他朗诵了自己最喜欢的抒情叙事诗，背诵了莱蒙托夫、西蒙诺夫的诗、英文诗歌，还有一些散文段落，一字不差地引用了他最喜欢的列宁的一段话：“谁都不会因为生下来是奴隶而有罪；但是，如果一个奴隶不但不去追求自己的自由，反而为自己的奴隶地位进行辩护和粉饰，那他就是理应受到憎恨、鄙视和唾弃的下贱奴才了。”

病人面临着漫长的治疗过程，他要接受按摩，学习坐、走路、做操。不过可以肯定的是，他正在渐渐康复。

5月3日

病人早晨醒来，对护士们说：

“我有个儿子叫伊戈尔，麻烦叫他过来。”

父子相见了！他们激动地望着彼此。

5月6日

研究生阿纳托利·鲁西诺夫值班。他记录了与朗道的对话。

“道，您还记得什么是泡利顺磁性吗？”

“记得。”

“那么朗道抗磁性呢？”

“当然记得。”

“它们取决于温度吗？”

“基本与温度无关。”

“那么它们之间有什么关系？”

“相等，精确到常数因子。”

“它等于什么？”

“大约1/3……”

5月16日

“我变得有点奇怪。”

“为什么？”

“什么都记不住……瞧我的腿……我发生了什么事？”

医院请来了精神病专家检查病人的智力水平。

“列夫·达维多维奇，请您画个圆圈。”朗道认真地画了个十字。

“嗯。那么现在请您画个十字。”朗道画了个圆圈。

“您为什么这么做？”精神病专家责备说，“请您按照我的要求做。”

“我正是按照您的要求做的。您请我做蠢事，我满足了您的愿望。”

“是的，可是您做的都是相反的！”精神病专家反驳说。

“这都是些愚蠢的题目，如果我不这么做的话，您倒是有权怀疑我的智力水平了。”

1962年的整个夏天，朗道都是在H. H. 布尔坚科神经外科研究所昏暗的病房中度过的。

7月20日

“我为什么在医院里？我为什么在这里住这么久？我有点不太相信发生的事故。”

8月2日

“我对男性的美没什么研究，不过据我判断，费奥多罗夫很英俊。并且他是一位很有才华的医生。他挽救了我的生命。我非常感谢他。”

8月10日

值班的物理学家来了。朗道问他：

“您研究什么问题？”

“铁磁性。其中还有些没有搞清楚的地方。”

“不，谁说的？一切都很清楚。”朗道迅速地回答。

9月16日

“我感觉自己的力气就要用完了。”朗道说。

11月22日

“显然，我这场病创造了一个愚蠢的记录。”

11月25日

朗道说，降落伞试验员叶夫根尼·安德列耶夫是个非常谦虚的人。

“英雄从来不摆出一副英勇无畏的样子。只有胆小鬼才总是装出英勇无畏的样子。”

他用嘲讽的口吻地谈起自己：

“我这真是虎落平阳啊。”

经常探望朗道的人看到，他康复得很快，重要的是恢复了记忆。

卡连·捷尔－马尔季罗相回忆了他和朗道的一次谈话。

“知道吗，在我小的时候，妈妈曾跟我说：‘当你醒来的时候，望着窗外，外面是蔚蓝的天空和金色的太阳，快乐向你袭来。这是世界上最美妙的事。’”

“嗯，怎么了？”

“而现在这种快乐不复存在了。快乐伴随了我一生，而现在却离我而去了。”

“道一点都没变。”贝拉·捷尔－马尔季罗相说。贝拉是朗道的爱徒卡连·捷尔－马尔季罗相的妻子。她是一位医生，所以她的意见很重要。

阿布里科索夫、卡皮查、阿列克谢耶夫斯基、弗拉德科夫，还有很多其他人也都这么说。但是有一个人却固执地强调，朗道的状态严重退化了。这个人就是栗弗席兹。这快把科拉弄疯了。

“栗弗席兹散布谣言说，道完全失去了理智。”有一天，科拉说。她发现我不大相信她的话，于是建议说：“你可以拿本书，去朗道的病房旁边坐一会儿。栗弗席兹每天早上都在那儿待着。塔尼亚讲，他拦住每一位去看望朗道的物理学家，嘱咐他们问朗道一些问题。而每当有人为了测试朗道的智力而向他提一些愚蠢的问题时，他就会勃然大怒。求你帮我这个忙，我需要了解实情。”

于是我去了一趟医院。栗弗席兹还未到。我没有找到别的椅子，只好坐到沙发椅上。我请求费奥多罗夫把我安排到离朗道病房比较近的地方，他向我提供了帮助。总之，我来到了隔壁病房。

我不是很走运，只有两个人前来探访。不过，栗弗席兹的确给了他们指示。两个人很不情愿地从栗弗席兹手中接过了写着问题的纸条，想要表示反对，可是栗弗席兹说，这是医生的要求。

“怎样求积分，这是大学二年级的题目。朗道一定会生气的。”

“不管他生不生气，医生都想要了解情况。”

两人的探访都没有超过两分钟，然后他们就像被开水烫到似的跳了出来，身后传来病人的怒吼：

“我不想回答这些愚蠢的问题！滚开！以后不要在我面前出现！”

“他完全丧失理智了，”栗弗席兹笑着说：“你们相信了吧？”

栗弗席兹成功地使医生们相信，朗道的情绪不正常。很遗憾，这对朗道的命运造成了影响。

我对科拉讲述了见到的情景。我问，他为何要这样做。

“这是过去的事了。栗弗席兹的行为也是可以理解的。朗道曾经像支使狗一样支使他。他们合著的这套《理论物理学教程》堪称完美。当时由朗道陈述每一章的要点，而可怜的栗弗席兹则需要把所有内容完美无缺地写下来，每一页他都要重写两次。他厌倦了。现在他取代了朗道的位置，成为部门领导。医生们很重视他的意见，他是朗道的朋友嘛。”

而实际上，朗道有一个真正的朋友——阿尔乔姆·阿利哈尼扬。

卡皮查说得很对：“科拉和栗弗席兹两个婆娘在朗道的病榻前打起来了，这是朗道的不幸。”

真是一针见血。如果没有发生这样的争吵，医生们就不会听信他人意见从而认为病人已经没有希望，就会为他切除粘连，朗道就能够重新开始工作，事情的结局也就完全不同了。

外科医生基里尔·谢苗诺维奇·西蒙尼扬在朗道去世的前几天，为他切除了倒霉的粘连。他说：“如果朗道只是个副博士的话，这个手术五年前就做了。可是对于这么有名望的人，谁会允许我碰他的肚子呢。”

也就是说，朗道是正确的，他抱怨说，每次呼吸时腹部都感到疼痛。

为朗道进行遗体解剖的拉波波特教授说：“头部的伤把医生们引入歧途了。然而必须强调另外一个情况，那就是朗道不能耐受疼痛。如果他要找牙医就诊，那么前一天就开始愁眉苦脸、无法工作了。在那些天里，他根本顾不上什么物理学研究。他天性如此。因此，如果每次呼吸都感到疼痛的话，他是不会进行科学研究的。身边的人会明白这一点，其他人却无法理解。”

不过这是后话了。我们的故事才讲到1962年的秋天。

9月，朗道被转移到科学院医院。正是在这里，他获得了两个重要的奖项：他和栗弗席兹因为《理论物理学教程》而被授予列宁奖；朗道被授予1962年的诺贝尔物理学奖。

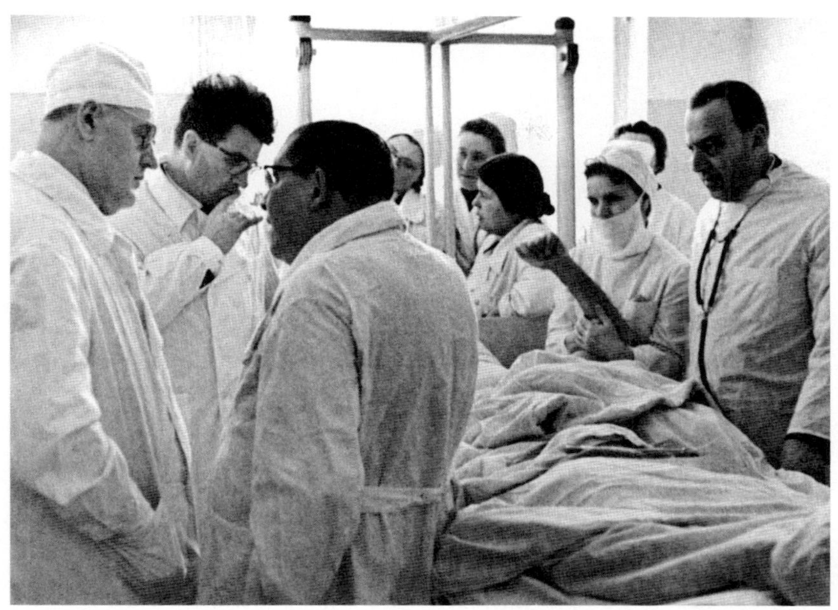

会诊

在科学院医院中被授予诺贝尔奖，
*1962*年*12*月*10*日

在科学院医院中被授予诺贝尔奖（证书和金质奖章），*1962*年*12*月*10*日

列夫·朗道和妻子在诺贝尔奖授予现场

列夫·朗道读诺贝尔奖贺信

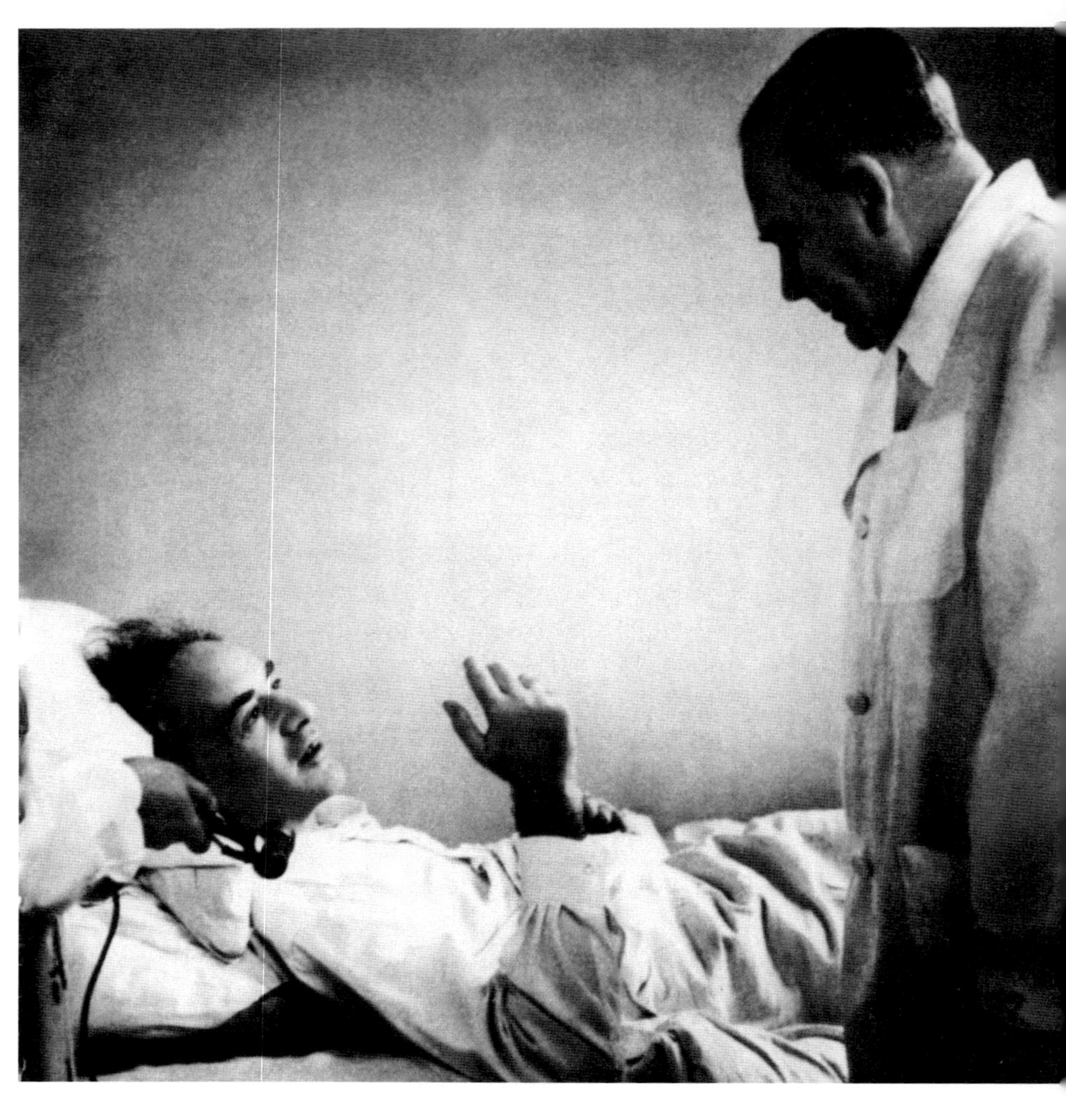

瑞典驻苏联大使罗尔夫·索尔曼先生祝贺列夫·朗道获得诺贝尔奖，*1962*年*11*月*2*日

11月1日，朗道收到一封电报：

列夫·朗道教授：

瑞典皇家科学院今天决定授予您诺贝尔物理学奖，以表彰您在凝聚态介质理论领域，特别是在液氦理论中的开创性工作。详情函告。

常务秘书　埃里克·拉德伯格

1962年11月1日

11月2日早晨，瑞典驻苏联大使罗尔夫·索尔曼来到医院。他对朗道的获奖表示祝贺。

“您说英语有困难吗？”大使用俄语问。

“Just the same.”[①]朗道回答。

记者们蜂拥而至。医生们担心记者的采访会对朗道的身体不利。可是朗道乐于接待所有的记者，回答每一个人的问题。

朗道对外国记者们说：

“在我看来，这次获奖意味着苏联人民对世界进步所做出的伟大贡献又一次获得了普遍的认可。”然后，他突然笑了一下，补充说：“请你们在刊物上转达我对我的老师尼尔斯·玻尔的感谢。在很多方面我都要感谢他的帮助。此时此刻我想起他，心中充满感激。”

---

① 英文，意思是“一样”。

对这件发生在位于列宁大街的科学院医院中的大事，塔斯社进行了报道，新闻是这样开头的：

“只有少数得到命运眷顾的幸运儿能够成为诺贝尔奖的获得者。为此，需要在科学之路上留下耀眼的足迹，需要获得真正具有世界意义的发现。在俄罗斯科学家中，获得诺贝尔奖的有И. И. 梅契尼科夫、И. П. 巴甫洛夫、Н. Н. 谢苗诺夫、П. А. 切连科夫、И. Е. 塔姆、И. М. 弗兰克。今年，列夫·达维多维奇·朗道也获得了这一殊荣。

12月10日，这位著名的苏联物理学家在莫斯科被授予诺贝尔奖获奖证书和金质奖章。

大厅里，科学家们在铺着绿色台布的桌子旁就座，在场的有苏联科学院院长姆斯季斯拉夫·弗谢沃洛多维奇·克尔德什、彼得·列昂尼多维奇·卡皮查院士、列夫·安德烈耶维奇·阿尔齐莫维奇院士、尼古拉·尼古拉耶维奇·谢苗诺夫院士、伊戈尔·叶夫根耶维奇·塔姆，以及瑞典驻苏联大使罗尔夫·索尔曼先生。诺贝尔奖获得者列夫·达维多维奇·朗道院士的席位在正中间。虽然他在经历了重伤之后还没有完全恢复，但他仍旧是那个深受各国物理学家爱戴的朗道，大家爱他罕见的理论才华，爱他的善良、谦虚、富有同情心。想必在哥本哈根物理学家们的记忆中，朗道正是这样的形象。20世纪30年代，他曾在那里跟随自己敬爱的导师、举世闻名的尼尔斯·玻尔学习。

朗道现年54岁。或许是意志力和对科学的热爱帮助他从病痛中挺了过来……”

举国上下都知道了苏联物理学界的喜事——朗道获得了诺贝尔奖。12月10日，在阿尔弗雷德·诺贝尔逝世纪念日这天，颁奖仪式在医院举行，诺贝尔奖通常都是在这一天颁发的。

和物理系大学生们
一起散步

列夫·朗道在医院散步，
*1963*年夏

朋友和同事们的贺信、贺电像雪花般飞来。尼尔斯·玻尔、维尔纳·海森伯、马克思·玻恩最先发来祝贺，然后朗道收到了弗里茨·朗格、李政道、杨振宁、休恩伯格的贺电以及数不清的信件。

那些天里，美国《生活》杂志刊登了介绍朗道的长篇文章，标题震撼人心——《起死回生后的诺贝尔奖》。不管怎样，很多人还是感到惋惜，这个无上荣耀的、朗道当之无愧的奖项来得太晚了。

朗道与前些日子相比判若两人。他精神饱满、心情愉悦，没完没了地开玩笑。以前他常念叨："当然，谁会需要一个像我这样可怜的残废呢。"现在他再也不说那些灰心丧气的话了。他的外表也有明显的变化，看上去精神焕发、气度翩翩。

12月18日，朗道说：

"我失去了一年，但是这段时间让我知道了，人们比我想象中要好得多。"

1963年，朗道与前一年一样，是在医院中度过的。一直到1964年1月25日，他才再次踏进自己的家门。晚上，朗道的家中挤满了人，房间里很热闹，不时传出欢笑声。据一位当时在场的人回忆，朗道的生日刚刚过去三天，大家为他送上生日的祝福。

朗道笑着问：

"有一位善于随机应变的省长忘记及时向沙皇贺寿了，你们知道他是怎么做的吗？他给沙皇拍了一封电报：'我已经连续三天为沙皇陛下的健康饮酒祝福了。'沙皇回复他：'可以停了。'"

大家哈哈大笑起来。

当大家离开之后，朗道突然说：

"我今天才明白，我生病了。这是记忆的保护性反应——我不记得之前发生的事了。我是今天才开始生病的。”

然而，距离那一天已经整整过去748个日夜了。在那个星期日，朗道沿着被薄冰覆盖的、湿滑的道路前往杜布纳市……

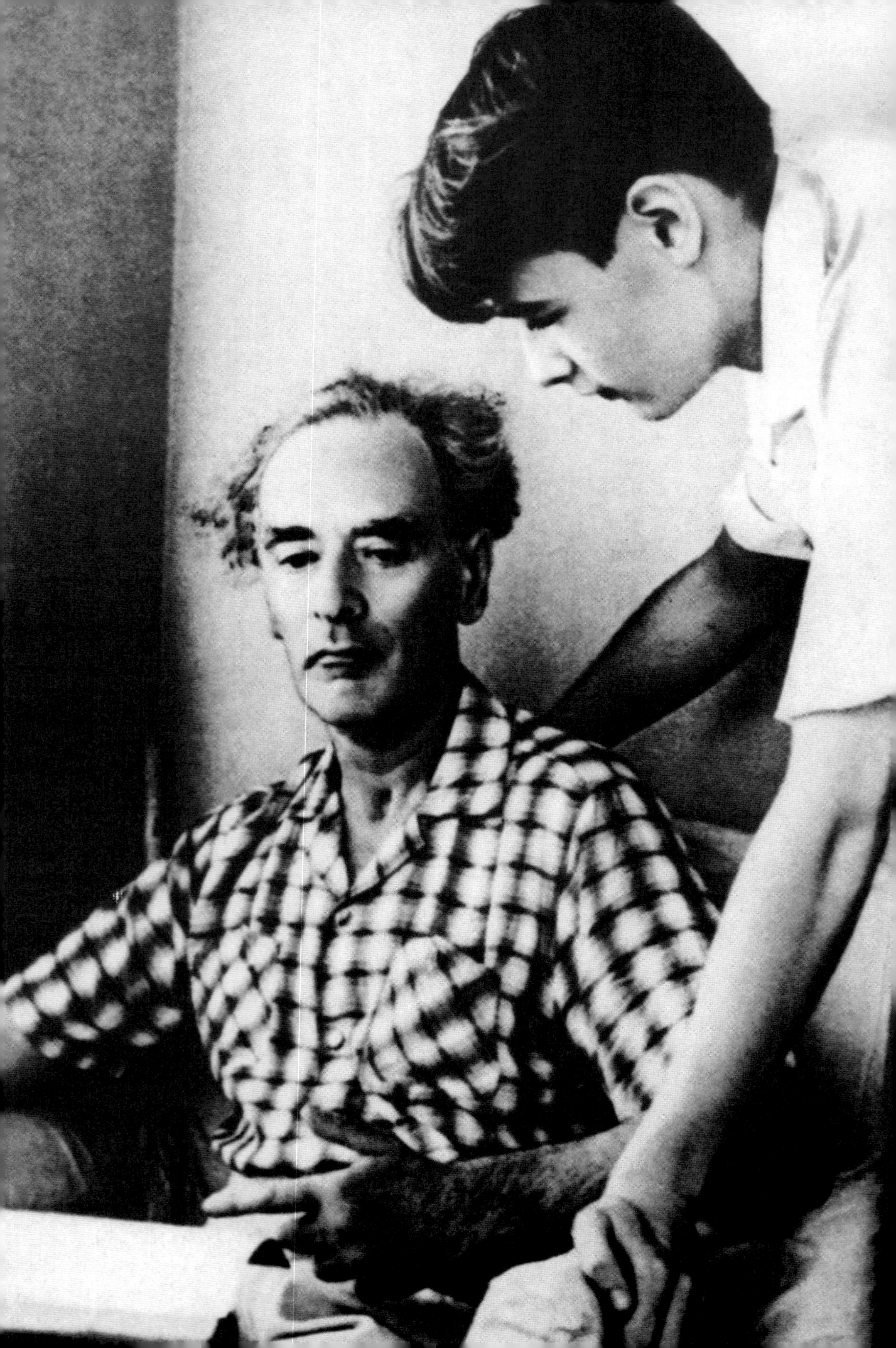

第十四章
最后的时光

我们知道，在你我身边，曾经有一个奇迹。

——莫伊谢伊·马克罗夫《忆朗道》

1964年的夏天非常炎热，常常雷雨交加，大雨倾盆而下。奇妙的夏天转瞬即逝。

朗道并没有开始工作。亲朋好友们仍然相信他能够完全康复。医生们对家里安静的环境以及悉心照料寄予了很大希望，他们强烈建议朗道在别墅里度过夏天。他刚开始反对，后来同意了。

生病之前，朗道的生活节奏非常快，因此他在别墅里住不了两天。然而，一切已恍如隔世。这一次，他在郊外深居简出地住了三个月。

6月26日，朗道来到别墅。路途的颠簸令他难以承受，下车时他非常虚弱，面色苍白。还需要沿着小路步行大约一百米，他穿着沉重的矫正靴，拄着拐杖，扶着护理员的胳膊，艰难地挪动着脚步。

突然，朗道看见了八十岁的岳母，他一下子喜笑颜开，问道：

“塔季扬娜·伊凡诺夫娜，您怎么样？在这里还不错吧？想回莫斯科吗？”

“不想，我觉得这里更舒服。别担心我了。您感觉怎么样？”

“不好。不知道我的痛苦什么时候能到头。”

“您在这里会康复的，您马上就会感觉好一些的。”

“有时我都不抱希望了……”

朗道来这里之前，塔季扬娜·伊凡诺夫娜独自生活在这栋大木屋中，不过，她并不感到寂寞苦闷。所有必需品都有人给她送过来，生活无忧无虑。她唯一的牵挂是小外孙伊戈尔。沉默寡言、不善交际的伊戈尔每次来别墅时，都会在外婆身边坐上很久，关心着她，守护着她，让人感动。

女婿的病容让塔季扬娜·伊凡诺夫娜感到震惊。悲惨而荒唐的车祸，伤者的痛苦——这一切将她击垮了。夏天快要结束的时候，塔季扬娜·伊凡诺夫娜因为心脏病发作去世了。

朗道院士的别墅位于兹韦尼哥罗德市郊的森林里。百年的云杉一直长到屋门前，四周一片寂静安谧……可是记者们仍然能找到这里。有一次，一位记者要来，虽然朗道感觉不舒服，但还是说：

“让他来吧。大老远跑来，怎么能不接待他呢？”

“列夫·达维多维奇，莫斯科来了一个美国人，他正在写一本关于您的书，已经和纽约以及巴黎的出版社签订了合同。”

“这可真是个热门的题目啊！”朗道不无挖苦地回答说。

外国记者络绎不绝。他们感兴趣的问题五花八门：朗道打算如何使用诺贝尔奖奖金，他一生中最难忘的是什么，他认为生命中的哪一天最幸福……

“您人生的基本原则是什么？”

“不打扰他人。”朗道毫不迟疑地回答。

“康复之后您也许想要休息一下，您打算怎么度过自己假期呢？”

“我早就厌倦了休息，我绝不会再浪费一天时间去休息的。一旦康复，我就立刻开始阅读学术杂志。应当了解一下在我生病期间出版的杂志。”

“请谈谈您的创造实验室吧。”

“这种东西根本就不存在。”朗道哼了一声，说。

“可是我想了解一下，物理学家是如何工作的，对什么感兴趣。”

“我只对那些目前还没有得到解释的现象感兴趣。我不能把研究它们称为工作，那是享受，是快乐。‘创造实验室’大概只能吸引科学学家们吧——如果那种专家真的存在的话。”

一个星期天，《共青团真理报》的年轻记者雅罗斯拉夫·戈洛瓦诺夫来朗道家里采访。一开始，他很胆怯，几乎头也不抬地盯着自己的笔记本。后来，他打开了话匣子。朗道聚精会神地听着。戈洛瓦诺夫说，他在巴黎见到了路易·德布罗意。

“这是一位非常著名的物理学家，可是他的研究成果并不多。”朗道说。

在卡皮查七十岁寿辰之际，朗道应编辑部的请求为《共青团真理报》写了一篇小文章。实际上是由朗道口述的，因为他写字很困难。

1964年7月8日，在卡皮查生日当天，报纸刊登了题为《生来敢作敢为》的文章：

П. Л. 卡皮查院士是我们这个时代最伟大的实验物理学家之一。不过，也完全可以将他称为当代杰出的工程师。他出色地解决了很多问题，如果不具备工程师的聪明才智，不具备非凡的技术灵感，是无法解决那些问题的。

1918年，他从彼得堡工学院毕业之后，对研究放射性辐射和电子的惯性产生了浓厚的兴趣。他的第一位重要导师是“约飞教父”。阿布拉姆·费多罗维奇·约飞院士是实验物理学领域最闪亮的明星之一，他在很大程度上决定了这位才华出众的学生的发展道路。

1921年，卡皮查被派往英国进修，他在那里生活了14年。幸运之神再次眷顾这位年轻的物理学家，欧内斯特·卢瑟福成为他的第二位导师。卢瑟福出生于一个新西兰养蜂人的家庭，后来成为伟大的实验物理学家。

在这些年间，卡皮查醉心于磁场研究。他首次在世界上获得了超过30万奥斯特的磁场，在很长一段时间里成为“世界磁场冠军”。他在这些磁场中发现了金属电阻的线性增加，观察了光谱线的分裂，研究了抗磁体的磁致伸缩。

此后他把注意力转向了低温领域，于是，那些独一无二的磁场装置被氢液化器和氦液化器所取代了。世界实验物理学再次出现了前所未有之事——卡皮查提出了全新而独特的研究方法。

1935年，卡皮查回到苏联后，在刚成立的苏联科学院物理问题研究所担任所长。

我之所以从未去过卡皮查的实验室，是因为我不想在一个自己一窍不通的地方班门弄斧。我和卡皮查早在英国时就相识了，在哈尔科夫和莫斯科我们继续来往。正是在这期间，我们开始了实验物理学家和理论物理学家之间最密切的科学合作。1938年，卡皮查发现了液氦的超流性现象，这一发现在当时令很多人深感震惊。而我则从理论上对这一现象作出了解释。当时，我们经常碰面，花很多时间进行讨论。我从他那里了解到很多在别人那里无法了解到的东西。"

朗道在这篇文章中还提到，在他遭遇困难的时候，卡皮查如何出面袒护他。"衷心祝贺彼得·列昂尼多维奇·卡皮查，我希望一切都能永存。"朗道在文章末尾这样写道。这是他自车祸之后第一次在刊物上发言。

这篇文章在苏联和外国读者中都引起了很大反响，它被路透社记者转载到国外，之后被多家报纸刊登。文章附有塔斯社的简评，其中提到，从朗道的文章中可以看出他绝佳的文风和幽默感。这篇刊登在报纸头版的文章带来了意想不到的后果——信件从世界各地潮水般向朗道涌来。遗憾的是，它们并未得到回复。朗道原本打算等康复之后再回信的。

这篇文章开启了朗道与《共青团真理报》科学版的友谊。最常来找他的是编辑部的雅罗斯拉夫·戈洛瓦诺夫，然后弗拉基米尔·古巴廖夫加入进来，后来列昂尼德·列宾也来了。朗道一向喜欢和年轻人交往，对青年记者们和蔼可亲。他很快就了解到他们在忙些什么工作，希望写什么样的书。当时这几个年轻人还都没有写过书。

他们对于未来出书计划的讨论给我留下了很深的印象。我也开始幻想着拥有一本自己写的书了。有一次，当记者们散去之后，我很想走上前去对朗道说："我也准备写书。"

如果有人对未来的工作夸海口，朗道通常会怎么回答，我是知道的。我本可以保持沉默的，可还是忍不住开口了：

"我也准备写书。"

他面带嘲讽地看了看我，没有说话。或许是出于倔强，或许是出于委屈，我接着说：

"是关于弗拉基米尔·伊凡诺维奇·达里的书。此前还没有人写过关于他的书。"朗道仿佛没有听到我说的话。

"我已经想好了副标题：英勇的俄罗斯公民和献身俄语的伟大斗士。"

"这就是全书了吧？"他揶揄地问。

那一天，我用了很长时间，写下第一句话："丹麦人约翰·达里在学术上取得了辉煌的成就。"就这样，我迈出了最艰难的第一步。这本书我写了好几年。有时举步维艰，徘徊在崩溃的边缘，每一位写作的人都了解这种折磨，这是题外话了。

"写书"与"梦想写书"这两个概念有着天壤之别。笔者在本质上不属于立即行动派，而属于不断准备行动的那一类人。有些人一辈子都在做准备，我们知道很多这样的例子。

超越不自信、鼓起勇气，这是很难的。如果有人能够刺激你一下，这是件好事。朗道总是用一两句话就能达到这样的目的。

一天，朗道再次提起在出事之前半年曾经说过的想法：

"我只是觉得遗憾，我还没有将自己最好的理论——关于应该如何生活的理论发表出来。"

“你是在什么时候，又是如何得出这个理论的？”

“还是在列宁格勒的时候……那时我读了托尔斯泰的书。应该向列夫·托尔斯泰学习真理。要做一个真诚的人，做一个极其真诚的人。而且，要积极地追求幸福。”

朗道的一位好友知道了这个理论之后，感慨地说：

“是的，他坚定不移地创造自己的生活，在任何事情上都对自己毫不放纵。他以罕见的毅力严格地约束着自己。”

这些话正是“朗道秘密”的答案。

几乎每周都有记者过来采访。没完没了地照相。在朗道获得诺贝尔奖之后，瑞典对他的报道尤其多。下面这几段文字摘自瑞典《晚报》：

> 道头发花白，手中拄着拐杖，小心翼翼地一点点挪动着脚步。然而你一开始与他交谈，便会明白——病痛并没有改变他。毫无疑问，如果不是因为病痛，道马上就会开始工作。可是周围神经系统的修复造成持续性疼痛，这妨碍了他进行科学研究。
>
> 两年半的病痛令他疲惫不堪。现在最危险的是，他似乎开始利用伤痛来躲藏和逃避。这样的回答轻而易举：“我什么也记不得了，只记得物理学和很久以前发生的事。”可是，当他搬到别墅之后，亲人们和护理员塔尼亚陪他住在那里，夜里他叫的正是塔尼亚，而并非妻子，这说明他记得妻子前一天已经回城里了。
>
> “您和瑞典的科学家们有交流吗？”

“没有。我病了两年，能有什么交流。我只和上帝交流过，可是上帝把我赶出来了。”

“您近期有什么打算？”

“康复，在我的腿能走路之前，我是不会进行科学研究的。让一个病人去研究科学，这真是太滑稽了。”

“您认为什么样的研究对人类是必需的？”

“非常多，一切研究都是必需的，当然，是指一切合理的研究。但是我需要等康复之后才能完全回答这个问题。我落伍了，现在我是个可怜的不学无术之人。”

“有没有什么特别的人生原则帮助您在这两年中渡过难关？”

“一切与车祸有关的事情我都不记得了。而我基本的人生原则是：永远不干涉别人的事，给予所有人自由。”

朗道的确对以前的事比对谈话前一天的事记得更清楚。一次，一位记者问，他年轻时总结出的成功公式是什么。

“您大概把我和爱因斯坦弄混了，这件事本身让我感到非常荣幸。爱因斯坦确实曾经解答过‘如何获得成功’这个问题。您知道，他喜欢拉小提琴，所以他的公式是这样的：A（成功）=X（工作）+Y（拉小提琴）+Z（慎言）。唉，除了第一项，我对这个公式完全不能苟同。”

曾经有一位身上挂满相机的美国记者来采访朗道，给我留下了特别深刻的印象。塔尼亚陪着朗道在凉台上接受访问，而我和伊戈尔在门前的台阶上。凉台窗户开着，谈话断断续续地传到我们的耳朵里。访问平静地进行着：提问——回答，提问——回答。

突然，我们听到，朗道开始言辞激烈地想要说服对方，说对方错了，说对方引用的那些美国资料滑稽可笑。

他们邀请我们一起合影留念，我们走上凉台。这时朗道正在说：

“我坚信，人类是不会走向自我毁灭的，这纯粹是丧失理智。当今世界上充斥着无知，很多人完全不了解自然规律，臆想出那些‘绝对安全’并且超级舒适的原子避难所，真是荒谬之极。”

“报刊上说，足够深的原子避难所能够保证人们的生命安全。”记者说。

“不可能！它们只能让人们痛苦地死去。生命将会遭到毁灭。现在很难说，一旦爆发全球性的原子灾难，这一切将会怎样发生，然而，加加林在太空中赞叹的那个蔚蓝色的美丽星球将不复存在了。”

“可是在广岛和长崎核爆炸之后，生命并没有消亡。”

“那里只投放了两颗原子弹。可是如果现在哪个疯子突然想要把地球上现存的原子弹全部引爆，那么我们的星球就会像陨石那样飞向四面八方，即便在乐观的情况下，地球上也会发生气候改变，以至于人类、动物、鱼类，甚至是昆虫都完全无法生存，地球将会进入冰河时期。”

客人走后，我问：

“他是不是让你不愉快了？”

朗道挥了下手，说：

“世间愚蠢之事还少吗？所谓绝对安全的原子避难所，不过是那些无知的疯子又说了蠢话而已。”

“那么如果把避难所建造在很深的地下，并且非常舒适呢？”

“那不过是舒适的坟墓而已。并且，补充说一句，与死在地上的人相比，在那里死去的人将会痛苦得多。但是这一切都是臆想出来的。我不相信人类会自我毁灭。我认为，再也不会发生世界大战了。”

这个话题让朗道非常激动，他甚至暂时忘记了腿部的疼痛。

塔尼亚问：

“列夫·达维多维奇，也就是说，再也不会有战争了吗？”

“不会了。”朗道坚定不移地回答。

“爸爸，”伊戈尔也加入了谈话，“可是你自己曾经讲过，当阿尔弗雷德·诺贝尔发明出炸药的时候，他激动地说：‘从此之后地球上再也不会发生战争了。人类不会使用这样的破坏力量自相残杀的！’”

朗道瞥了儿子一眼，苦笑着说：

“是的，当然。诺贝尔以为，战争永远结束了。可是你忽略了一个关键问题：任何炸药都不会将地球变成一个没有空气、没有水的死星，变成月球那样的不毛之地。所以，以后确实不会有战争了，这是毋庸置疑的。”

“战争多么可怕啊！”塔尼亚叹息道，“那时我七岁，可我记得，法西斯分子是怎样烧毁了我们的村子。他们从四面点火，然后站在那里，眼睁睁看着大火燃烧。母亲手里抱了两个孩子，我和妹妹玛鲁夏自己穿上衣服，而阿廖沙则被留在了摇篮里，他那时只有八个月大。我们走出去，我又从外屋折返回去。一面墙火光冲天，阿廖沙在望着火笑。之前我们一直生活在寒冷之中，现在却热了起来，所以他很高兴。他看到我，手舞足蹈起来，差点从摇篮里掉出来。我直接把他裹在床单里抱了出来，藏在皮大衣下面。我慌忙跑到雪地上，天边红彤彤的。妈妈看到了阿廖沙。‘你干什么，他在哭呢，你傻了吗？你不可能把他带出去的！’我们走了很久。后来，游击队员收留了我们。现在阿廖沙正在高尔基市[①]读大学。母亲总是指着我对他说：‘她才是你的妈妈，是她把你从大火中救出来的。’”

朗道聚精会神地听着塔尼亚的故事。他喜欢这位护理员，塔尼亚也非常喜欢他。朗道把她称为“塔尼亚－二次方”，因为塔尼亚姓布利兹涅茨[②]，而且她和自己的妹妹玛鲁夏是双胞胎。

有一天晚上，塔尼亚打开了电视。屏幕上出现了一张保养得当的脸。一个艺术学家微眯着眼，仰着脸，用陈词滥调滔滔不绝地谈论着艺术，拖着长长的声调，吐沫四溅。他的自以为是、狂妄自大令人厌恶。

“贼。”朗道鄙夷地小声说。

“列夫·达维多维奇，”塔尼亚问，“您为什么认为他是贼呢？”

“因为这位艺术学家一辈子从未做过任何有益的事，却挣着老百姓的钱，而且很可能挣了不少钱。”

“可我还以为，只有扒手才能被称为贼呢。”塔尼亚吃惊地说。

“才不是呢！扒手是最无害的。”

1964年7月24日晚上，电视上播放了介绍尼古拉·伊凡诺维奇·瓦维洛夫的节目。

“1939年，当他被索菲亚大学授予博士学位时，”播音员讲述着，“保加利亚院士东乔·科斯托夫说：‘现在全世界没有比尼古拉·瓦维洛夫更著名的科学家了。虽然他还比较年轻，可地球上却没有一个角落不知道

---

① 现为下诺夫哥罗德市。

② “布利兹涅茨”（Близнец）在俄语中是“双胞胎”的意思。

他的名字。'事实的确如此。瓦维洛夫提出了许多重要的科学思想，进行了多次勇敢无畏的考察，将自己卓越的才华奉献给了祖国，因此蜚声世界。他在去世几年之后，以一种独特的形式获得了认可。国际《遗传》杂志在封面逐期刊登了新时代最伟大的三十位生物学家的姓名。在这份名单中，俄罗斯遗传学家尼古拉·瓦维洛夫的名字位于达尔文和摩尔根之间。"

朗道一字不落地听着。

"这个节目太精彩了。"他请塔尼亚记住下集播放的时间。

他不是那种整晚坐在电视机前消磨时光的观众，不过他爱看《新闻》节目和优秀的电影。他从不把儿子从电视机前赶走，孩子在这方面比其他小朋友要自由许多。

一天，朗道正在花园里坐着，花园门吱嘎响了一下，小路上出现一个苗条的身影。朗道顿时来了精神。

"科拉，"他对妻子说，"有个姑娘正在朝我们这儿走来。好像挺漂亮的。"

姑娘向他问好，然后自我介绍：

"我是新闻系的学生，"她说，"请允许我向您提几个问题。"

"问吧。"

她看了一眼自己的采访提纲，说：

"是关于思维的程式化问题……"

"关于什么？"

"就是说，如果所有人的想法都一样，是很不好的……"

"为什么？如果大家的想法都一样，这很好，没什么坏处。如果想法不同，却都很愚蠢，那可糟糕了。另外，'思维'这个词应该是

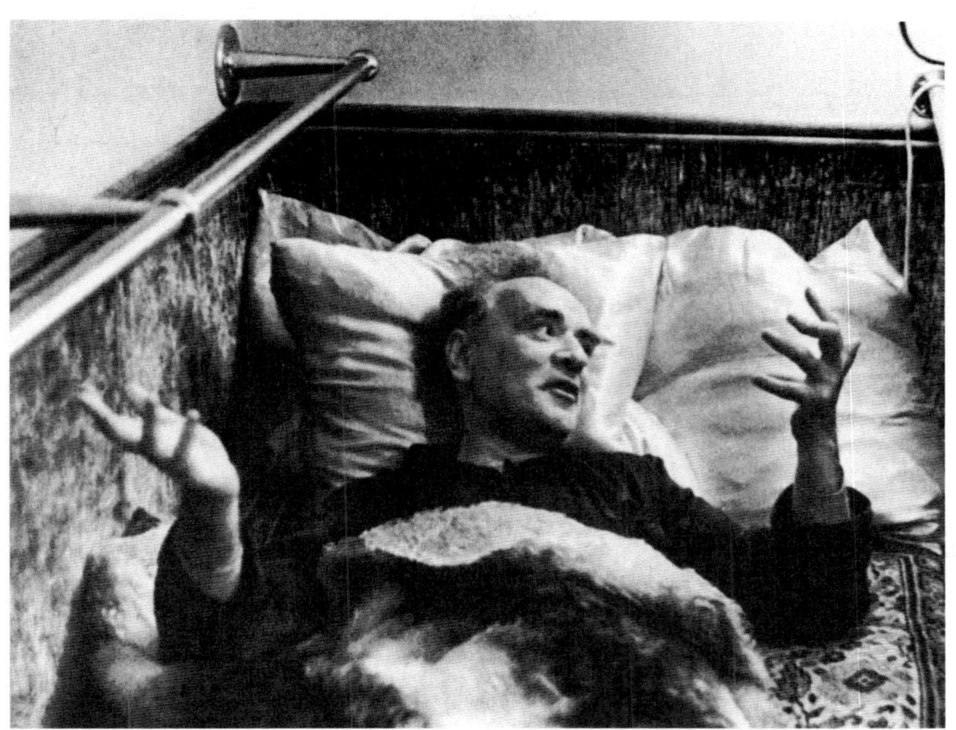

出院后在家中

科拉和列夫·朗道，*1968*年*1*月

*П. А.*卡皮查和列夫·朗道，*1968*年*1*月

列夫·朗道，*20*世纪*60*年代

列夫·朗道和儿子伊戈尔在别墅，*20*世纪*60*年代

мышлéние[1]，是由‘思想’一词构成的；而如果您说成мы́шление，那么这个词就变成由‘老鼠’一词构成的了。”

姑娘脸红了。可仍继续说道：

“您怎样看待有思想的机器？”

“有思想的机器之所以存在，正是由于有些人缺少思想。机器没办法做到的事就是思考，这是显而易见的。”

“可是您知道吗，现在很多人都在研究能够思考的机器。”

“世间的愚蠢之事还少吗？这不过又是一件蠢事而已。”

“最近的心灵感应实验……”

“心灵感应——这也是愚蠢的东西。”记者还没说完，朗道院士就打断了她。

“可是有些真理一开始看起来是很奇怪的，需要习惯它们。”

“对的。”

“这该如何解释呢？”

“要知道，自然界之所以常常让我们感到难以置信，是因为20世纪科学变得更加深入了。出现了一些理论，它们颠覆了人们习以为常的概念。”

“也就是可以说，20世纪是个标新立异的时代？”

“是的。”朗道回答。

“那么，您能举个例子说明这种标新立异吗？”

“一些粒子不存在于空间的任何地方。”

“在任何地方都不存在？”

---

① 姑娘把“思维”（мышлéние）一词的重音说错了。

“在任何地方都不存在。”

“这太奇怪了……”

“是的。然而事实就是如此，是可以被证明的。这在您看来很奇怪，与您之前的观念截然不同。但是必须习惯这些新的真理。”

“可是如果有人不愿意接受呢？”

“那他就是个傻瓜。”朗道泰然自若地回答，“在科学中，真理总是会为自己开辟道路的。”

“真理——是的，”姑娘叹了口气，“可是有些人极有才华，却无法出人头地。”

“不，如果一个人有才华，那他一定会出人头地的。”

“如果他缺乏勇气呢？”

“才华本身就包含了勇气。只摆出一副有才华的样子当然是远远不够的。”

“那才华是什么呢？”

“是在科学中的创新能力。”

“列夫·达维多维奇，可您究竟是根据什么特征来判断一个人是否具有才华呢？”

“不是根据他说了哪些废话，而是根据他取得了哪些成果。”

“独特性属于才华的范畴吗？”

“创新属于。”

“谢谢，列夫·达维多维奇，我不再耽误您的时间了……”

“可是您知道吗，我并不着急的。”

“我占用您太多时间了。您允许我明天再来吗？”

“非常乐意。”朗道殷勤地回答。

第二天，姑娘梳着惨不忍睹的发型出现了，新的发型改变了她那可爱的、孩子般天真无邪的脸庞。

“女孩子最渴望的事是弄个让自己变丑的发型。”朗道说。

可是女记者并没有继续探讨这个非学术话题。她从黄色的文件夹中拿出了一个新的采访提纲。

“列夫·达维多维奇，您喜欢艺术吗？”

“喜欢。我喜欢诗歌、绘画、电影、戏剧。”

“您喜欢的作家是谁？”

“果戈理。他的作品令人百读不厌。”

“那么诗人呢？”

“莱蒙托夫。”

“您是指在俄罗斯诗人当中吗？”

“不，是在全世界的诗人当中。莱蒙托夫是有史以来最伟大的诗人。直到如今，他的去世还是令人心痛不已。”

“您还喜欢谁呢？”

“很多，普希金、涅克拉索夫、茹科夫斯基、古米廖夫、勃洛克。”

“您把普希金排在莱蒙托夫之后？”

“这是我的主观看法。莱蒙托夫更能与我产生共鸣，我更喜欢他。当然，我也非常喜欢他的非诗体小说，我认为它们的感染力比普希金的小说强很多。”

“您提到了茹科夫斯基？”

“是的。我喜欢茹科夫斯基的抒情叙事诗。一开始我背诵他的诗是为了锻炼记忆力，就这样一直记住了。好诗是很容易让人记住的。”

“您喜欢哪位现代诗人？”

“我非常喜欢西蒙诺夫。我老早就是西蒙诺夫的追随者了。”

“您喜欢寓言吗？”

“喜欢。”

“克雷洛夫的？”

“不只是克雷洛夫的。例如米哈尔科夫就创作了很多优秀的寓言。”

“您喜欢哪些苏联作家呢？”

“很难把他们全部罗列出来。很多书我都喜欢读。”

“为什么文学和艺术是必不可少的？”

“它们描绘了人和人生，这让我们觉得有趣。我们的后代也同样会觉得有趣。”

“如果人生并未得到正确的描绘呢？”

“虚伪的画作和书籍是没有人会需要的。”

“列夫·达维多维奇，您喜欢音乐吗？”

“不喜欢。我五音不全。另外，小时候我曾经被迫学习钢琴。”

“所有人一开始都是被迫学习的。”

“这是不对的。这种方法毫无益处。”

“您喜欢歌剧吗？”

“不——喜——欢。简直是鬼哭狼嚎！”

“那芭蕾舞呢？”

“忍无可忍。不过，这当然是我的个人意见。我认识的很多人都为芭蕾舞神魂颠倒。这是兴趣问题。”

“您喜欢戏剧吗？”

“是的。”

“而电影呢？”

“非常喜欢。在我所看过的电影当中，最精彩的大概就是《士兵之歌》了。”

“可是这部电影非常简单……”

“而这正是难能可贵的。最糟糕的就是那些‘导演的小聪明’。”

“列夫・达维多维奇，您怎样看待现代绘画？”

“我不喜欢故弄玄虚，那些故弄玄虚的绘画真是可怕。艺术重要的是让人们喜欢。在艺术中，最主要的东西是“真”。大自然本身是精妙绝伦的。只是找到真理并非易事，应当尽力避免被那些表面看上去比较合理的错误观点所误导。”

“科学中有没有固定的模式？”

“没有。如果是新的研究，那么它就具有独创性，如果是重复，那么它就毫无价值。”

医生们来了。

“我想，你们在进行科学座谈？”

“准科学座谈，”朗道纠正说，“我现在谈论科学还为时过早。首先应该浏览近期的杂志……”

“列夫・达维多维奇不相信心灵感应。”女大学生说。

“什么？”医生大为惊讶，“这当中可是隐含着很多道理的。”

“正是这样。在任何胡说八道中都可以发现隐含的道理。心灵感应纯粹是欺骗劳动人民的谎言……”

“可是在国外……”

“在国外？”朗道打断对方，“资本主义需要谎言，谎言对我们毫无用处。”

“可是您应该赞同，科学中存在着无法解释的现象。”

“不对！任何科学现象都是可以解释的。可是装神弄鬼却无法解释。这是它们之间的区别。”

医生检查完之后，朗道问，他的腿什么时候能够不再疼痛。

“要有耐心，列夫·达维多维奇，要有耐心。”医生回答，“时间是最好的良药。听我说，如果我是您的话，我就能够不去想我的腿疼。您试一下！”他停顿了一下，问：“做到了吗？”

“是的！……我真的可以不去想您的腿疼！”

“1比0，您赢了。”医生投降了，和朗道告别。

上文我们提到，朗道认为音乐学、艺术学、戏剧学和文艺学都是伪科学，说它们是“欺骗劳动人民的谎言”。他认为这些学科特别有害，他极为鄙视选择这些学科作为自己专业的人。

他还常说，歌剧是反自然的，在现实生活中人们借助于生动的语言而不是唱歌进行交流。他也无法理解芭蕾舞。不过，朗道还是有一位喜欢的歌手——娜杰日达·安德烈耶夫娜·奥布霍娃。科拉说，每当收音机里传来奥布霍娃的声音，朗道都会停下脚步把歌曲听完，并且他肯定地说，这是唯一一位唱歌可以听的歌手。

前面提到过，朗道不喜欢自己的名字。有一次，我说他的名字非常好，他不同意，摇了摇头说：

“这是个卑微的名字。动物也这么叫。”①

“我们最优秀的作家也叫这个名字。”②

---

① 他的名字“列夫”（Лев）在俄语中是“狮子”的意思。

② 指列夫·托尔斯泰（Лев Толстой）。

“这是唯一的安慰了。”

“那幅画真棒，把你画成了狮子的模样，而年轻的理论物理学家们被画成还没睁开眼的小猫。”

“画成漫画的话，这名字还可以。”

他对周围发生的一切都感兴趣，所以名字也经常成为他讨论的话题。有一次，我拿来一些从报刊中摘录的老名字。朗道把那张纸留了下来。特拉克托尔[①]·米哈伊洛维奇、双胞胎廖娃和柳齐娅[②]、小姑娘韦利基拉博奇[③]、小男孩约翰里德[④]……这些奇特的名字被他取笑了好久。

“父亲给儿子起名叫‘拉祖姆’[⑤]可不是明智之举。”他叹了口气说。

一天，轮到我成为他取笑的对象了：

“我觉得你还是比较幸运的，如果你不是在‘五一’前一天出生的，而是在秋天出生的话，就有可能叫‘奥克佳布林娜’[⑥]了。那么我们就得叫你‘奥克佳’。奥克佳——这太可怕了！”

“所有这些名字在特定的时间和地点都是很好的。在波兰叫‘万达’这个名字很自然，可是在我们这里就会有矫揉造作之感，更何况有个商

---

① “特拉克托尔”（Трактор）在俄语中意为“拖拉机”。

② “廖娃”（Рёва）和“柳齐娅”（Люция）合起来在俄语中是“革命”（революция）的意思。

③ “韦利基拉博奇”（Великий Рабочий）在俄语中意为“伟大的工人”。

④ “约翰里德”（Джонрид）是由美国左翼新闻记者、美国共产党创始人之一约翰·里德（John Reed）的姓名而来。

⑤ “拉祖姆”（Разум）在俄文中意为“理智，智慧”。

⑥ 作者的名字“迈娅”（Майя）有“在五月出生”之意，而“奥克佳布林娜”（Октябрина）由“十月”（октябрь）一词而来。

店也叫这个名字。”

一次，我到朗道那里时，他刚吃完午饭，正在翻阅报纸。

“真是每况愈下，”他说，“你听说了吗？‘暖巷’改名了！改成了‘铁木尔·伏龙芝’[①]大街。”

还有一次，他注意到“春水街”这个名字：

“一条街道叫这个名字还没什么，可是勤恳的官员们会弄出一大堆这样的名字，到时城市地图就没法儿看了！街道的名称应该简简单单，不要哗众取宠。莫斯科的第一条街道叫做‘高街’，简单易懂，符合俄罗斯人的习惯。”

“道，你永远猜不到这个苹果是什么品种。”科拉从市场回来后问。

“新品种？”

“全新的品种！”她停顿了一下，说，“叫‘胜利者的荣耀’。”

“真龌龊！我一口也不会吃的！这名字真恶心！完全是拍马屁！”

过了好久，他还没有平静下来。

“你怎么能买这种东西呢？”

“我尝了下，味道很不错，就买了。”

“尝都不该尝。”

一次，科拉开始讲某件事后，又改变主意了，中途决定换题目，停顿了一下，重新讲起来。

“请你长话短说。”朗道请求她。

“没办法短说。”

---

① 铁木尔·伏龙芝（Тимур Фрунзе，1923—1942），飞行员，苏联卫国战争英雄。

“那就干脆不要说了。”

著名的捷克斯洛伐克神经外科专家兹德涅克·昆茨是第一批为朗道会诊的外国专家之一，他建议病人去卡罗维发利[①]疗养。医生们希望，新的环境、疗养地怡人的气候，以及有治疗功效的泉水能够帮助病人康复。医生们允许朗道去疗养胜地，这把他高兴坏了。不过他对坐飞机感到恐惧，因为即便在身体健康的时候，他在飞机上也总是感觉不适。

金秋时节，朗道来到捷克斯洛伐克。然而，他只来得及匆匆看了一眼布拉格，对此他感到非常沮丧。

“这是世界上最美丽的城市之一！等我康复后，咱们一定把整座城市参观一下。”他对妻子说。

朗道是在1965年来到捷克斯洛伐克的，适逢那里正在庆祝格雷戈尔·孟德尔发现遗传定律一百周年。在疗养院里，很多人把朗道当成了遗传学家。他能够清楚地向别人解释孟德尔学说的实质，讲述孟德尔的著名实验，谈论实验惊人的准确性和不可思议的大胆结论。不过，一位年轻的女服务员竟然对格雷戈尔·孟德尔一无所知，这让朗道大为惊讶。

“孟德尔是捷克人民的骄傲。”朗道对她说，“赶紧买本关于他的书，读一读他的红花豌豆和白花豌豆实验。很有趣的！”

朗道天天追问那个姑娘是不是把书买来了。直到有一天，姑娘在杂志上阅读了一篇关于格雷戈尔·孟德尔的文章，她把那篇图文并茂的文

---

① 卡罗维发利（Karlovy Vary），捷克西部城市，著名的温泉疗养地。

章拿给朗道看，他才终于放心了。

他们从捷克回国一段时间之后，伊戈尔对妈妈说：

“妈妈，我决定结婚了。”

“是不是太早了？不能等到父亲康复吗？”

“妈妈，你听我说，我们年级就要分配了。斯韦特兰娜是学天文学的，学校想把她派到克里米亚。如果她走了，我有可能会失去她。”

科拉之前已经预料到，儿子随时都有可能跟她谈结婚的事。他和一个姑娘已经恋爱两年了，不过还没有介绍她和母亲认识。

“妈妈，等我离开家以后，请你跟爸爸说说这件事吧。”

科拉摇了摇头，不同意。

“不行。如果你决定结婚的话，就拿出勇气来，自己跟父亲说吧。”

“妈妈，你和我一起去吧。”儿子请求她。

“天啊，你还只是个孩子。”母亲心里想，“这么早就要结婚。”她回答说：

“好的，走吧。”

他们来到朗道的面前，他正在和塔尼亚说话。科拉让塔尼亚去吃午饭，然后在她的位子上坐下来，看了儿子一眼。

“爸爸，我打算结婚……”伊戈尔窘迫地说。朗道哈哈大笑：

“这可是个新闻，伊戈尔。据我所知，你还没有自己的收入，可是已经打算结婚了！”

伊戈尔霍地站起来，跑出房间。科拉说，朗道不应该羞辱伊戈尔，孩子很自立，有能力养活自己，他已经恋爱两年了，如果有意隐瞒的话，父母也拿他没办法，要是他们突然有孩子了，那可如何是好？

“伊戈尔！过来！”朗道大声叫他。

伊戈尔回来了。

“你怎么不早说，你和女朋友已经认识很久了？我还以为你们之间缺乏了解呢！如果你们的感情已经接受了检验，如果你的女朋友那么聪明，我当然是同意的。况且你们马上就要大学毕业了。请你转告她，我很想和她认识一下。”

于是大家见了面。当然了，朗道很喜欢儿子的未婚妻。

“很可爱。”伊戈尔去送斯韦特兰娜的时候，朗道对妻子说，“不过没有你漂亮。”

他们没有举行婚礼，婚姻登记那天伊戈尔感冒了，而且新郎和新娘都认为婚礼是旧时代商人阶层的陋习。四年之后，他们的女儿奥莉加出生了。伊戈尔是个罕见的好父亲、好丈夫。科拉从未刻意培养过他做家务的习惯，可是他在女儿出生之后包揽了全部家务。斯韦特兰娜病了很长时间。她的父母住在偏僻的小乡村，离得很远，而科拉应付自己的事情已经精疲力竭了，因此谁都帮不上他们，照顾妻子和孩子的重任全都落在了伊戈尔的身上。他下班之后还要清洗成堆的尿布，做饭，去药店买药。科拉很惊讶，他是如何做到这一切的。

她把这些告诉朗道之后，朗道深感不安。他什么也没对儿子讲，但是在和妻子聊天时，不禁说道：

“难道伊戈尔会成为一个‘妻管严’？”

当然，科拉忍不住把父亲的话告诉了伊戈尔。

“不会的，妈妈，我不会那样的。”

伊戈尔大学毕业后不久，《莫斯科共青团员报》刊登了一篇M. 卡扎科夫撰写的关于伊戈尔·朗道的短篇报道，题目为《儿子》。

“在去年的全苏大学生科学论文竞赛中，他获得了物理组奖章。”作者写道。文章中引用了作者与伊戈尔的谈话：

“当您得知获奖时，是什么感受？”

“高兴，不过不是很强烈。”

“为什么？”

“我是一个不善交际、性情淡漠的人。”

“奖章拿到了吗？”

“没有。”

“怎么回事？”

“我以为会有人通知我，为我颁发奖章，可是并没有人叫我去领奖。而我自己跑过去追问奖章在哪儿，这不太妥当。”

他继承了父亲谦虚的品质。朗道也同样不会去追问，也同样会感觉不妥。

报道中还有一段有趣的对话：

“您是一位物理学家，同时也是一位伟大物理学家的儿子。请问，这是否给您造成了压力？”

“也许这很奇怪，可是我并没有感到压力。不久前，我偶然读到了克劳斯·曼的《梅菲斯特升官记》，这是一部很精彩的长篇小说。序言里提到，克劳斯是托马斯·曼的儿子，他为此一生备受折磨，因为在周围人的眼中，他只是伟大父亲的儿子而已。我没有这种心态。这并非是说，我认为自己是可以与父亲相提并论的物理学伟人，我只是一个喜欢研究物理学的普通人而已。”

他转过身，沿着走廊离开，留下又高又瘦的背影……如果有一天他出名了，大家还是一定会这样写的：“他像自己的父亲！”。

1965年，英国帕加蒙出版社出版了单卷本的朗道论文集。一家美国物理学杂志对此进行了报道：

"Л. Д. 朗道论文集是一本内容丰富的文集，它就像威廉·莎士比亚全集或者莫扎特作品科歇尔编号目录[①]一样让人心潮澎湃。当一个人能够取得如此辉煌的成就时，总是令人感到不可思议。"

科学出版社出版了两卷本的朗道主要论文集，其中收录了98篇论文，一半以上的论文都是由朗道独自完成的。

1966年2月6日，《文学报》记者楮姆·马尔请朗道谈谈，他对苏联"月球9号"自动探测器在月球软着陆一事有何感想。记者有点遗憾地说：

"我明白，这与物理学家没有关系，这是纯技术问题。"朗道语气坚决地反驳说：

"不，从牛顿开始，物理学家们一直在为解决这个问题而努力。并且非常重要的一点是，物理学并不是脱离现实而存在的，恰恰相反，技术越来越多地运用了物理学的成果。技术成果常常以异想天开的物理学理论作为基础——这是最能说明问题的。"

两天后，《文学报》刊登了朗道的评论，他在文中进一步阐述了自己的观点。下面是原文摘录：

---

① 指鲁德维格·冯·科歇尔（Ludwig von Köchel）编列的《莫扎特音乐作品编年体目录》（1862），它至今仍然是莫扎特音乐作品编目的标准。

列夫·朗道：大门敞开着

近日，苏联“月球9号”宇宙探测器经过漫长的旅程，第一次在人类历史上实现在月球表面软着陆，并且成功地完成了所有既定研究计划。这使我想到了祖国科学的伟大成就，想到了尼古拉·基巴利契奇。

基巴利契奇是一位杰出的科学家，一个勇敢的人。当他在沙皇监狱中等待绞刑时，提出了未来宇宙火箭方案的设想。

此外，我国还有很多其他优秀的科学家，尤其是杰出的科学家科罗廖夫院士，都为实现“月球9号”与月亮这一震惊世人的约会付出了很多辛劳与智慧！

我们知道，人们创作了不少十分生动的关于月亮的科幻小说。然而，塔斯社对于刚刚发生的这一事件的新闻报道，也许比任何小说都更加扣人心弦。这大概是因为科幻作家归根结底还是地球人吧……

如今，大家已经开始激烈地争论，应该由地理学家、地质学家，还是物理学家第一批飞往月球，以及什么时候第一批宇航员能够在月球登陆。当然，预测具体的日期和时间是很困难的，也太过轻率。不过显而易见的是，通往月球的大门敞开着，第一位来自地球的使者很快就会敲开这扇大门……

一天，阿尔卡季·赖金[①]和他的夫人罗马·马尔科夫娜前来拜访朗道，他的夫人也是一位演员。朗道那天感觉不舒服。他握着客人的手说：

“您好！阿尔卡季·尼古拉耶维奇，我非常崇拜您的才华……”

赖金做了一个反对的手势。

“……约瑟福维奇？”

“您就叫我瓦夏好了！”这位演员高声说。大家都笑了。

“阿尔卡季·伊萨科维奇，”朗道终于想起来了，“您瞧，我的状态多么可悲！”

“别往心里去，列夫·达维多维奇。我和妻子是来莫斯科巡演的，我们正在准备新节目。我想为您表演一个小品，请您说个题目吧，随便什么都行……”

不知怎么的，不仅朗道，其他人也一时什么都说不上来。我提出了一个连赖金都完全没有想到的题目。场景为：病人问医生，如果他同时服用两种药的话，那么一种药是否会妨碍另外一种。

“不行，这个笑话我记不住。”赖金说。

“谁都没有记忆，无论是远的记忆还是近的记忆。”在场的一位医生开玩笑说。

我又讲了一个笑话，赖金将其表演出来，但是缺少火花和激情。

多年以后，罗马在《青春》杂志上发表了《赖金的两个故事》一文，其中描写了他们拜访朗道的事。

---

① 阿尔卡季·伊萨科维奇·赖金（Аркадий Исаакович Райкин，1911—1987），苏联著名演员。

……赖金坐在身体残疾的朗道旁边，想要逗他开心，却力不从心，因为他深深感到这是一种令人心痛的、无法挽回的损失。不久前那个活力四射、充满智慧、热爱生活的朗道，如今躺在自己最后的病榻上，没有笑容，偶尔转动一下眼睛，哀伤地封闭在自己的世界中。

赖金停了下来，他感到窒息，无法控制自己的情绪。

朗道看着前面，没有扭头，突然问：

“你们记得这首诗吗？”他开始背诵西蒙诺夫的《等着我》。

他一直把诗背完，然后艰难地站起身来，步履蹒跚地走出房间。大家都沉默不语。

过了几分钟，朗道回到房间，重新躺下。沉默仍继续着，谁也没有力量打破它。

他又开口说：

“我记得英文诗。”说完，他开始背诵拜伦和彭斯的诗，背诵得非常流畅，没有任何迟疑。然后，他深深地叹了口气，不再说话。他累了。

在回去的路上，赖金对我说：

“太不幸了！生病的感觉多痛苦啊！知道吗，我想起小时候卧病在床的情景。那时我关节剧痛，一动都不能动，我感觉心跳停顿了。明白吗，我能感觉到心跳的停顿。小伙伴们从学校来看我，他们想逗我开心，可是却办不到，因为他们无法在我面前掩饰自己的恐惧和同情。”

一次，科拉的外甥托利亚·图尼克来看望朗道。朗道仔细地询问托利亚的工作情况。他突然想起，自己第一次去达尔文街的时候，把托利亚的母亲娜佳和科拉弄混了。

“道，为我们朗诵几首诗吧。”科拉请求说。

她从隔壁房间拿来茹科夫斯基的诗集，交给托利亚。朗道开始背诵其中的一首，那是他最喜欢的作品之一。他的声音越来越铿锵有力，他背诵着，渐渐沉醉在从容而有力的节奏当中。奇迹就在我们眼前发生了：那个备受折磨的病人，那个残疾的人不见了，诗歌使他获得了新生。

赫赫有名的斯马尔戈尔姆城堡的男爵
黎明前起身，备马加鞍，
他穿行于峭壁与悬岩，
向着布罗捷尔斯顿，快马加鞭。
朝霞已升起，有一个神秘的时刻
就在黎明与清晨的黑暗之间……

科拉小声地啜泣着，我和托利亚入迷地听着。朗诵持续了很久，后来我们数了一下，茹科夫斯基的这首抒情叙事诗总共有一百九十六行。朗道一行都没有遗漏。

朗道从前的学生尤利娅·维克托罗夫娜·特鲁金从塞瓦斯托波尔来看望他，朗道热情地接待了她。最常来探望朗道的是邻居奥莉加·格里戈里耶夫娜·沙利尼科娃，她很受朗道的欢迎，朗道一见到她总是特别高兴。

“啊呀——奥莉加天使。”朗道向她问好。

他仍然保持着与《共青团真理报》的友谊。年轻的记者们时常抽出时间来探望病人，令人赞赏。有件事给我留下了特别深刻的印象。一天，弗拉基米尔·古巴廖夫说他正在准备一篇文章，内容是关于遗传学的真正意义及其开创者们艰辛的人生道路。朗道把他留在身边，聊了很久。他请古巴廖夫在文章发表之后给他寄一份。过了一些时日，我们收到了文章，题目叫做《人生的两极》。我为朗道朗读了那篇文章，他听得很认真。

“这很好，真理获得了胜利，胜利最终总是属于真理的。”他说，“你不是在搜集这些东西么，把这个剪报保存下来。把结尾部分再给我读一遍。”

我再次为他朗读了文章的最后一段：

“科学是不断变革的，任何墨守成规之人，任何投机分子和教条主义者都无法阻止科学的发展。”

列昂尼德·列宾创作了一篇关于女短跑运动员的作品。这是一部关于爱情、忠贞和友谊的中篇小说，小说的题目很唯美——《我梦见了猎豹》。朗道问小说里都写了些什么，列昂尼德把情节讲述给他听。朗道指出，只有作者本人也从事田径运动，才能写得真实。这位作者害羞地承认，他以前练过体育。

朗道足不出户，因此与年轻记者们的交往给他带来了很大的乐趣，他们的来访总是令朗道感到开心。雅罗斯拉夫·戈洛瓦诺夫常常在《共青团真理报》上发表一些关于朗道的文章，文章具有很高的学术水平，饱含着对这位物理学家的敬爱之情。

朗道是位让人头痛的病人。譬如，他认为催眠是“欺骗劳动人民”。想要说服他是不可能的。

1966年3月14日，一位以催眠疗法见长的著名神经病及精神病专家来为朗道做检查。朗道热情地和医生打了个招呼，可是目光却充满警惕。医生知道，病人并不信任他。医生还带来了两个年轻人。

“睡吧！睡吧！睡吧！”医生不断重复着。

两个年轻人立刻睡着了。朗道伸直脖子，惊奇地望了望正在睡觉的人。医生集中全部精力，凝视着病人的瞳孔：

“睡吧！睡吧！”

病人面带嘲弄，一脸不满地看着他。

汗珠顺着医生的额头、脸颊滚落下来。不管他如何努力，都无济于事！朗道皱着眉头，很不耐烦，不时地看表。

“怎么样？”医生走后，科拉问。

“哗众取宠，”朗道冷笑了一声，挥了挥手，说，“他还带来了两个骗子在这儿睡觉。”

朗道小小的办公室里挤满了人。办公室的窗外是列宁大街。

“同学们，大家好！”朗道用双手握着从各个方向伸向他的手。

大学生们很不好意思。他们没有想到会受到这样热情的接待。

“列夫·达维多维奇，我们有很多历史性的问题。”

“好啊，我很喜欢历史。”

“您真的见过爱因斯坦吗？”

“是的。”

“您和他争论了吗？”

"我曾经尝试和他争论。"

"您那时多大了？"

"记不清了。可能是二十一岁吧。我是大学毕业两年之后在柏林见到他的。我试图向他解释测不准原理，然而显然是徒劳的。"

"他的外表什么样？"

"中等个子，长长的头发像狮鬃一样浓密。很温和，有点忧郁。总之非常好，只是有点孤僻。"

"列夫·达维多维奇，那您和玻尔很熟悉吗？"

"很熟悉。他是一个心地极为善良的人。无论谁去找他，他都会说，希望能从对方那里学到很多新的东西。有时甚至闹了笑话。一天，有个蠢得不能再蠢的人去找玻尔，可是玻尔仍对他说，希望能向他学习。玻尔在任何事情上都喜欢精益求精。海森伯跟我讲了这样一件事：在修建漂布塘路的理论物理研究所时，玻尔没完没了地检查建筑工人的工作，因此，一个老泥瓦匠在砌一堵新墙时，铺完第一块砖，突然宣布，要等见到所长之后才会继续干活。'所长先生，请您看看，'他对玻尔说，'砖砌得对不对？会不会又要重新砌啊？'"

"您的大学同学后来都怎么样了？"

"命运最可悲的是那些移民国外的人。搞科研是件很难的事，它和商业是无法并存的。"

"列夫·达维多维奇，一天应该工作多少小时？"

"我认为越多越好。"朗道回答说，"应该牢记，成功是不会眷顾懒人的。一定要勤奋工作……"

1966年12月，朗道的爱徒伊萨克·雅科夫列维奇·波梅兰丘克去世，这对饱受病痛困扰的朗道来说无疑是雪上加霜。他悲伤得难以自已。

“丘克死了，这真是太糟糕了！他还能取得很多成就的！”

《消息报》编辑部的弗谢沃洛德·亚历山大罗维奇·秋鲁帕把尼古拉·阿谢耶夫的优秀诗作《致列夫·朗道》转给了笔者：

您仿佛来自另一个星球的
长着翅膀的精灵一般，
一切尘世之物，
无不被周围的光亮点燃。
而您正是那道耀眼的光，
仿佛宇宙之箭，
穿越千百年的距离，
重新落入了凡间。

朗道非常喜爱这首诗。

“写得太好了！”他说。

朗道院士的信件越来越多。很多素不相识的人也给他写信。

亲爱的列夫·达维多维奇·朗道先生：

我在1月15日出版的《新闻周刊》杂志上读到，您这些年遭受了很多痛苦。我还发现，我和您同一天生日，都是1月22日。我是埃塞尔·戴维斯小姐，住在美国圣路易斯市沙利文3961大道。我和全家都祝您生日快乐，祝您早日摆脱所有病痛！愿您的生活中充满爱和幸福！

为您的康复祈祷。此致

敬礼！

埃塞尔·戴维斯

1967年1月16日

朗道的六十岁寿辰到了。他的家里挤满了客人，和十年前一样，电报从世界各地纷纷而来：

亲爱的列夫·达维多维奇：

有关您六十岁寿辰的传闻，令莫斯科国立大学物理系的学生们激动不已。大家的意见发生了严重分歧：一些同学认为，朗道作为科学界泰斗，年龄应该大得多；大多数同学则通过学习您的著作和文章，从中发现了您青春常在的证据。不过，大家一致祝愿您身体健康，感谢您帮助我们理解了什么是物理学。

来自另一所大学的祝贺也让朗道非常高兴，且深受感动。

尊敬的列夫·达维多维奇：

阿塞拜疆基洛夫国立大学校长办公室及物理系

全体同仁恭祝您六十岁生日快乐，同时也祝贺您获得了列宁勋章这一最高荣誉。

您从我们学校这里开启了自己的科研之路，后来成为蜚声世界的科学家、物理学家，我们为此深感骄傲。您在理论物理学各个领域的研究成果为现代物理学开辟了诸多新的方向。此外，我们尤其想要赞扬您为撰写多卷本《理论物理学教程》所付出的努力，这是一部真正的百科全书，它为国内外培养了并且以后仍将继续培养出一代又一代的物理学家。

向您致以最美好的祝愿！

阿塞拜疆国立大学校长

阿利耶夫

朗道收到一封来自萨拉托夫州的电报，他准备等身体好一些之后就立即回复。

祝您六十岁生日快乐！祝您身体健康，在工作中取得成绩！

尤马诺夫区第一学校

朗道“少年物理学家”协会

还有来自很多其他地区的电报。

来自佩日马的电报：

朗道生日，*1968*年*1*月*22*日
从左至右：伊萨克·康斯坦丁诺维奇·基科因、列夫·朗道、迈娅·比萨拉比、科拉

列夫·朗道和家人一起

列夫·朗道在物理问题研究所的家中过*60*岁寿辰

在理论问题研究所中举办的朗道六十岁生日晚会，*1968*年3月5日

亲爱的列夫·达维多维奇，真诚地祝您六十岁生日快乐！

物理小组成员

来自克列梅涅茨的电报：

衷心祝您六十岁生日快乐！祝您身体健康，心情愉快！

您的学生藻什克维奇

来自第比利斯的电报：

亲爱的道，在你六十岁生日来临之际，我为你送上祝福！你是一位杰出的科学家，你所做的一切将永载史册。

你的成就滋养了整整一批物理学家。我将尽量履行诺言，如果天气适于飞行的话，我会于二十二日晚登门拜访。

爱你的

埃列夫特·安德罗尼卡什维利

乌拉尔大学、苏联科学院物理研究所、顿涅茨克物理技术研究所、列宁格勒半导体科学研究所、高能物理研究所、理论物理研究所、理论和实验物理研究所、原子能研究所，以及彼尔姆州的物理学家们、《哲学问题》杂志编委会都给朗道发来了生日祝福，并祝他早日康复。

他还收到了一封来自杜布纳市的电报：

> 亲爱的列夫·达维多维奇，杜布纳市核问题实验室的物理学家们很高兴为您送去生日的祝福。您的研究成果、著作、讲座为我们中的许多人打开了物理学的新世界。为此，我们向您深表感谢！祝您充满活力、获得新的成果和发现！
>
> 实验室全体人员
>
> 杰列波夫　蓬捷科尔沃佳　普金
>
> 拉皮杜斯　卡扎里诺夫　谢利瓦诺夫
>
> 德米特里耶夫斯基

1968年3月24日，朗道突然身体不适。他被送往位于列宁大街的科学院医院。会诊结果倾向于进行手术。这是一场“绝望的手术”——如果不手术，病人撑不到天明；如果手术，病人也有可能会撑不过去。

手术之后的三天里，朗道感觉非常好，医生们的心中甚至燃起了他能够康复的希望。血压、体温、脉搏，一切正常。

朗道的姐姐得知手术的消息后，非常担心，从列宁格勒赶了过来。

“你记得世界上第一次革命发生在哪个国家吗？”当她俯身看着朗道时，朗道问她。

索菲娅·达维多夫娜摇了摇头。

“在荷兰。”

“天啊，你一点都没变。”

开始给病人少量喂食，情况似乎正在好转。然而，到了第五天，病人体温升高。第六天，心脏开始变得衰弱。

4月1日，朗道的病情恶化。

“我熬不过今天了。”早上，他说。他知道自己就要死去了。临终时他的意识是完全清醒的。

“要不把科拉叫来？”尤里·亚历山大罗维奇·克林斯基医生问。在最后的日子里，克林斯基医生一直陪在病人身边，寸步不离。

“不用了……”朗道回答。

朗道最后的遗言是：

“我这一生过得不错。我总是事事成功。”

克林斯基回忆说：

“在生命弥留之际，他极度虚弱，然而言语却如此平静，没有抱怨，没有遗憾，这本身就是一种勇气。无论以前在前线的时候，还是后来，我都没有见过这样的场景。这让我感到震撼。”

1968年4月1日，列夫·达维多维奇·朗道与世长辞。4月4日，他被安葬在新圣女公墓。他的坟墓上安放着由恩斯特·涅伊兹韦斯内[①]设计的震撼人心的墓碑，它告诉世人：这里安息着一位天才。通往这里的小路从不曾被杂草掩盖……

几乎所有国家的报刊、广播都报道了苏联理论物理学奠基人逝世的消息。“苏联科学的骄傲、当今最伟大的物理学家之一——列夫·达维多

---

① 恩斯特·涅伊兹韦斯内（Эрнст Неизвестный，1925—2016），苏联著名雕塑家，后移民美国。

位于新圣女公墓的列夫 · 朗道纪念碑，由恩斯特 · 涅伊兹韦斯内设计

维奇·朗道院士去世了。”这是塔斯社播报的政府通告中的第一句话。

而法国共产党的机关报《人道报》在《天才之死》一文中这样写道：

> 年仅六十岁的苏联科学家列夫·达维多维奇·朗道去世了，他是本世纪最伟大的物理学家之一，如今他离开了我们。他是一位早熟的天才，十三岁便懂得了高等数学。1929年，他被派往国外留学，在那里他开始和泡利、海森伯、尼尔斯·玻尔交往。他的名字将永远与核物理学、热力学、量子力学、固体物理学、气体动力学理论、天体物理学等领域的大量科研成果联系在一起。尤其是他在超低温物理学领域取得的成果，将永远令世人铭记。1962年，他由于对液氦超导性和超流性的研究而荣获诺贝尔物理学奖。
>
> 然而，由于在车祸中身受重伤，列夫·朗道在获得诺贝尔奖之后一直徘徊在生死线上。来自法国、捷克斯洛伐克、加拿大的最优秀的医生与苏联专家们一起，竭尽全力挽救他的生命。医生们将他的生命延长了六年。对于列夫·朗道想要完成的事业而言，这些时间显然是不够的。

朗道的去世令很多人感到痛心。甚至那些和物理学毫无关联的人也用作品悼念朗道。列宁军事政治学院的研究生鲍里斯·亚罗茨基创作了一首情真意切的诗歌，诗的结尾很具有时代精神。莫斯科广播电台播放了这首诗歌。

列夫·朗道的葬礼，*1968*年*4*月*4*日

在葬礼上：（从左至右）迈娅·比萨拉比、科拉、伊戈尔

科拉

本书作者：迈娅·比萨拉比

纪念量子流体理论创始人朗道院士

存在着量子流体，只是量子而已。
存在着一些人，如同宇宙中的先知。
我们看到他们天资超凡，
仿佛散文之中现出诗的语言。

我们看到，他日复一日地斗争——
伟大心灵中燃烧着永不屈服的火焰。
他锤炼着自己的思想，如同烈火
在炙热的熔炉中对石块千锤百炼。

大火将他吞噬。难道一切已烟消云散？
他的思想仍在我们之间流传。
这说明他用自己的生命
书写了共产主义的诗篇。

朗道的爱徒阿列克谢·阿列克谢耶维奇·阿布里科索夫为大学校报撰写了一篇小文，字里行间充满了悲痛，但同时也流露出自豪和乐观的情绪：

4月1日，列夫·达维多维奇·朗道，我们的道，与世长辞了。虽然他已经有六年不在我们身边，可是想必仍有很多人惦念着他。一场荒唐的意外——

车祸使他再也无法工作，而在此之前，他每天都为我们的科学做出巨大的贡献。不过，只要他还活着，就有希望。而如今，他却不在了。

他的成就非常多，需要好几本书才能写得下。他的主要成就在于固体理论。任何一位物理学家——无论是理论学家还是实验学家，都清楚地知道，朗道的思想是固体理论所有研究方向的基础。

量子流体理论、准粒子的概念最初是为了解释氦的超流性而提出的，后来却为建立现代物理学中最大的研究领域奠定了基础。道正是因此而获得诺贝尔奖。

然而，他的成就远不止固体理论！他在基本粒子和原子核理论、流体动力学、等离子体理论、宇宙线物理学和天文物理学等方面都取得了很多重要成果。简而言之，他几乎在所有的物理学领域都做出了重要贡献。他的论文总是能够引起巨大的反响。他每次都会提出耀眼的新思想，即使他本人后来不再研究这个问题，他的论文也会衍生出一个完整的研究方向，被许许多多的追随者们发扬光大。

然而，他的功绩远远超越了学术上的成就。正如A. Ф. 约飞创立了苏联实验物理学一样，朗道创立了苏联理论物理学，从而对我们国家、对我国科学做出了宝贵的贡献。他直接或间接地培养了很多学生，拥有一大批徒子徒孙；他从不吝惜给予任何人建议；他与E. M. 栗弗席兹合著了《理论物理学教程》，如今全世界物理专业的学生们都在使用这套教材。

我认为，除他之外，能够如此出色地将科研与教学能力合而为一的人，只有尼尔斯·玻尔了。这不足为奇。道是他的学生，而且，正如玻尔常说的，道是他最优秀的学生。

如今，道已不在我们身边。我们再也听不到他那晦涩难懂却又精彩绝伦的讲课了，再也听不到他那尖锐犀利却又极为精准清晰的见解和建议了。但是，我们应当努力地生活，以使他泉下有知的话，会对我们感到满意。重要的是，我们应当勤奋工作，无论面对自己还是面对他人，都要永远做一个正直的人……

第十五章
永生

> 不，我不会彻底死去。
>
> ——A. C. 普希金

列夫·朗道未被人们遗忘，不仅如此，任何关于他的言论都会引起热烈的反响。朗道逝世三十周年时，BBC俄语台播放了由谢瓦·诺夫戈罗采夫主持的节目，以纪念这位俄罗斯物理学家。参加节目的有三位主持人和我，谢瓦·诺夫戈罗采夫的主持非常精彩。回到莫斯科之后，我听到很多对于这个节目的赞美之词。这使我更加坚信，朗道并未被人们忘记。

每当新的一版朗道传记出版时，读者的信件总会如潮水般涌来，大部分来信都表达了读者的欣喜之情。

朗道的朋友和学生们写了很多回忆他的精彩文章。令人印象尤为深刻的是维塔利·金兹堡院士和埃列夫特·安德罗尼卡什维利院士的文章。安德罗尼卡什维利在《文学报》中写道：

“如今，数十年之后，我们发现了一个重要的现象，那就是朗道的所有学术成果不需要做任何改动。

当他研究宇宙线理论的时候，还只知道它们是由电子和光子组成的。在此之后，μ介子、π介子、k介子、质子、中子、超子和一些其他的基本粒子也纷纷加入了这个队伍。

不过，我们只是对朗道宇宙线理论的成果进行补充，它并没有任何需要更改之处。随着实验学家们获得越来越多新的事实，他的超流性理论也不断得到充实，然而他所创建的理论本身却毫发未动。恰恰相反，新的数据只是进一步证实了他的思想。这种现象在物理学中是罕见的。他是一位物理学大师。

他之所以成为大师，不仅仅是因为他取得了不可撼动的科学成果，还因为他的成果在形式上也极尽完美，他的论文给物理学家们带来了巨大的审美享受。”

下面这段文字出自俄罗斯院士、2003年诺贝尔奖获得者维塔利·拉扎列维奇·金兹堡之笔。他不仅与朗道有着数十年的交情，最难能可贵的是，他在工作上与朗道有过直接的接触。

“应当再次强调的是，朗道的榜样使我们确信，如果一个人为自己所热爱的事业鞠躬尽瘁，他能够取得多么了不起的成就。此外，他不仅批判地对待科学界的‘伟人’们，也具有自我批评精神。这反映在很多方面。譬如，朗道将自己划归到比许多其他同时代物理学家低的‘等级’。在这里需要解释一下，他曾经按‘成就’对物理学家们进行了等级划分。他根据对数比例，以五级制划分等级。他使用常用对数，即1等物理学家的贡献为2等物理学家的10倍，以此类推。5等属于病态研究者，那些人的论文在朗道看来是病态的。根据这一标准，在本世纪的物理学家当中，只有爱因斯坦拥有最高等级，即0.5等，而玻尔、海森伯、薛定谔、狄拉克等物理学家被划为1等，最初朗道只把自己划为2.5等，后来改为2等，最后似乎是划到了1.5等。德布罗意也被划为1等，这遭到一些人的反对，可是朗道的态度很坚决，他认为，德布罗意的最高成就确实是非常伟大的（指物质波），虽然他后来并没有通过进一步的研究来巩固这一成果。P. 费曼也被划为1等。”B. Л. 金兹堡写道，“费曼比朗道小10岁。1962年，我在波兰参加会议时遇到了他，虽然费曼与朗道素未谋面，但他很关心朗道车祸之后的健康状况，向我仔细询问。交谈中我提到，朗道对费曼的成就给予了很高的评价，将其置于自己的成就之上。我记得，费曼有点难为情，并且坚决否定了朗道的说法。不过，朗道本人倒是越来越少提及自己的等级划分了，而是理性地对待这个问题。我想指出一点，在我遇到过的所有人当中，费曼是和朗道最为相像的。这涉及很多方面：学术风格、某些举止和个性，以及对教育理念的浓厚兴趣。要知道，每个人的天赋是各不相同的，比如，玻尔和朗道简直就是截然不同的两个极端。而我认为，朗道和费曼不仅拥有同一类型的天赋，而且还属于类型接近的人，我觉得他们的相似是骨子里的。当然，他们的差别也很大，而且不同环境、不同教育背景也会对此产生影响。遗憾的是，这两位优秀的物理学家一生当中从未谋面。想到过去时代的这些‘特有产物’，真让人感到心痛。”

“在这篇文章接近尾声时，”B. Л. 金兹堡写道，“我清楚地意识到，我只能帮助大家对朗道的风格和全部学术面貌略知一二。要想真正描述这位杰出的物理学家确实是件非常困难的事——我只能这样自我安慰了。”

“不过，我还是想再写一点看法。朗道已经离开我们这么多年了，可我仍然时常想起他，很少能有人令我如此怀念。我曾经听很多同事也这样说过。这不只是出于对朗道的友情，不只是因为他那悲剧性的、痛苦的结局。我想，这其中有着更重要的原因——朗道是一位独一无二的物理学家和物理学导师。所以，对他的态度与我们对物理学本身的态度是紧紧联系在一起的，而我们之中的很多人是那样珍视和热爱物理学。”

1964年秋天，朗道理论物理研究所成立了。

这个相对年轻的研究所如今已在全世界享有盛名，不断取得有趣的新成果。

朗道桃李遍天下，如若将他的学生一一列出，需要花费很多时间。如今他的学生们仍然活跃在科学舞台上。学生的学生们也功成名就，他们将朗道视为自己的启蒙老师。朗道的学生几乎全部当选为俄罗斯科学院院士或者通讯院士（下文简称为“院士”或者“通讯院士”）。

为了纪念朗道八十岁诞辰，科学出版社出版了《Л. Д. 朗道回忆录》这本文集，与一些其他此类书籍不同的是，这本书很有趣味性，因为要想用无聊乏味的伪科学笔调描写朗道是很难办到的。文集中收录了朗道的很多言论，它们能令任何一本书熠熠生辉。如今，如果有人想要为朗道写传记，那么一定会参阅这本书，一定会引用其中的内容。

卡连·捷尔-马尔季罗相描写了朗道讨论班的生动场景，非常值得一看：

“讨论课的第一部分通常是由值日生作报告，讲述最近刊物上发表了哪些新成果。当时要讲述的是刚出版的某期《Physical Review》(《物理评论》) 杂志，按照要求，报告人需要完全掌握杂志内容。在讨论课前几天，报告人已经单独跟道讲述过这些材料。在物理问题研究所的走廊里，报告人与道并肩而行，努力追赶着他的脚步，试图在某个问题上说服他。而道则大声地揭露文章作者的无知、愚蠢以及其他罪过。他的批评往往有根据的，因为他通常能够立刻抓住每一个想法的实质，将复杂的物理难题转变为基本问题，将复杂的情况变成一般情况。与此同时，值日报告人也顺便被他教训了一顿。

讨论课上，只有一部分时间用于分析*Physical Review*杂志中的文章，而且并非每次课都有这项内容。其余时间则用于分析俄罗斯理论学家的新成果。这时文章作者就要直接接受‘教父’的检验了（波梅兰丘克这样诚惶诚恐地称呼朗道）。”

在这些著名的讨论课上，朗道善于营造一种节日的氛围。

“无论课前、课后，还是课间，走廊里总是挤满了学生，人声鼎沸，群情激昂，这使讨论课更像是过节了。”莫伊谢伊·伊萨科维奇·卡冈诺夫回忆说。

列夫·彼得罗维奇·戈里科夫也回忆了自己敬爱的导师，文章是这样开头的：

“身材瘦削的朗道飞快地走进房间，靠在椅子上，跷起二郎腿，张开双肘，以他那特有的笨拙姿势不时地搓着手，神采飞扬地讲起话来。这是我们特别喜爱的时刻（‘我们’是三个人：И. Е. 加洛辛斯基、Л. П. 皮塔耶夫斯基和我，当时我们是物理问题研究所理论部最年轻的研究员）。话题五花八门……道常常说，*Physical Review*杂志上刊载的论文，百分之九十都属于‘轻微病态’，他把那些论文的作者也相应地划为‘病态’物理学家。

这完全是一个温和的工作术语。因为这个定义只是意味着，作者既没有剽窃他人成果，也没有自己的成果，他们并不搞伪科学，而只是徒劳无益地在自己的领域中默默挖掘。其实，道还使用过另外一个术语——‘令人发指’，这是指那些伪学术著作，它们用毫无必要的数学和晦涩难懂的语言作为外衣，掩盖了问题的本质。这种对学术成果的觊觎、自吹自擂（朗道斥之为‘暴露癖’），当然还有学术欺诈，简直令人痛恨至极。谈起这些情况，道总是会聊上很久。末了，他总是给我们打预防针，请我们‘不要令他在这把年纪蒙羞’。

实话说，我至今也没弄明白，他为何对我们感兴趣，当然，这里指的不只是我们三个人。多半是出于他对生活的热爱吧。此外，他很善于对各种性格进行归类。和别人交谈，指出他们的弱点、困难、优势，这些事情和科学一样令他乐此不疲。多数情况下，道总是善良地容忍大家对他的纠缠，不过也会时刻保持警觉。当他感到厌烦时，就会站起身来，说：‘我要疯了，回家去了。’然后便扬长而去。”

叶夫根尼·利沃维奇·法因贝格对自己的导师进行了极为准确的描述。早在1940至1941年间，他就曾参加过朗道小组的会议。那时，痴迷于朗道思想的青年们纷纷前来，希望能与朗道非正式地探讨一下物理学问题。法因贝格写道：

“那时我已经很清楚，朗道是一位什么样的物理学家。可是直到许多年以后，我才有能力单独与他探讨物理学问题，才能够虽每每忐忑不安，却又不至于惊慌失措地谈论自己的论文，维护自己的观点。当时，无论在国内还是国外，都出现了不少毫无新意的理论物理学文章。道对这种现象忍无可忍，因为他是一个脚踏实地的人。他认为，结论即便微不足道，但也要有新意，并且是可信的。在我看来，这其中还有一个原因，那就是：道认为自己对我国理论物理学的状况负有责任。

他责无旁贷，因为正是他创立了苏联理论物理学。”

约瑟夫·所罗门诺维奇·沙皮罗回忆，当他第一次给朗道打电话时，心情是多么激动：

“与朗道联系非常容易，给人的感觉是他从来都不忙。我第一次给他打电话时，原以为会得到这样程式化的回答：‘哎呀，这周我非常忙，十五号之后再打电话试试吧。’然而我听到的却是：‘啊，很好。您现在能过来吗？您在哪儿？’尽管朗道言语果断，见解犀利，常常令人尴尬，然而他发自内心地对那些有创见的物理学成果感兴趣，他拥有高深的学术造诣，能够迅速捕捉问题的实质，并且乐于进行具体的、有建设性的讨论——这些无不吸引着物理学家们。不过，他还是会时不时冒出一些让人不大愉快的言语，比如：‘沙皮罗同志，不会有结果的！’或者‘您脑袋里可真是一团糨糊！’有时比这还要更难听些。”

熟悉朗道的物理学家们爱戴他、欣赏他。然而，也有一些科学界同行对他恨之入骨。一次，我从一位教授的遗孀那里租了一栋别墅，那是一位可爱的、知书达理的老人，举止端庄。我在书柜中看到一册《理论物理学教程》，便对她说，这套书的一位作者是我的亲戚。

“强盗朗道是您的亲戚？！他是我们家的丧门星！他霸占了本应属于我丈夫——俄罗斯教授 С－в 的位置！我们之间没什么好谈的了！”

她仿佛变了一个人似的。此时在我眼前的是一位泼妇，她刺耳地尖声叫嚷着什么。为了不用从这个怪物身边经过，我和外孙从窗户爬进房子。一周后，我们从那里落荒而逃。

说实话，我一生中再未遇到过如此对待朗道的人。

伊戈尔·加洛辛斯基是朗道的几位关门弟子之一，他是1951年与朗道相识的，他在回忆文集中写道：

“朗道的教学方法极为严格，有时甚至是残酷的。众所周知，他的学术批评也十分严酷无情。可是，每当我回想起在他主持的物理问题研究所理论部度过的时光，便会再次被那种无与伦比的充实与紧张感所包围。对于任何掩盖和歪曲真理、甚至在某种程度上阻挡真理取得最终胜利的行为，朗道都是忍无可忍的。

此外，朗道喜欢将问题系统化，因此对于如何同真理的天敌进行斗争，他制定了周密的规划。他有一部不成文的法典。懒惰与固执是两项最基本的罪行，确切地说，是罪孽。朗道认为，固执之人之所以有罪，是因为当你向他详细解释了究竟错在何处之后，他仍然拒绝承认自己的错误。而懒惰这项罪孽涵盖了所有严重的违规行为。只要犯下一次罪孽，之后哪怕夜以继日地工作，哪怕表现出天大的理解力，也是枉然。朗道从未改变过自己的观点，他将懒惰之人和固执己见之人排除在讨论班之外。

而下面两项罪孽更为复杂些。它们被称为‘表现狂’和‘写作癖’。后者无须解释，而‘表现狂’指的是那些不会讲述自己（或别人）的论文，却锲而不舍地喜欢到处作报告的人。表现狂和写作癖虽然是严重的罪孽，但并非不可救药。比如，表现狂是完全可以停止作报告的。

在朗道的现象学中，罪孽作为人类灵魂的缺点与智力缺陷并存。譬如，愚蠢、固执与写作癖一起造就了一种奇怪的生物——病态者，他们是勤恳而虚荣的傻瓜。朗道教导我们：‘谬误将作为作者的个人经历被写入履历。’”

在这些追忆朗道的美妙文字中，记载了许多他和学生们的谈话。加洛辛斯基讲述了他刚考上物理问题研究所研究生时的经历。朗道问他打算研究什么，他回答说：“场论。”

“朗道的声音瞬间转换到我们无比熟悉的开炮模式：‘哎哟，场论？那您可真是个赶时髦的人啊！但是赶时髦是婆娘们应该干的事儿。您不觉得害臊吗？’然后，他心平气和地向我解释，只有当具备了某些严肃的想法之后，才能够进行场论的研究，指望在这片领域中撞大运是不道德的。”

另一位刚开始从事科学研究的人遭遇了更难堪的情况，因为他犯下了不

列夫 · 朗道和*И. Е.* 加洛辛斯基，*1956* 年

苏联革命博物馆中陈列的朗道院士遗物

迈娅·比萨拉比在读者见面会上签名

可饶恕的罪孽——在一次有外国人参加的重要会议上作了糟糕的学术报告。

中场休息时，朗道冲过来斥责他：

“这是什么鬼玩意儿！您居然好意思用这些废话来浪费大家的时间？”

“可是，道，我确实已经尽力了。我生病了，现在三十九度五。”

“那您还是个表现狂！为了在黑板前出十分钟风头，宁愿牺牲自己的健康！”

然而，令人感到惊讶的是，在理论物理学这个大家庭中，几乎从来没有人怪罪过朗道。对于自己不喜欢的东西，他不会拐弯抹角。当然，那些对他不大熟悉的人，有时会感觉受到了侮辱。一次，朗道疑惑不解地大声问：

“H. H. 为什么生我的气？！要知道我并没有说他是傻瓜，我不过是说他的论文很愚蠢……”

鲍里斯·拉扎列维奇·约飞紧随阿列克谢·阿布里科索夫之后通过了理论物理最低标准考试，在朗道列出的学生名单中排在第三十位，他回忆说：

“……我越来越强烈地感觉到，我，不只是我，整个物理学界都多么缺乏这样的导师——拥有明确的见解，能够迅速理清问题，将合理的东西从诸多谬误之中分离出来。朗道本人也是这样认为的：世间蠢材众多，智者却寥寥无几。有一句话他很喜欢，并且经常说起：‘为什么歌手们都那么愚蠢？那是因为他们不是根据智力，而是根据其他特征挑选出来的！’”

对于科学领域中为了博宣传而制造出的噱头，朗道一向持极大的怀疑态度。他对于这个问题的典型说法是：“人们一听到什么不同寻常的现象（生活中的或者是科学中的），就开始对其进行各种不切实际的猜测。请首先考虑一下最简单的解释——一切不过是谎言而已。”

朗道认为，学术领袖本人必须拥有重要的学术成果，只有这样，他才在道德上有权力领导别人、为别人布置任务。他说：“不能仅凭品行是否端正来决定一个人的学术地位——那样所导致的结果必然是学术和品行端正都不复存在了。”

约飞认为：“现在，我们仍然非常需要朗道，不仅因为他是一位在科学领域中开辟了新道路的物理学家、学术领袖，而且因为他用自己的威望维护了科学界纯净的道德氛围，因为他与一切弄虚作假和夸夸其谈势不两立。”

1974年5月22日，位于物理问题研究所大楼前的朗道纪念碑揭幕：

1937年至1968年
著名物理学家
列夫·达维多维奇·朗道
曾经在这里居住和工作过

为了纪念这一天，莫斯科——这座朗道所深爱的城市，举行了盛大的仪式。纪念碑在乐队的伴奏声中揭幕。人群如山似海，学生们纷纷从大学里赶来。他们走过古老的椴树林荫道——那是朗道喜爱的地方，他曾经常常从那里经过。

他的人生是精彩的……

我想用亚历山大·费多罗维奇·安德烈耶夫的话结束本书：

“朗道的名字如今已经远远超出了科学界的范围，他的名字反映了我国科学的高超水平。而这不仅仅是因为他本人所取得的物理学成果，还因为他培养出了一代又一代的学生。朗道是当之无愧的苏联理论物理学的创始人。”

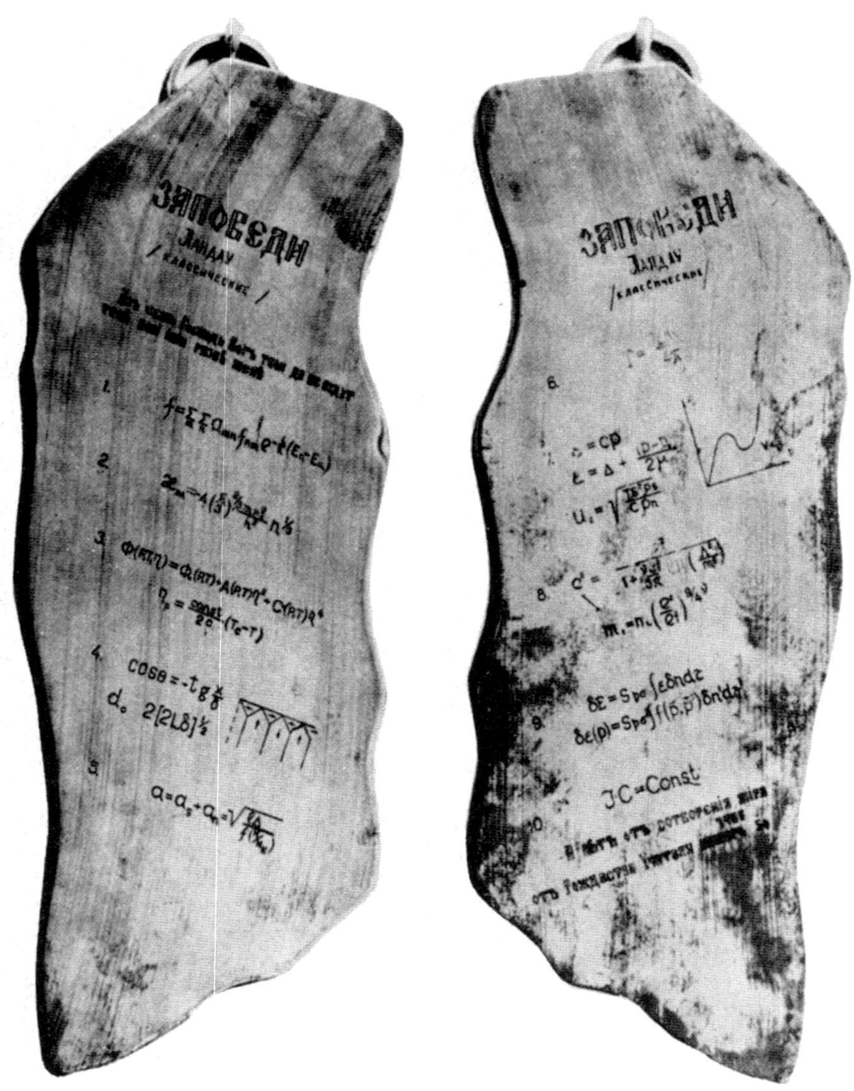

刻着“朗道十诫”的大理石板

附　录

“朗道十诫”

一、朗道在1927年引入了密度矩阵的概念，这个概念用于量子力学和统计物理学。

二、如果把金属放置在磁场中，则金属中的电子运动会发生变化，以在某种程度上抵消该磁场。由此产生了与外部磁场方向相反的磁矩。朗道在1930年创立了电子抗磁性的量子理论。现在，这一现象在全世界被称为“朗道抗磁性”，而电子在磁场中运动的相应量子能级则被称为“朗道能级”。

三、朗道在1936—1937年发表了关于二级相变的两篇论文。所谓二级相变，是指物体状态虽然连续变化，但其对称性却发生突变的相变。与普通相变（例如：冰—水—蒸汽）不同的是，在二级相变中，物体的密度不变，也没有热量的释放或吸收。

四、Л. Д. 朗道和 Е. М. 栗弗席兹在1935年计算了铁磁体的磁畴结构。他们证明，铁磁体各磁畴之间的边界是磁化强度方向连续渐变的薄层。

五、朗道在20世纪30年代末创立了超导体中间态理论。他指出，如果把超导体放置在磁场口，则在磁场作用下，超导体中可以形成中间态，即超导层与正常层交替分布的状态。朗道建立了这种中间态理论。该公式表示超导层和正常层的厚度。

六、该公式与核物理学有关，描述原子核的统计理论。

七、朗道在1941年提出了氦的超流性的理论依据。朗道的理论开创了一个新的科学分支——量子液体物理学。当氦冷却到接近绝对零度时，液氦不仅不会转变为固态，反而会转变为丧失黏性的超流态。朗道运用量子力学，出色地解释了氦Ⅱ这种液体的神奇特性。

八、Л. Д. 朗道、А. А. 阿布里科索夫和 И. М. 哈拉特尼科夫在1954年发表了关于量子电动力学的重要著作。

九、朗道在1956年从事费米液体理论的研究，该理论现在获得了广泛应用。

十、朗道在1957年提出了组合宇称原理。根据该原理，如果在右手坐标系改为左手坐标系时所有粒子均改为反粒子，则所有这些物理系统都是等价的。

Л．Д．朗道院士在1959年基辅国际会议上关于高能物理学的报告[①]

众所周知，理论物理学现在对强相互作用问题几乎无能为力。因此，关于这一问题的任何观点都不可避免地带有预言的性质，而且提出观点的人很容易陷入误区，徒劳无功。

很久以来，人们认为理论的主要困难在于无穷大的存在，并且只有应用微扰理论才能消除无穷大。尽管采用重正化方法能够在微扰理论中取得重要进展，但人们过分习惯于使用这种方法，以致于重正化概念本身已经被某种神秘光环所笼罩。然而，如果采用理论物理学的一种常规方法，把点相互作用看作某种“分布式”相互作用的极限，问题就清楚了。这种方法虽然也要求相互作用很弱，但在本质上超出了微扰理论的范围，使计算能量函数中主要物理量的渐近表达式成为可能。这些表达式表明，有效相互作用在能量降低时总是减弱，因此，有限能量下的物理相互作用总是弱于能量约等于截止能时的相互作用，而截止能取决于哈密顿量中的裸耦合常数的值。

因为重正化值随着截止能的增加而变为无穷大，所以连无穷弱的相互作用也要求裸耦合常数的值为无穷大。因此出现了这样的假设：主要问题在于建立极强相互作用的理论。

然而，进一步的研究表明，问题远非如此简单。波梅兰丘克在一系列论文中指出，当截止能增加时，物理相互作用趋于零并且不受裸耦合常数值的影响。几乎与此同时，泡利和谢伦在“李模型”中也得到同样的结果。

“归零化”的正确性常常受到质疑。“李模型”极为特殊，在很多方面与物理相互

① 此文经修改后发表于纪念W. 泡利的一本文集，见附录《朗道论文清单》中的最后一篇论文。

作用有显著区别，因此波梅兰丘克证明的严谨性颇受怀疑。我的看法是，这些怀疑是站不住脚的。例如，谢伦几次应用了有待求和的级数的一些特殊性质，但从来没有证明自己的观点。现在，即便是那些公开对“归零化”提出异议的物理学家，也默认“归零化”的观点是正确的。这是很显然的，因为关于介子理论的论文几乎全部销声匿迹了。而从戴森的观点来看，这就更加显而易见了——他认为正确的理论将在下一个世纪建立起来。如果认为现有的介子理论能够给出有限的结果，只是我们暂时力所不及，戴森的这种悲观论调就令人费解了。所以，我觉得试图改进波梅兰丘克的证明是不合时宜的。人生苦短，我们不应该把时间浪费在不能带来全新结果的问题上。

在现有的理论中，为了让点相互作用为零，人们的想法往往是必须采用非局域的“分布式”相互作用。可惜的是，相互作用的非局域性使现有理论中的方法毫无用处。不希望这种情况出现当然不是反对理论非局域性的好理由，不过，还有更为充分的理由。在量子场论中不使用关于哈密顿量具体形式的假设而得到的所有结果，显然都得到了实验证实。首先就是色散关系。此外，高能碰撞时产生的介子数目符合费米公式，而推导这个公式的基础就是在远小于任何可能的相互作用半径的距离上使用统计热力学表达式。

在不否定相互作用局域性的情况下，海森伯首先提出了现有理论的一种可能的重要改变。除了一般设想之外，海森伯还补充了一系列其他假设，但我认为这些假设值得怀疑。因此，我将尝试用我觉得最有说服力的方式来描述问题。

大约在30年前，派尔斯和我曾经指出，根据相对论量子理论，发生相互作用的粒子的任何特征量都不可观测，只有自由运动的粒子，其动量和极化强度才是可观测的量。所以，如果我们不想使用不可观测的量，就应当只引入散射振幅作为理论中的基本量。

包含不可测量信息的算符应当从理论中消失，而哈密顿量只能由算符构成，所以我们必然得出以下结论：量子力学中的哈密顿方法已经寿终正寝，应当带着它理应获得的所有荣耀入土为安。

新理论的基础应当是一种新的图示方法，这种方法只使用带有“自由”顶点的线图，即只使用散射振幅及其解析延拓。这种方法的物理基础是幺正关系和相互作用局域性原理。相互作用局域性原理可以通过理论中那些基本量的解析性质表现出来，例如通过各种色散关系表现出来。

因为这样的新图示理论还没有建立起来，所以我们不得不从哈密顿形式论出发来寻求线图顶点部分的解析性质。但是，如果指望这样的推导具有“严谨性”，那就太幼稚了。别忘了，我们是从实际并不存在的哈密顿量得到实际存在的方程。

用这种方法建立理论所导致的一个后果是，粒子的基本性这一古老问题彻底失去了意义，因为如果不引入粒子之间的相互作用，就不能表述这个问题。

我觉得，近些年来，理论在上述方向取得了显著进步．距最终写出新理论方程的那一天，已经为时不远了。

但是需要注意，与理论物理学中以往的情况不同，写出方程并非意味着这一理论的建立已经完成，而只是刚刚开始而已。新理论的方程组将包含无穷多个积分方程，每一个方程都具有无穷级数的形式，并且很难掌握如何求解这些方程。

现在当然不可能预测，在新理论中有多少个常数可以任意选取，我们甚至不能排除方程根本无解的可能性，即在新理论中再度出现“归零化”的可能性。这或许可以视为大自然非局域性的严格证明，但也可以表示，并不存在单一的强相互作用理论，一般情况还应当包括弱相互作用，尤其是电动力学。这样一来，“红外灾难”就会让情况变得无限复杂。

不过，即便在最乐观的情况下，我们也将面临艰巨的挑战。

列夫·达维多维奇·朗道（*1908—1968*）生平大事年表

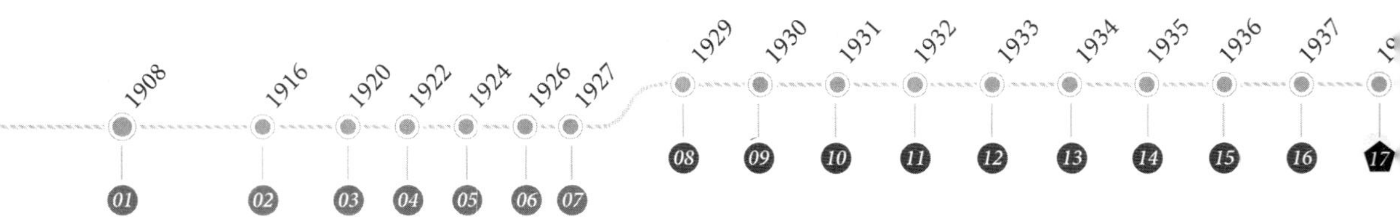

● 学生时代　◆ 所获荣誉

● 工作与生活　⬟ 入狱与逝世

01 ***1908*年*1*月*22*日**

列夫·达维多维奇·朗道出生于巴库，母亲为柳博芙·韦尼阿米诺夫娜·朗道，父亲为达维德·利沃维奇·朗道。

02 ***1916*年**

进入中学。

03 ***1920*年**

进入巴库经济专科学校，两年后毕业。

04 ***1922*年**

顺利通过阿塞拜疆国立大学入学考试。

05 ***1924*年**

转入列宁格勒国立大学物理数学系。

06 ***1926*年**

发表第一篇学术论文《关于双原子分子光谱理论》；成为列宁格勒物理技术研究所的编外研究生；在莫斯科参加第五届俄罗斯物理学家大会（12月15日—12月20日）。

07 ***1927*年**

大学毕业（1月20日）并成为列宁格勒物理技术研究所的研究生；在论文《波动力学中的阻尼问题》[①]中，为描述系统状态而首次在量子力学中引入一个极重要的新概念——密度矩阵。

---

① 原文所给论文题目有误，已更正。

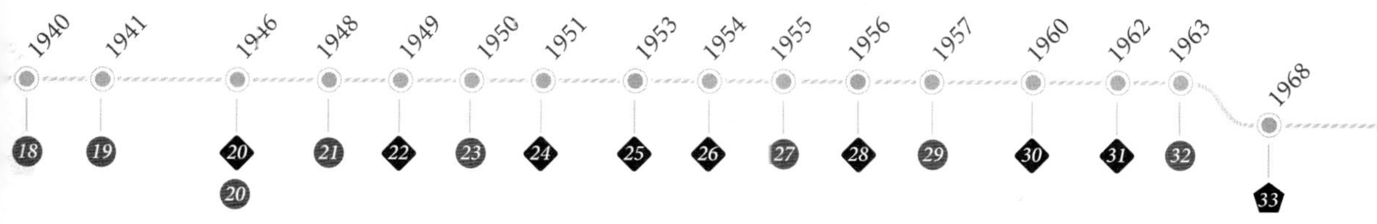

08 *1929年10月*

受教育人民委员部派遣出国深造，进行为期一年半的进修（柏林、哥廷根、莱比锡、哥本哈根、剑桥、苏黎世），参加了世界上最优秀的物理学家们的讨论班，包括玻恩、海森伯、狄拉克、泡利和玻尔的讨论班。此后朗道一直将玻尔视为自己的物理学导师。

09 *1930年*

发表关于抗磁性的论文（这种现象后来被称为“朗道抗磁性”）。

10 *1931年3月*

回国后继续在列宁格勒工作。

11 *1932年8月*

赴哈尔科夫工作，担任乌克兰物理技术研究所理论部主任。

12 *1933年*

在乌克兰物理技术研究所工作的同时，兼任哈尔科夫机械制造学院（现哈尔科夫理工学院）理论物理教研室主任，并在该学院物理数学系授课。

13 *1934年*

在哈尔科夫参加理论物理学大会；苏联学位最高评定委员会授予朗道物理数学科学博士学位，免予答辩；赴哥本哈根参加导师尼尔斯·玻尔的讨论班（5月1日—5月22日）；创立了一套被称为“理论物理最低标准”的考试大纲，专门用于选拔和培养有特殊天赋的青年物理学人才。

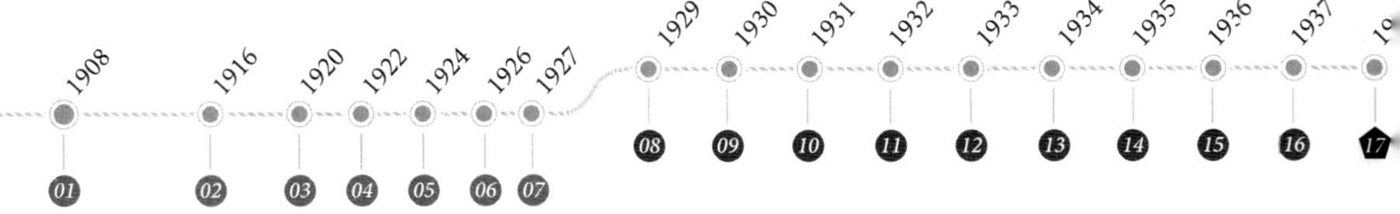

● 学生时代　　◆ 所获荣誉

● 工作与生活　　⬟ 入狱与逝世

⓮ ***1935*年**

在哈尔科夫国立大学教授物理学课程，担任普通物理学教研室主任；被授予教授职称。

⓯ ***1936—1937*年**

创立二级相变理论和超导体中间态理论。

⓰ ***1937*年**

申请去莫斯科物理问题研究所工作，不久后成为该研究所理论部主任。

⬟17 ***1938*年*4*月*27*日—*1939*年*4*月*29*日**

被捕入狱。

⓲ ***1940—1941*年**

创立液氦超流理论。

⓳ ***1941*年**

创立量子液体理论。

◆20 ***1946*年**

当选为苏联科学院院士（11月30日）；被授予苏联国家奖金。

⓴ ***1946*年**

创立电子等离子体振动理论（朗道阻尼）。

㉑ ***1948*年**

出版《普通物理学教程》（莫斯科大学出版社）。

◆22 ***1949*年**

被授予苏联国家奖金。

㉓ ***1950*年**

建立超导理论（与B. Л. 金兹堡合作）。

◆24 ***1951*年**

当选为丹麦皇家科学院院士。

◆25 ***1953*年**

被授予苏联国家奖金。

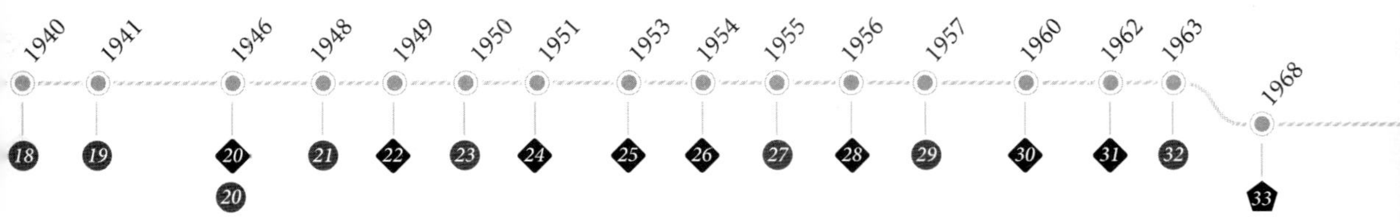

26 ***1954*年**

被授予社会主义劳动英雄称号（1月4日）；与A. A. 阿布里科索夫、И. M. 哈拉特尼科夫发表了一系列关于电动力学基础的重要著作。①

27 ***1955*年**

出版《原子核理论讲义》（与Я. A. 斯莫罗金斯基合著）。

28 ***1956*年**

当选为荷兰皇家科学院院士。

29 ***1957*年**

创立费米液体理论；提出组合宇称原理。②

30 ***1960*年**

当选为英国物理学会会员、伦敦皇家学会（英国科学院）会员、美国国家科学院院士、美国艺术与科学院院士；被授予弗里茨·伦敦奖金；被授予马克斯·普朗克奖章（德意志联邦共和国）。

31 ***1962*年**

在前往杜布纳市的途中遭遇车祸（1月7日）；由于理论物理学系列著作（与E. M. 栗弗希兹合著）而被授予列宁奖金（4月）；由于“在凝聚态介质理论领域，特别是在液氦理论中的开创性工作”而被授予诺贝尔物理学奖（11月）。

32 ***1963*年**

出版《大众物理学》（与A. И. 基泰戈罗茨基合著）。

33 ***1968*年4月1日**

于21时50分逝世。

---

① 原文中相关著作信息有误，已更正。

② 原文中关于朗道提出组合宇称原理的时间有误，已更正。

朗道论文清单[①]

1. К теории спектров двух атомных молекул. 关于双原子分子光谱理论 . Z. Phys. 1926, 40: 621.
2. Проблема затухания в волновой механике. 波动力学中的阻尼问题 . Z. Phys. 1927, 45: 430.
3. Квантовая электродинамика в конфигурационном пространстве. 位形空间中的量子电动力学 . Z. Phys. 1930, 62: 188（与 R. 派尔斯合著）.
4. Диамагнетизм металлов. 金属的抗磁性 . Z. Phys. 1930, 64: 629.
5. Распространение принципа неопределенности на релятизистскую квантовую теорию. 测不准原理向相对论量子理论的拓展 . Z. Phys. 1931, 69: 56（与 R. 派尔斯合著）.
6. К теории передачи энергии при столкновениях. I 关于碰撞时的能量交换理论 I. Phys. Z. Sow. 1932, 1: 88.
7. К теории передачи энергии. II 关于能量交换理论 II. Phys. Z. Sow. 1932, 2: 46.
8. К теории звезд. 关于恒星的理论 . Phys. Z. Sow. 1932, 1: 285.
9. О движении электронов в кристаллической решетке. 论晶格中的电子运动 . Phys. Z. Sow. 1933, 3: 664.
10. Второй закон термодинамики и Вселенная. 热力学第二定律和宇宙 . Phys. Z. Sow. 1933, 4: 114（与 M. 布龙施泰因合著）.

---

① 该清单与俄文版《Л. Д. 朗道论文集（共两卷）》（莫斯科：科学出版社，1969）的目录一致。

11. Возможное объяснение зависимости восприимчивости от поля при низких температурах. 对磁化率在低温下的场依赖性的一种可能解释. Phys. Z. Sow. 1933, 4: 675.

12. Внутренняя температура звезд. 恒星的内部温度. Nature. 1933, 132: 567（与Г. 伽莫夫合著）.

13. Структура несмещенной линии рассеяния. 无位移散射线的结构. Phys. Z. Sow. 1934, 5: 172（与G. 普拉切克合著）.

14. К теории торможения быстрых электронов излучением. 关于高速电子辐射阻尼理论. Phys. Z. Sow. 1934, 5: 761; ЖЭТФ. 1935, 5: 255.

15. Об образовании электронов и позитронов при столкновении двух частиц. 论两个粒子碰撞时电子和正电子的产生. Phys. Z. Sow. 1934, 6: 244（与E. M. 栗弗席兹合著）.

16. К теории аномалий теплоемкости. 关于比热异常理论. Phys. Z. Sow. 1935, 8: 113.

17. К теории дисперсии магнитной проницаемости ферромагнитных тел. 关于铁磁体磁导率色散理论. Phys. Z. Sow. 1935, 8: 153（与E. M. 栗弗席兹合著）.

18. О релятивистских поправках к уравнению Шрёдингера в задаче многих тел. 论多体问题中薛定谔方程的相对论修正. Phys. Z. Sow. 1935, 8: 487.

19. К теории коэффициента аккомодации. 关于适应系数理论. Phys. Z. Sow. 1935, 8: 489.

20. К теории фотоэлектродвижущей силы в полупроводниках. 关于半导体中的光电动势理论. Phys. Z. Sow. 1936, 9: 477（与E. M. 栗弗席兹合著）.

21. К теории дисперсии звука. 关于声频散理论. Phys. Z. Sow. 1936, 10: 34（与 E. 泰勒合著）.

22. К теории мономолекулярных реакций. 关于单分子反应理论. Phys. Z. Sow. 1936, 10: 67.

23. Кинетическое уравнение в случае кулоновского взаимодействия. 库仑相互作用下的动理学方程. ЖЭТФ. 1937, 7: 203; Phys. Z. Sow. 1936, 10: 154.

24. О свойствах металлов при очень низких температурах. 论极低温度下的金属性质. ЖЭТФ. 1937, 7: 379; Phys. Z. Sow. 1936, 10: 649（与 И. Я. 波梅兰丘克合著）.

25. Рассеяние света на свете. 光对光的散射. Nature. 1936, 138: 206（与 А. И. 阿希耶泽尔和 И. Я. 波梅兰丘克合著）.

26. Об источниках звездной энергии. 论恒星能量的来源. ДАН СССР. 1937, 17: 301; Nature. 1938, 141: 333.

27. О поглощении звука в твердых телах. 论固体中的声吸收. Phys. Z. Sow. 1937, 11: 18（与 Ю. Б. 鲁默尔合著）.

28. К теории фазовых переходов. I 关于相变理论 I. ЖЭТФ. 1937, 7: 19; Phys. Z. Sow. 1937, 11: 26.

29. К теории фазовых переходов. II 关于相变理论 II. ЖЭТФ. 1937, 7: 627; Phys. Z. Sow. 1937, 11: 545.

30. К теории сверхпроводимости. 关于超导理论. ЖЭТФ. 1937, 7: 371; Phys. Z. Sow. 1937, 11: 129.

31. К статистической теории ядер. 关于原子核统计理论. ЖЭТФ. 1937, 7: 819; Phys. Z. Sow. 1937, 11: 556.

32. Рассеяние рентгеновых лучей кристаллами вблизи точки

Кюри. 晶体在居里点附近对X射线的散射. ЖЭТФ. 1937, 7: 1232; Phys. Z. Sow. 1937, 12: 123.

33. Рассеяние рентгеновых лучей кристаллами с переменной структурой. 分层结构晶体对X射线的散射. ЖЭТФ. 1937, 7: 1227; Phys. Z. Sow. 1937, 12: 579.

34. Образование ливней тяжелыми частицами. 重粒子引起的簇射产生. Nature. 1937, 140: 682（与 Ю. Б. 鲁默尔合著）.

35. Стабильность неона и углерода по отношению к α-распаду. 氖和碳对α衰变的稳定性. Phys. Rev. 1937, 52: 1251.

36. Каскадная теория электронных ливней. 电子簇射的级联理论. Proc. Roy. Soc. A. 1938, 166: 213（与 Ю. Б. 鲁默尔合著）.

37. Об эффекте де Гааза–ван Альфена. 论德哈斯－范阿尔芬效应. Proc. Roy. Soc. A. 1939, 170: 363. 见D. 休恩伯格的论文附录.

38. О поляризации электронов при рассеянии. 论散射时电子的极化. ДАН СССР. 1940, 26: 436; Phys. Rev. 1940, 57: 548.

39. О «радиусе» элементарных частиц. 论基本粒子的“半径”. ЖЭТФ. 1940, 10:718; J. Phys. USSR. 1940, 2: 485.

40. О рассеянии мезотронов «ядерными силами». 论“核力”对介子的散射. ЖЭТФ. 1940, 10: 721; J. Phys. USSR. 1940, 2: 483.

41. Угловое распределение частиц в ливнях. 簇射中粒子的角分布. ЖЭТФ. 1940, 10: 1007; J. Phys. USSR. 1940, 3: 237.

42. К теории вторичных ливней. 关于二次簇射理论. ЖЭТФ. 1941, 11: 32; J. Phys. USSR. 1941, 4: 375.

43. О рассеянии света мезотронами. 论介子对光的散射. ЖЭТФ. 1941, 11: 35; J. Phys. USSR. 1941, 4: 455（与 Я. А. 斯莫罗金斯基合著）.

44. Теория сверхтекучести гелия II. 氦II的超流理论. ЖЭТФ. 1941, 11: 592; J. Phys. USSR. 1941, 5: 71.

45. Теория устойчивости сильно заряженных лиофобных золей и слипания сильно заряженных частиц в растворах электролитов. 强带电疏液胶体稳定性和电解质溶液中强带电粒子的黏合理论. ЖЭТФ. 1941, 11: 802; ЖЭТФ. 1945, 15: 663; ActaPhys. −chim. USSR. 1941, 14: 633（与 Б. В. 杰里亚金合著）.

46. Увлечение жидкости движущейся пластинкой. 运动薄板带动的液流. ActaPhys. −chim. USSR. 1942, 17: 42（与 В. Г. 列维奇合著）.

47. К теории промежуточного состояния сверхпроводников. 关于超导体中间态理论. ЖЭТФ. 1943, 13: 377; J. Phys. USSR. 1943, 7: 99.

48. О соотношении между жидким и газообразным состоянием у металлов. 论金属的液态与气态之间的关系. ЖЭТФ. 1944, 14:32; ActaPhys. −chim. USSR. 1943, 18: 194（与 Я. Б. 泽尔道维奇合著）.

49. Об одном новом точном решении уравнений Навье-Стокса. 纳维－斯托克斯方程的一个新的精确解. ДАН СССР. 1944, 43: 299.

50. К проблеме турбулентности. 论湍流问题. ДАН СССР. 1944, 44: 339.

51. К гидродинамике гелия II. 论氦II的流体动力学. ЖЭТФ. 1944, 14: 112; J. Phys. USSR. 1944, 8: 1.

52. К теории медленного горения. 关于缓慢燃烧理论. ЖЭТФ. 1944, 14: 240; ActaPhys. −chim. USSR. 1944, 19: 77.

53. Рассеяние протонов протонами. 质子－质子散射. ЖЭТФ. 1944, 14: 269; J. Phys. USSR. 1944, 8: 154（与 Я. А. 斯莫罗金斯基合著）.

54. О потерях энергии быстрыми частицами на ионизацию. 关于高

速粒子电离时的能量损失. J. Phys. USSR. 1944, 8: 201.

55. Об изучении детонации конденсированных взрывчатых веществ. 关于凝聚态炸药爆轰的研究. ДАН СССР. 1945, 46: 399（与 К. П. 斯坦纽科维奇合著）.

56. Определение скорости истечения продуктов детонации некоторых газовых смесей. 某些混合气体爆轰产物流动速度的确定. ДАН СССР. 1945, 47: 205（与 К. П. 斯坦纽科维奇合著）.

57. Определение скорости истечения продуктов детонации конденсированных взрывчатых веществ. 凝聚态炸药爆轰产物流动速度的确定. ДАН СССР. 1945, 47: 273（与 К. П. 斯坦纽科维奇合著）.

58. Об ударных волнах на далеких расстояниях от места их возникновения. 论激波在远离其产生位置时的性质. ПММ. 1945, 9: 286; J. Phys. USSR. 1945, 9: 496.

59. О колебаниях электронной плазмы. 论电子等离子体的振动. ЖЭТФ. 1946, 16: 574; J. Phys. USSR. 1946, 10: 25.

60. О термодинамике фотолюминесценции. 论光致发光的热力学. J. Phys. USSR. 1946, 10: 503.

61. К теории сверхтекучести гелия II. 关于氦II超流理论. J. Phys. USSR. 1946, 11: 91.

62. О движении посторонних частиц в гелии II. 论其他粒子在氦II中的运动. ДАН СССР. 1948, 59: 669（与 И. Я. 波梅兰丘克合著）.

63. О моменте системы из двух фотонов. 论双光子系统的动量矩. ДАН СССР. 1948, 60: 207.

64. К теории сверхтекучести. 关于超流理论. ДАН СССР. 1948, 61:

253; Phys. Rev. 1949, 75: 884.

65. Эффективная масса полярона. 极化子的有效质量. ЖЭТФ. 1948, 18: 419（与 С. И. 佩卡尔合著）.

66. Расщепление дейтрона при столкновениях с тяжелыми ядрами. 与重核碰撞时氘核的裂变. ЖЭТФ. 1948, 18: 750（与 Е. М. 栗弗席兹合著）.

67. Теория вязкости гелия II. 1. Столкновения элементарных возбуждений в гелии II. 氦II的黏性理论1. 氦II中的元激发的碰撞. ЖЭТФ. 1949, 19: 637（与 И. М. 哈拉特尼科夫合著）.

68. Теория вязкости гелия II. 2. Вычисление коэффициента вязкости. 氦II的黏性理论2. 黏度的计算. ЖЭТФ. 1949, 19: 709（与 И. М. 哈拉特尼科夫合著）.

69. О взаимодействии между электроном и позитроном. 论电子与正电子的相互作用. ЖЭТФ. 1949, 19: 673（与 В. Б. 别列斯捷茨基合著）.

70. О равновесной форме кристаллов. \\Сборник, посвященный семидесятилетию академика А. Ф. Иоффе. 论晶体的平衡形状. 见：纪念 А. Ф. 约飞院士七十华诞论文集. 莫斯科：苏联科学院出版社, 1950:44.

71. К теории сверхпроводимости. 关于超导理论. ЖЭТФ. 1950, 20: 1064（与 В. Л. 金兹堡合著）.

72. О множественном образовании частиц при столкновениях быстрых частиц. 论高速粒子碰撞时粒子的多重产生. Изв. АН СССР. Сер. Физ. 1953, 17: 51.

73. Пределы применимости теории тормозного излучения электронов и образования пар при больших энергиях. 高能条

件下电子轫致辐射和电子偶产生理论的应用范围. ДАН СССР. 1953, 92: 535（与 И. Я. 波梅兰丘克合著）.

74. Электронно-лавинные процессы при сверхвысоких энергиях. 超高能条件下的电子级联过程. ДАН СССР. 1953, 92: 735（与 И. Я. 波梅兰丘克合著）.

75. Излучение γ-квантов при столкновении быстрых π-мезонов с нуклонами. 高速π介子与核子碰撞时γ量子的发射. ЖЭТФ. 1953, 24: 505（与 И. Я. 波梅兰丘克合著）.

76. Об устранении бесконечностей в квантовой электродинамике. 论量子电动力学中无穷大的消除. ДАН СССР. 1954, 95: 497（与 А. А. 阿布里科索夫和 И. М. 哈拉特尼科夫合著）.

77. Асимптотическое выражение для гриновской функции электрона в квантовой электродинамике. 量子电动力学中电子格林函数的渐近表达式. ДАН СССР. 1954, 95: 773（与 А. А. 阿布里科索夫和 И. М. 哈拉特尼科夫合著）.

78. Асимптотическое выражение для гриновской функции фотона в квантовой электродинамике. 量子电动力学中光子格林函数的渐近表达式. ДАН СССР. 1954, 95: 1177（与 А. А. 阿布里科索夫和 И. М. 哈拉特尼科夫合著）.

79. Масса электрона в квантовой электродинамике. 量子电动力学中的电子质量. ДАН СССР. 1954, 96: 261（与 А. А. 阿布里科索夫和 И. М. 哈拉特尼科夫合著）.

80. Об аномальном поглощении звука вблизи точек фазового перехода второго рода. 论二级相变点附近的异常声吸收. ДАН СССР. 1954, 96:469（与 И. М. 哈拉特尼科夫合著）.

81. Исследование особенностей течения при помощи уравнения Эйлера-Трикоми. 利用欧拉–特里科米方程对流动奇异性的研究. ДАН СССР. 1954, 96: 725（与 Е. М. 栗弗席兹合著）.

82. О квантовой теории поля. // Нильс Бор и развитие физики. 关于量子场论. 见：尼尔斯·玻尔与物理学的发展. 伦敦: Pergamon 出版社, 1955. 52.

83. О точечном взаимодействии в квантовой электродинамике. 论量子电动力学中的点相互作用. ДАН СССР. 1955, 102: 489（与 И. Я. 波梅兰丘克合著）.

84. Градиентные преобразования функций Грина заряженных частиц. 带电粒子格林函数的梯度变换. ЖЭТФ. 1955, 29: 89（与 И. М. 哈拉特尼科夫合著）.

85. Гидродинамическая теория множественного образования частиц. 粒子多重产生的流体动力学理论. УФН. 1955, 56: 309（与 С. З. 别列尼基合著）.

86. О квантовой теории поля. 关于量子场论. Nuovo Cimeno. Suppl. 1956, 3: 80（与 А. А. 阿布里科索夫和 И. М. 哈拉特尼科夫合著）.

87. Теория Ферми-жидкости. 费米液体理论. ЖЭТФ. 1956, 30: 1058.

88. Колебания Ферми-жидкости. 费米液体的振动. ЖЭТФ. 1957, 32: 59.

89. О законах сохранения при слабых взаимодействиях. 论弱相互作用中的守恒定律. ЖЭТФ. 1957, 32: 405.

90. Об одной возможности для поляризационных свойств нейтрино. 论中微子极化性质的一种可能性. ЖЭТФ. 1957, 32: 407.

91. О гидродинамических флуктуациях. 论流体动力学涨落. ЖЭТФ.

1957, 32: 618（与 E. M. 栗弗席兹合著）.

92. Свойства гриновской функции частиц в статистике. 粒子格林函数在统计学中的性质. ЖЭТФ. 1958, 34: 262.

93. К теории Ферми-жидкости. 关于费米液体理论. ЖЭТФ. 1958, 35: 97.

94. О возможности формулировки теории сильно взаимодействующих фермионов. 论阐述强相互作用费米子理论的可能性. Phys. Rev. 1958, 111: 321（与 A. A. 阿布里科索夫, A. Д. 加拉宁, Л. П. 戈里科夫，И. Я. 波梅兰丘克，K. A. 捷尔－马尔季罗相合著）.

95. Численные методы интегрирования уравнений в частных производных методом сеток. // Тр. III Всесоюз. мат. съезда. 用网格法求偏微分方程数值解的一些方法. 见：第三届全苏联数学大会（莫斯科，1956年6月—7月）论文集. 莫斯科：苏联科学院出版社，1958. 第三卷，92（与 H. H. 梅曼和 И. M. 哈拉特尼科夫合著）.

96. Об аналитических свойствах вершинных частей в квантовой теории поля. 论量子场论中的顶点部分的解析性质. ЖЭТФ. 1959, 37: 62.

97. Малые энергии связи в квантовой теории поля. 量子场论中的微小结合能. ЖЭТФ. 1960, 39: 1856.

98. О фундаментальных проблемах. //Theoretical Physics in the Twentieth Century: A Memorial Volume to Wolfgang Pauli. 论基本问题. 见：20世纪的理论物理学：沃尔夫冈·泡利纪念文集. 纽约: Interscience 出版社, 1960. 245.

注：原文中有几处论文发表时间有误，已做更正。

主要人名译名对照表和索引[①]

A

① 按照人物姓氏中文译文的拼音字母顺序排列。

F

G

H

J

K

L

M

N

P

S

Z

图字：01−2012−0685 号
Originally published in Russian under the title
Бессараб Майя. Лев Ландау. Роман−биография.
Москва: Октопус, 2009

图书在版编目（CIP）数据

朗道传 /（俄罗斯）迈娅 · 比萨拉比著；李雪莹译
. −− 北京：高等教育出版社，2018.11（2022.1重印）
ISBN 978−7−04−050462−0

Ⅰ. ①朗… Ⅱ. ①迈… ②李… Ⅲ. ①朗道（Landau, Lev Davidovich 1908−1968）−传记 Ⅳ. ①K835.126.11

中国版本图书馆CIP数据核字（2018）第203489号

朗道传
LANGDAO ZHUAN

策划编辑 王 超
责任编辑 王 超
封面设计 赵 阳
版式设计 赵 阳
责任校对 张 薇
责任印制 赵义民

本书如有缺页、倒页、脱页等质量问题，
请到所购图书销售部门联系调换
版权所有 侵权必究
物 料 号 50462−00

出版发行 高等教育出版社
社 址 北京市西城区德外大街4号
邮政编码 100120
印 刷 北京盛通印刷股份有限公司
开 本 787mm×1092mm 1/16
印 张 26.25
字 数 310千字
购书热线 010−58581118
咨询电话 400−810−0598
网 址 http://www.hep.edu.cn
http://www.hep.com.cn
网上订购 http://www.hepmall.com.cn
http://www.hepmall.com
http://www.hepmall.cn
版 次 2018年11月第1版
印 次 2022年1月第2次印刷
定 价 89.00元

Москва 18/IV 57

Уважаемый т. Пинкевич!

Буду рад проэкзаменовать Вас когда Вы этого захотите. Первым делом нужно знать основы математики, т.е. уметь свободно брать неопределенные интегралы, интегрировать обыкновенные дифф. уравнения, знать векторный анализ и тензорную алгебру (последнее в объеме примечаний в книге Ландау - Лифшиц, Механика).

По собственно теор. физике есть VII разделов — 1 Механика. 2 Теория поля. 3. Квантовая механика 4 Релятивистская квантовая механика 5 Статистика 6 Механика сплошных сред 7 Макроскопическая электродинамика. По первым 3 разделам по нашим книгам — Механика вся. Квантовая механика без § 27, 29, 31, 49, 51, 66, 73, 77, 81, 82, 84, 85, 87, 94, 99, 100, 102, 103, 112, 117. Теория поля кроме § 33, 50, 54-57, 59-61, 68, 69, 73-75, 89, 101.

О других разделах сообщу Вам при вызове.

С наилучшими пожеланиями

Л Ландау